Einlass gewähren
in den Raum reiner Bejahung

Christian Schad

Einlass gewähren in den Raum reiner Bejahung

Ausgewählte Predigten

Herausgegeben von Traudel Himmighöfer

Bibliografische Information der Deutschen Nationalbibliothek
Die Deutsche Nationalbibliothek verzeichnet diese Publikation in der Deutschen Nationalbibliografie; detaillierte bibliografische Daten sind im Internet über http://dnb.dnb.de abrufbar.

Das Buch wurde auf alterungsbeständigem Papier gedruckt.

Cover: Zacharias Bähring, Leipzig
Coverbild: Marmor-Statue »Lehrender Christus« (1908) der Bildhauer Constantin Dausch (1841–1908) und Josef Feile (1864–1931) im Altarraum der Gedächtniskirche der Protestation in Speyer
Layout und Satz: Steffi Glauche, Leipzig
Druck und Binden: BELTZ Grafische Betriebe GmbH, Bad Langensalza

ISBN 978-3-374-07598-0 // eISBN (PDF) 978-3-374-07691-8
www.eva-leipzig.de

Inhalt

II. Predigten zu bestimmten Anlässen

1. Kirchenmusik

Vorwort

»Der Sohn Gottes, Jesus Christus, der unter euch durch uns gepredigt worden ist […], der war nicht Ja und Nein, sondern das Ja war in ihm«, schreibt Paulus im 2. Korintherbrief 1,19. Gottes »Ja«, das in der Person Jesu Christi für uns Ereignis geworden ist, gilt unbedingt. Es ist ein Ja-Wort der Liebe, auf das sich der Mensch lebend und sterbend verlassen kann. Allem menschlichen Tun gegenüber ist es vorgängig und steht unwiderruflich am Anfang. Deshalb übersetzt der Neutestamentler Ernst Fuchs den Beginn des Johannesprologs (Joh 1,1) auch entsprechend: »Im Anfang war das Ja, und das Ja war die Liebe, und die Liebe war das Ja.«[1]

Diese Einsicht ist für das Verständnis der in diesem Band veröffentlichten Predigten grundlegend: Es sind die biblischen Texte, die die reine, göttliche Bejahung, diese Kraft zum Leben, atmen, uns zugut. Predigen ist für Christian Schad folglich diejenige Kommunikation, die dem gegenwärtigen Hörer, der gegenwärtigen Hörerin Zugang in den Lebensraum jener Texte gewährt, sie förmlich in diesen hinein versetzt, um sich dort als von Gott selbst bejahte Menschen neu zu erfahren. Denn auch das hat Chris-

[1] Ernst Fuchs, Das Christusverständnis bei Paulus und Johannes, in: ders., Glaube und Erfahrung. Zum christologischen Problem im Neuen Testament, Gesammelte Aufsätze, Bd. 3, Tübingen 1965, S. 308.

tian Schad von Ernst Fuchs gelernt: dass es das Wesen der Sprache ist, dass sie »gewährt«[2], dass sie, dem Sakrament vergleichbar, schenkt und gibt[3], dass sie »Zulassung im Einlaß«[4] und also ursprünglich »Erlaubnis«[5] ist. Und insofern das Evangelium Ja-Wort, also »das Wort aller Wörter«[6], ist, liegt nun alles daran, dieses Wort auch wirken, mit seiner befreienden Dynamik an uns Menschen arbeiten zu lassen, sodass wir in die Bewegung der Liebe mit hineingenommen werden und es zur »Kehre«[7], zur existentiellen Verwandlung, kommen kann: nämlich vom Ausleger der biblischen Ja-Worte zum durch sie Ausgelegten – und also zu einem unbedingt Angenommenen und Geliebten. Das ist »das Sprachereignis des reinen Worts der Liebe«, das uns jene Entscheidung »*gewährt* [...], die wir Glauben nennen, nämlich diejenige Entscheidung, die auf jene erste Entscheidung hört, in welcher sich der freie Gott für die Liebe, und d.h. für sich selbst als unser Gegenüber in der Wirklichkeit entschieden hat«[8].

[2] Ders., Was ist ein Sprachereignis? Ein Brief, in: ders., Zur Frage nach dem historischen Jesus, Gesammelte Aufsätze, Bd. 2, Tübingen ^{2}1965, S. 428.

[3] Vgl. ebd., S. 427f.

[4] Ebd., S. 426.

[5] Ebd., S. 427.

[6] Ebd., S. 428.

[7] Ders., Jesus. Wort und Tat, Vorlesungen zum Neuen Testament, Bd. 1, Tübingen 1971, S. 140.

[8] Ders., Marburger Hermeneutik (HUTh 9), Tübingen 1968, S. 244f.

Das ist der theologische Hintergrund, weshalb Christian Schad »predigen« als »Einlass gewähren in den Raum reiner Bejahung« bezeichnen kann. Eben dies drückt sich auch in der Geste aus, mit der der lehrende Christus, wie er in der Speyerer Gedächtniskirche der Protestation vor dem Goldmosaik des Altarretabels als Statue zu sehen ist, zu sich und zur Einkehr in sein Wort einlädt.[9] »Kommt her zu mir alle, die ihr mühselig und beladen [seid], ich will euch erquicken« (Mt 11,28), so ist es denn auch auf dem Spruchband im Vierpass des Christusfensters zu lesen, das sich über der Jesus-Statue in der Mitte des Chorraums erhebt.

Zur Einkehr in die biblischen Worte wollen auch die hier ausgewählten Predigten einladen. Sie umfassen den Zeitraum, in dem Christian Schad im Landeskirchenrat der Evangelischen Kirche der Pfalz (Protestantische Landeskirche) – zunächst als geistlicher Oberkirchenrat (1999–2008), dann als Kirchenpräsident (2008–2021) – bzw. als Vorsitzender der Vollkonferenz und des Präsidiums der Union Evangelischer Kirchen in der Evangelischen Kirche in Deutschland (UEK) (2013-2021) kirchenleitende Verantwortung übernommen hat, und sie reichen bis in die Gegenwart, in der er als ehrenamtlicher Präsident des Evangelischen Bundes diesem konfessionskundlichen und ökumenischen Arbeitswerk der Evangelischen Kirche in Deutschland (EKD) vorsteht (seit 2021). Ebenso übernimmt er auch als emeritierter Kirchenpräsident immer wieder

[9] Siehe Cover-Abbildung.

Predigtdienste. Die Kirchen und Orte, in denen die Predigten gehalten wurden, liegen in der Pfalz, aber auch in ganz Deutschland und im Ausland. Sie spiegeln in ihrer Vielfalt Christian Schads weiten Wirkungskreis wider.

Die hier zu Gehör kommenden Predigten haben, wie alle Predigten, ihren historischen Kontext: Sie haben ihren konkreten Ort, an dem sie gehalten wurden. Sie haben ihre konkrete Zeit, in der sie entstanden sind.[10] Gleichwohl weisen sie über Ort und Zeit hinaus. Denn in ihnen wird eine existentielle Theologie erfahrbar, die die biblischen Bejahungen mit den Fragen, Erwartungen und Gefährdungen des Menschen sowie dem Lob und dem Seufzen der gesamten Schöpfung verbindet. So wollen die Predigten in ihrem Vollzug Türen öffnen. Sie wollen Einlass gewähren und uns mit hineinnehmen in die sich auftuenden weiten und klaren Räume des Lichts, des Trostes und der Hoffnung – und so eine neue Zeit anbrechen lassen. Sie ermöglichen Umkehr, Um-Stimmungen, im Horizont des in Christi Treue zu uns und zur Welt grundgelegten Ja-Wortes Gottes. Und sie tun dies in jeder Gegenwart neu: jetzt, »*heute*, wenn ihr seine Stimme hört« (Hebr 4,7).

Der vorliegende Band enthält, in zwei Kapitel gegliedert, 43 ausgewählte Predigten, die, bis auf zwei Ausnahmen[11], hier erstmals veröffentlicht werden. Die zweiundzwanzig

[10] Zeit und Ort werden jeweils am Anfang einer Predigt vermerkt.

[11] Siehe in diesem Buch: Traudel Himmighöfer, Bibliographie Christian Schad – Fortschreibung für die Jahre 2023 und 2024, S. 335–340, hier: Nr. 367 und 374.

Predigten des ersten Teils folgen dem Kirchenjahr und der jeweils vorgeschlagenen Perikope, ergänzt durch eine Traueransprache. Der zweite Teil enthält einundzwanzig »Predigten zu bestimmten Anlässen«, untergliedert in die vier Schwerpunkte: »Kirchenmusik«, »Diakonie und Seelsorge«, »Ökumene« und »Erinnerungskultur«. Diese spiegeln nicht nur Christian Schads Arbeitsbereiche seiner aktiven Dienstzeit wider. Sie sind vor allem auch seine theologischen Herzensthemen. Mit diesen Predigten will er aufzeigen, wie sich der helle Klang des Evangeliums, seine diakonische und seelsorgliche Kraft, seine ökumenische Weite und seine aufhellende Klarheit angesichts von erinnerten Daten der Kirchen- und Profangeschichte entfalten.

Anlässlich seines 65. Geburtstags erschienen 2023 unter dem Titel »Theologie für das Leben«[12] ausgewählte Aufsätze und Beiträge Christian Schads, die Einblick geben in sein theologisches Denken und Handeln. Sie sind ein »Plädoyer für eine aufmerksame Kirche«, die in allen ihren Handlungsfeldern nur dann ihrem Auftrag gerecht wird, wenn sie nicht nur eine mutig agierende, sondern zuerst hörende, wahrnehmende Kirche ist und bleibt. Im Hören auf biblische Texte und in ihrer Auslegung hat sich die Theologie dem in ihnen zum Ausdruck kommenden Wahrheitsanspruch in jeder Gegenwart neu zu stellen. Dieser Maxime der von ihm so hoch geschätzten herme-

[12] Christian Schad, Theologie für das Leben. Plädoyer für eine aufmerksame Kirche. Zum 65. Geburtstag hrsg. von Traudel Himmighöfer, Leipzig 2023.

neutischen Theologie, die Christian Schad bereits als Student geprägt hat, versucht er in seinen wissenschaftlichen Beiträgen in immer neuen Facetten gerecht zu werden.

In seinen zugleich schrift- wie zeitgemäßen Predigten zeigt er nun auf eindrucksvolle Weise, dass und wie wahre Theologie *praktisch*[13] ist: indem er die im Gottesdienst versammelte Gemeinde konkret anspricht und ihr im Horizont der biblischen Texte das Reich Gottes geradezu zuspielt und ihr auf diese Weise neue, ungeahnte Lebensräume erschließt. So, wie Theologie und Kirche untrennbar zusammengehören, so sind bei ihm die wissenschaftlich-theologische Reflexion und die Praxis des Predigens wesentlich miteinander verwoben: Die Predigt ist für ihn geradezu der Ernstfall[14], an dem sich die Theologie zu bewähren hat, nämlich als Wort, das Menschen befreit und Licht in die Verworrenheiten und Dunkelheiten des Lebens bringt. Von daher ist es nur konsequent, dass seinem Aufsatzband jetzt auch ein Band mit ausgewählten Predigten zur Seite steht. Erst beide Bücher zusammen lassen die Dimensionen der theologischen Existenz Christian Schads erkennen.

Die von der Herausgeberin erstellte »Bibliographie Christian Schad 1987–2022«[15], die seinem Buch »Theolo-

[13] Vgl. Martin Luther, Tischreden (1531–1546): »Vera theologia est practica«, WA. TR 1; 72, 16 (Nr. 153).

[14] Vgl. dazu auch Gerhard Ebeling, Vom Gebet. Predigten über das Unser-Vater, Tübingen 1963, S. 6.

[15] Christian Schad, Theologie für das Leben (wie Anm. 12), S. 285–325.

gie für das Leben« beigegeben ist, erfährt in dem vorliegenden Predigtband ihre Fortschreibung für die Jahre 2023 bis 2024.

Die Bibelstellen sowie deren Abkürzungen folgen der Lutherbibel, revidiert 2017. Die Anmerkungen und Literaturangaben sind vereinheitlicht; Abkürzungen richten sich nach Siegfried M. Schwertner, IATG³ – Internationales Abkürzungsverzeichnis für Theologie und Grenzgebiete, Berlin [u. a.] ³2017.

Die Publikation dieses Bandes wurde ermöglicht durch namhafte Druckkostenzuschüsse der Union Evangelischer Kirchen in der Evangelischen Kirche in Deutschland (UEK), der Evangelischen Kirche der Pfalz (Protestantische Landeskirche), der Evangelischen Diakonissenanstalt Speyer sowie des Evangelischen Bundes. Allen Zuschussgebern sei ganz herzlich hierfür gedankt.

Ein besonderer Dank gilt dem Bischof von Speyer, Herrn Dr. Karl-Heinz Wiesemann, für sein profundes und außergewöhnlich berührendes Geleitwort. Er war in der gesamten Amtszeit Christian Schads als Kirchenpräsident dessen kongenialer katholischer Partner. Bis heute pflegen beide eine in jeder Hinsicht vorbildhafte ökumenische Weggemeinschaft – zum Wohl der Evangelischen wie der Katholischen Kirche.

Ebenso danke ich vielmals der Verlagsleiterin, Frau Dr. Annette Weidhas, dass sie die Veröffentlichung der Predigten von Christian Schad in der Evangelischen Verlagsanstalt Leipzig ermöglicht und engagiert begleitet hat.

So wünsche ich den Leserinnen und Lesern der vorliegenden Predigten Freude an den in ihnen gewährten

Einblicken ins Evangelium, auch waches Staunen über den Reichtum und die existenzerhellende Kraft, die von den hier ausgelegten biblischen Texten ausgehen. Persönlich danke ich Christian Schad für sein Wirken in der Pfälzischen Landeskirche, in der EKD sowie der Ökumene, aus dem so viel Segen für so viele Menschen erwachsen ist. Seine hier nun zugänglichen Predigten sind ein beredtes Zeugnis für diesen Segen.

Speyer, Pfingsten 2024

Dr. theol. Traudel Himmighöfer
Herausgeberin

Zum Geleit

Als Dr. h. c. Christian Schad zum 1. März 2021 als Kirchenpräsident der Evangelischen Kirche der Pfalz (Protestantische Landeskirche) in den Ruhestand trat, wurde er in einer der zahlreichen Würdigungen als »begeisterter Prediger mit Herz für die Ökumene«[1] bezeichnet. Als jemand, der sein kirchenleitendes Amt wie auch schon davor die vielfältigen Aufgaben in seiner Landeskirche zuerst und zuinnerst als Dienst am Wort Gottes begriffen und mit einer intensiven und leidenschaftlichen Predigttätigkeit verbunden hat. Und als jemand, für den die tiefe geistliche Beheimatung in der eigenen konfessionellen Tradition kein Hindernis für ökumenisches Handeln gewesen ist, sondern vielmehr Ansporn, die Einheit der einen Kirche Jesu Christi immer sichtbarer werden zu lassen und die Verschiedenheiten zwischen den einzelnen Kirchen immer mehr miteinander zu versöhnen.

Ein begeisterter Prediger, für den die Ökumene eine Herzensangelegenheit ist – so habe auch ich Christian Schad seit Beginn seines Dienstes als Kirchenpräsident der Pfälzischen Landeskirche, nur wenige Monate nach meiner Amtseinführung als Bischof von Speyer im März

[1] https://www.evkirchepfalz.de/aktuelles-und-presse/pressemeldungen/detail/begeisterter-prediger-mit-herz-fuer-die-oekumene-3494/ (abgerufen am 23.04.2024).

2008, kennen- und schätzen gelernt. In vielen ökumenischen Gottesdiensten, die wir seither gemeinsam zu unterschiedlichsten Anlässen im Speyerer Kaiser- und Mariendom, in der Gedächtniskirche der Protestation und an vielen anderen Orten der Pfalz und Saarpfalz gefeiert haben, hat er in der ihm eigenen eindrücklichen Weise gepredigt. Stets war für mich und alle Mitfeiernden spürbar, dass hier jemand auf der Kanzel bzw. am Ambo steht, für den der Predigtdienst zentraler Selbstvollzug der Kirche als »creatura verbi« und damit zugleich für ihn selbst die innerste Mitte seines geistlichen Amtes, die wichtigste Frucht seines theologischen Ringens sowie ein authentisches Zeugnis seiner eigenen Gottesbeziehung ist.

Schads Predigten treffen ins Herz, weil sie von Herzen kommen und ganz aus der persönlichen Begegnung mit dem barmherzigen, gnädigen Gott erwachsen. Seine Worte haben Kraft, weil sie – nach jener bekannten Formulierung aus der »Confessio Augustana«, die er oft und gerne zitiert – »sine vi humana, sed verbo«[2], also ohne Druck und ohne Zwang gesprochen werden, sondern allein in und aus der Überzeugungskraft des scheinbar schwachen, doch umso wirkmächtigeren Gotteswortes heraus. Und seine Worte haben eine zutiefst integrierende Wirkung, weil Schad sein breites theologisches Wissen und seine außerordentliche rhetorische Begabung nie dazu benutzt, um andere abzuwerten oder auszugren-

2 Confessio Augustana, Artikel 28, in: BSELK, S. 195, 15. Zitiert in: Predigt am 1. Sonntag im Advent.

zen bzw. um Gräben zwischen gesellschaftlichen Gruppen oder den christlichen Konfessionen zu vertiefen, sondern um alle Menschen zu einem Leben aus dem Glauben an den Gott Jesu Christi einzuladen, sie in ihren Anfechtungen aufzurichten und sie mit Gott und untereinander zu versöhnen.

Auch wenn die zahlreichen Predigten, die Christian Schad im Laufe seines Wirkens als ordinierter Pfarrer der Pfälzischen Landeskirche gehalten hat, ihren je eigenen Sitz im Leben hatten – ihren jeweiligen Anlass und ihre konkret versammelte Gottesdienstgemeinde –, so sind sie es doch wert, zumindest in Auswahl gesammelt und veröffentlicht zu werden, um sie einer breiteren Leserschaft zugänglich zu machen. Ich bin deshalb allen dankbar, die die Initiative zu diesem Buch ergriffen haben, in dem sich das theologische Schaffen, das kirchenleitende Handeln, die seelsorglichen Erfahrungen und das persönliche Glaubenszeugnis von Kirchenpräsident a. D. Dr. h.c. Christian Schad in besonderer Weise verdichten. Sehr gerne bin ich seinem Wunsch wie auch der Bitte der Herausgeberin Frau Dr. Traudel Himmighöfer gefolgt, für diesen gelungenen Sammelband ein Geleitwort zu verfassen – als Zeichen meiner tiefen persönlichen Verbundenheit und Freundschaft mit ihm und aus Dankbarkeit für unsere langjährige ökumenische Weggemeinschaft zum Wohle unserer beiden Kirchen[3].

3 Vgl. dazu Karl-Heinz Wiesemann, Ökumene in der Pfalz. Ein zukunftsträchtiger Rückblick auf den gemeinsamen Weg des

Beim Lesen und Meditieren der 43 Predigten ist mir aufs Neue bewusst geworden, welche große Rolle die Bibel im Leben und Glauben von Christian Schad wie auch für seinen Verkündigungsdienst spielt, wie sehr er sich dem reformatorischen Grundsatz »Sola scriptura« verpflichtet weiß. Dass jede Predigt ihren Ausgang aus dem Wort Gottes zu nehmen hat, das uns in der Heiligen Schrift überliefert ist, ist für ihn gleichsam ein »ehernes Gesetz« (Martin Luther). In allen Predigten wird spürbar, wie intensiv der Verfasser bei der Vorbereitung mit dem zugrundeliegenden, in der Regel durch die Leseordnung vorgegebenen biblischen Text gerungen und ihn nach seiner Bedeutung für die Gegenwart befragt hat - nicht nur als Theologe und Exeget, sondern zuerst und vor allem als Gottsucher und Beter. Seine Predigten nähren sich ganz aus dem Trost, der Zuversicht und der Glaubensfreude, die ihm zuvor in der eigenen Auseinandersetzung mit dem lebendigen Wort Gottes geschenkt worden sind. Dabei gewinnt Schad durch die geistliche Betrachtung bib-

Bistums Speyer und der Evangelischen Kirche der Pfalz, in: »Neige dein Ohr ...«. Beiträge zur ökumenischen Theologie (FS Christian Schad), hrsg. von Paul Metzger, Andreas Rummel und Wolfgang Schumacher unter Mitwirkung von Gesine Bauer, Leipzig 2021, S. 69–80. Vgl. auch Christian Schad / Karl-Heinz Wiesemann (Hrsg.), Bericht über Kirche und Kirchengemeinschaft. Ergebnis einer Konsultationsreihe im Auftrag der Gemeinschaft Evangelischer Kirchen in Europa und des Päpstlichen Rates zur Förderung der Einheit der Christen, Paderborn/Leipzig 2019.

lischer Texte immer wieder neue und berührende Einsichten. Etwa die, dass die alte Witwe, die ihre ganze Habe in den Opferkasten des Tempels legt, nicht nur – wie in den meisten Auslegungen – für uns ein Vorbild eines noch entschiedeneren, noch selbstloseren, sich ganz hingegebenen Handelns ist, sondern noch mehr ein Vorausbild für den leidenden Christus, der aus Liebe zu uns Menschen alles, ja selbst sein Leben hingibt als Opfer für unser Heil, um dadurch seine Kirche als den wahren Tempel im Heiligen Geist aufzubauen[4].

In den Predigten selbst nimmt Christian Schad die Gläubigen zunächst behutsam an die Hand und hilft ihnen, in den anfangs fremden, zeitgeschichtlichen Kontext der jeweiligen Bibelstelle einzutauchen, indem er die Gemeinde mit dem Schicksal und den Gotteserfahrungen der Menschen in alt- und neutestamentlicher Zeit vertraut macht: mit der existenziellen Erschütterung des Volkes Israel in der Zeit des babylonischen Exils[5], mit der inneren Bekehrung des Zöllners Zachäus[6] oder mit der zart aufkeimenden Auferstehungshoffnung der Frauen am Grab Jesu[7]. Doch bleibt Schad nicht bei den Ereignissen der Vergangenheit stehen. Er übersetzt die zweitausend Jahre alten Worte der Bibel in unsere Zeit hinein, indem er die menschlichen Grunderfahrungen in den biblischen Erzählungen mit den Erfahrungen der Menschen im Hier

4 Predigt am 8. Sonntag nach Trinitatis.
5 Predigt am 17. Sonntag nach Trinitatis.
6 Predigt am 14. Sonntag nach Trinitatis.
7 Predigt am Ostersonntag.

und Heute konfrontiert und beide ineinander verschränkt. In beeindruckender Weise gelingt es ihm, Evangelium und Existenz in Beziehung zueinander zu setzen und so die eine große Heilsgeschichte Gottes mit den vielen kleinen und großen, frohen und sorgenvollen Lebensgeschichten der Menschen zu verweben. Dabei hat er das klare Ziel vor Augen, durch seine Predigt den Glauben seiner Zuhörerinnen und Zuhörer zu wecken und in ihnen das Vertrauen zu stärken, dass Gott ihr Leben trägt und begleitet - nach dem Vorbild Martin Luthers, der sich als Prediger ganz den Menschen auf ihrer Suche nach dem »gnädigen Gott« zugewandt hat[8], um in ihre Herzen jene Glaubens- und Heilsgewissheit zu pflanzen, die die Mitte der Rechtfertigungsbotschaft ist. Hierin, nicht in theologisch-exegetischen Höhenflügen oder in amtstheologischer Selbstdarstellung, liegt für Schad die tiefste Bestimmung und das eigentliche Ziel jeder Predigt, die nach reformatorischem Verständnis die unverzichtbare Mitte jedes Gottesdienstes ist.

Heilsgewissheit bedeutet für Christian Schad jedoch nicht, den Karfreitag einfach zu überspringen und aus dem Glauben heraus allzu schnelle Lösungen für bedrängende Menschheitsfragen anzubieten. Immer wieder kommt er auf den »verborgenen Gott«, den »Deus absconditus« (Martin Luther), zu sprechen: auf die Erfahrung der Gottesferne, der Gottesfinsternis, des Gottesschwei-

[8] Albrecht Grözinger, Von Luther predigen lernen?, in: Pastoralblätter 2/2017, S. 154–158.

gens[9]. In diesen Situationen der Anfechtung, so Schad, »sollen wir in unserer Verzweiflung [...] *nicht* nach dem rätselhaften Willen des uns verborgenen Gottes suchen, sondern uns an Gottes Verheißungstreue und unzerstörbare Liebe halten, wie sie sich uns – eindeutig und ein für alle Mal – in Jesus Christus gezeigt hat«[10]. So kann nur jemand schreiben und reden, der Situationen der Verborgenheit Gottes auch im eigenen Leben erfahren und durchlitten hat. Jemand, der trotz allem, wofür wir keine Erklärung finden und was uns an der Güte Gottes zweifeln, bisweilen sogar verzweifeln lässt, an der Hand des Gekreuzigten festgehalten und in ihm ein unverbrüchliches Fundament für sein Leben gefunden hat.

Etwas, das uns diese »absconditas Dei« leichter aushalten lässt und uns zugleich hilft, all jenes auszudrücken, wo das gesprochene Wort alleine nicht ausreicht, ist für Schad das Geschenk der Musik. Jede Kantate, jeder Choral, jedes geistliche Konzert ist für ihn »ein Stück Verkündigung, ist Predigtdienst, der der Gemeinde als Ganzer aufgetragen ist«[11] – auch das in guter Tradition Martin Luthers, der in einer seiner Tischreden sagt: »So predigt Gott das Evangelium auch durch die Musik.«[12] Wer Christian

9 Predigt am 14. Sonntag nach Trinitatis; Predigt am 16. Sonntag nach Trinitatis u. a.

10 Predigt am 16. Sonntag nach Trinitatis.

11 Predigt anlässlich des Jubiläums »125 Jahre Posaunenchöre in der Pfalz«.

12 Martin Luther, Tischreden (1531–1546), WA. TR 2;11,26 (Nr. 1258).

Schad kennt, der sieht bei diesen Worten sogleich den leidenschaftlichen Musikliebhaber und begeisterten Sänger vor sich, der um die unverzichtbare Bedeutung der Musik in allen christlichen Konfessionen weiß - egal, ob es sich um eine orthodoxe Ektenie oder einen lutherischen Choral, um eine katholische Orchestermesse oder ein zeitgenössisch-charismatisches Lobpreislied handelt. All das sind für ihn menschliche Ausdrucksformen, die uns eine Sprache zur Verfügung stellen, in die wir uns einsingen und einhören können, um unsere Lebensfreude, unser Gotteslob und unsere Dankbarkeit noch freudiger anzustimmen, aber ebenso, »um in Dürrezeiten nicht völlig zu verstummen«[13]. Deshalb finden sich in den vorliegenden Predigten, nicht nur in denen zum Thema »Kirchenmusik«, immer wieder Bezüge zu musikalischen Werken - sowohl zu Bachkantaten[14] als auch zu modernen Liedern der Punkband »Die Toten Hosen«[15].

In fast allen Predigten - vor allem in jenen, die in diesem Band unter der Überschrift »Erinnerungskultur« zusammengefasst sind - schlägt Schad auch den Bogen hin zum aktuellen gesellschaftspolitischen Kontext, in den hinein er Gottes Wort spricht und aktualisiert. Nach seiner Überzeugung kann eine gegenwartssensible und lebensdienliche Verkündigung gar nicht anders, als sich

[13] Predigt anlässlich des Landeskirchenmusiktags im Bonhoeffer-Gedenkjahr 2006.

[14] Predigt zur Bach-Kantate BWV 172 »Erschallet, ihr Lieder, erklinget, ihr Saiten!«.

[15] Predigt am 7. Sonntag nach Trinitatis.

auch mit jenen Themen zu befassen, von denen unsere Welt und damit auch die Lebenswelt der jeweiligen Gottesdienstgemeinde geprägt ist – etwa dem Klimawandel mit seinen verheerenden Konsequenzen[16], den grausamen Kriegen in der Ukraine und in vielen anderen Regionen weltweit[17], der Corona-Pandemie mit ihren Auswirkungen auf das gesellschaftliche Leben in seiner ganzen Breite[18]. Theologie ist für Christian Schad von ihrem Selbstverständnis her »öffentliche Theologie«, die aus dem christlichen Glauben heraus und im lebendigen Dialog mit der Welt um Antworten ringt angesichts des gesellschaftlichen Orientierungsbedarfs in Grundfragen des Menschseins mit öffentlicher und politischer Relevanz[19].

Um deren Brisanz und Konsequenzen zu verdeutlichen, handelt Schad gesellschaftspolitische Fragen in seinen Predigten nie nur abstrakt und anonym ab. Er macht sie in der ihm eigenen einfühlsamen Weise anhand konkreter Einzelschicksale begreifbar – der verwaisten Kinder im Bürgerkriegsland Syrien, des afghanischen Vaters und seines Sohnes auf der Suche nach Kirchenasyl, der einsamen Bewohnerinnen und Bewohner in den Seniorenheimen während der Ausgangsbeschränkungen in

16 Predigt am 9. Sonntag nach Trinitatis.

17 Predigt zu EG 7 »O Heiland, reiß die Himmel auf«.

18 Predigt am Altjahresabend.

19 Vgl. Heinrich Bedford-Strohm, Gegen den Selbstbetrug. Zur Notwendigkeit einer Öffentlichen Theologie, in: HK Spezial (April 2024), S. 10–12, hier S. 11.

Zeiten von Corona. Ihnen und allen Armen, Schwachen und Benachteiligten hat die Kirche mit jener Sympathie, jener Bereitschaft zum Mit-Leiden zu begegnen, aus der heraus Jesus Christus Mensch geworden ist und den Kreuzestod auf sich genommen hat, und mit jener Solidarität, die er in seiner Weltgerichtsrede in besonderer Weise den Hungernden, Durstigen usw. als seinen »Stellvertretern«[20] zugesagt hat (Mt 25,34–46). Mit ihnen und für sie hat die Kirche ihre prophetische Stimme zu erheben und in ihrem vielfältigen diakonischen Engagement ganz konkret zu helfen. Denn, so Schad: »Indem Menschen wirksam Hilfe leisten und erfahren, wächst Gottes Reich in dieser Welt.«[21] In protestantischem Freimut benennt er deshalb in seinen Predigten politische und gesellschaftliche Fehlentwicklungen und macht demgegenüber das Orientierungs-, Friedens- und Versöhnungspotenzial des christlichen Glaubens deutlich.

Hier liegt für ihn auch eine der wesentlichen Triebfedern seines ökumenischen Engagements, das in seinen Predigten immer wieder durchscheint. Die tiefste Bestimmung der Kirche(n), die aus ihrem trinitarischen Grund erwächst und nach der sich ihre sichtbaren Gestaltwerdungen auszurichten haben, liegt für ihn außerhalb ihrer selbst: im Auftrag zu Frieden und Versöhnung inmitten einer von Ungerechtigkeiten und Spaltungen gezeich-

[20] Predigt am Pfingstmontag.

[21] Predigt anlässlich des Jubiläums »150 Jahre Evangelische Diakonissenanstalt Speyer-Mannheim«.

neten Welt. Die »sichtbare Einheit aller Christinnen und Christen als vielfältige Gemeinschaft in einem Glauben und am Tisch des Herrn«[22] ist für Christian Schad kein Selbstzweck, sondern kann und soll als Modell für den Umgang mit Pluralität in der Gesellschaft dienen. Er plädiert für profilierte und zugleich pluralitätsfähige Kirchen, die konfessionelle Unterschiede als Bereicherung sehen und in denen Identität und Verständigung so gelebt werden, dass von ihrem Miteinander Impulse, auch Zumutungen ausgehen, die der Öffentlichkeit als Ganzer bzw. dem Zusammenleben aller Menschen zugutekommen[23].

Ich bin und bleibe Kirchenpräsident Dr. h.c. Christian Schad, dem begeisterten Prediger mit einem großen Herz für die Ökumene, zutiefst dankbar für viele Weg-weisende Impulse auch und gerade in seinen Predigten – für seine spirituellen Ermutigungen auf unserem Weg der Nachfolge Jesu Christi, für seine Trost und Zuversicht spendenden Worte auf unserem Weg auch durch »finstere Täler« (Ps 23,4) der Gottverborgenheit, für seine klaren Orientierungen auf unseren mühsamen Wegen des Ringens um Lösungen für gesellschaftspolitische Fragen, für seine wertvollen theologischen Beiträge auf unserem Weg hin zur sichtbaren Einheit der Kirche in versöhnter Viel-

22 Ein Herr, ein Glaube, eine Taufe (Eph 4,5). Leitfaden für das ökumenische Miteinander im Bistum Speyer und in der Evangelischen Kirche der Pfalz (Protestantische Landeskirche), Speyer 2015, S. 50.

23 Predigt am Reformationsfest.

falt. Den Leserinnen und Lesern dieses Buches wünsche ich, dass sie beim betrachtenden Lesen immer mehr von jener Glaubenszuversicht und -gewissheit ergriffen werden, die sich wie ein Cantus firmus durch alle Predigten zieht: von Gottes »Ja« zu unserem Leben, das er – vor und unabhängig von unserem Tun und Lassen – in Jesus Christus definitiv und unverrückbar gesprochen hat[24].

Speyer, 4. Sonntag der Osterzeit 2024

Dr. Karl-Heinz Wiesemann
Bischof von Speyer

[24] Predigt anlässlich des Abschlusses der 5. Tagung der 11. Synode der Evangelischen Kirche in Deutschland.

I. Predigten im Verlauf des Kirchenjahres

Predigt am 1. Sonntag im Advent*

Matthäus 21,1–11

[1]Als sie nun in die Nähe von Jerusalem kamen, nach Betfage
an den Ölberg, sandte Jesus zwei Jünger voraus [2]und sprach
zu ihnen: Geht hin in das Dorf, das vor euch liegt. Und so-
gleich werdet ihr eine Eselin angebunden finden und ein
Füllen bei ihr; bindet sie los und führt sie zu mir! [3]Und
wenn euch jemand etwas sagen wird, so sprecht: Der Herr
bedarf ihrer. Sogleich wird er sie euch überlassen. [4]Das ge-
schah aber, auf dass erfüllt würde, was gesagt ist durch den
Propheten, der da spricht (Sach 9,9): [5]»Sagt der Tochter
Zion: Siehe, dein König kommt zu dir sanftmütig und reitet
auf einem Esel und auf einem Füllen, dem Jungen eines
Lasttiers.« [6]Die Jünger gingen hin und taten, wie ihnen
Jesus befohlen hatte, [7]und brachten die Eselin und das
Füllen und legten ihre Kleider darauf, und er setzte sich
darauf. [8]Aber eine sehr große Menge breitete ihre Kleider
auf den Weg; andere hieben Zweige von den Bäumen und
streuten sie auf den Weg. [9]Das Volk aber, das ihm voranging
und nachfolgte, schrie und sprach: Hosianna dem Sohn
Davids! Gelobt sei, der da kommt in dem Namen des Herrn!
Hosianna in der Höhe! [10]Und als er in Jerusalem einzog, er-
regte sich die ganze Stadt und sprach: Wer ist der? [11]Das
Volk aber sprach: Das ist der Prophet Jesus aus Nazareth in
Galiläa.

* Gottesdienst am 02. 12. 2018 in der Schlosskirche in der Lutherstadt Wittenberg

»Gelobt sei, *der da kommt*« (Mt 21,9), liebe Gemeinde, darin versteckt sich das Wort »Advent«. Und »Advent« heißt »Ankunft«, die Zeit, in der wir erwarten, dass Gott kommt in unsere Welt mit ihren so unterschiedlichen Facetten und auch zu uns *ganz persönlich*. Zeit, die davon singt und klingt – und daran erinnert, dass ich die Dinge, die ich mir letztlich wünsche, nur geschenkt bekommen kann; dass etwas, dass jemand auf mich zukommt, der mich trägt, »der Heil und Leben mit sich bringt« (EG 1,1), der damals in die Stadt Jerusalem eingezogen ist – und der auch heute, hier und jetzt, zu *uns* kommen will in seinem guten Wort.

Wie also warten wir im Advent? Doch so, dass wir die alten Geschichten vergegenwärtigen, die davon erzählen, wie er *einst* gekommen ist. Anrühren lassen wir uns von ihnen. Diese Erzählungen haben sich – *als Bilder* – in uns abgelagert: Urgestein unserer Erinnerung. Wir haben es *durch sie* vor Augen und hören es geradezu, wie die Menschen die Straßen Jerusalems säumen und den ankommenden König willkommen heißen. So schärfen die alten Erzählungen unsere Sinne, damit wir *wahrnehmen*, dass und wie er kommt – heute.

»*Siehe*, dein König kommt zu dir *sanftmütig* und reitet auf einem Esel und auf einem Füllen, dem Jungen eines Lasttiers« (Mt 21,5). Dieses Zitat aus dem Buch des Propheten Sacharja (Sach 9,9) steht im Mittelpunkt unserer adventlichen Erzählung. Ohne das Alte Testament ist das Neue offenkundig nicht zu verstehen! »Sanftmut«, das ist das Wort, das mich an diesem Zitat am meisten bewegt. Als Kind klang es für mich schön und geheimnisvoll zugleich. Noch schöner hört es sich in seiner gesungenen Fassung an: »Sanftmütigkeit ist sein Gefährt« (EG 1,2). Später habe ich begriffen, dass in diesem *einen* Wort *alles* angelegt ist, was kommt: das Kind in der Krippe; der Gottessohn, der den Menschen nachgeht und sie liebt; der am Kreuz sein Leben lässt und am Ende von Gott auferweckt, von Gott ins Recht gesetzt wird.

Zählt man die Wörter unseres Bibelabschnitts - ob in der Ursprache oder in der Lutherübersetzung: Das Wort »sanftmütig« steht genau in der Mitte. *Sanftmut* - darum dreht und wendet sich unsere Geschichte! Der, der nicht hoch zu Ross, sondern auf einem Lasttier Einzug hält, gewinnt als Sanftmütiger eine ganz eigene, besondere Kraft. »Sanftmut« meint doch beides: Mut zeigen und innerliche Stärke - und zugleich: von großer Milde und menschenfreundlich sein. Wer einmal in seinem Leben erfahren hat, welche *Kraft* die Sanftmut eines Menschen haben kann, der weiß: Sie vermag Schmerzen und Verletzungen zu heilen. Sie gibt eine Ahnung davon, wie Menschen mit Menschen sein können - und wie die Welt im Ganzen sein könnte. Und wir verstehen auf einmal, weshalb die Leute in den Stadttoren Jerusalems diesen Gegen-König, diesen sanftmütig Daherkommenden, so *sehnsüchtig* erwarten!

Ihm eilt der Ruf voraus, er könne für Gerechtigkeit sorgen, *ohne* dass man sich vor ihm fürchten muss. Er hat die Spitzel der Machthaber mit Aufrichtigkeit entwaffnet; hat Egoisten durch Zuwendung geheilt und die Erbarmungslosen mit seiner Wehrlosigkeit barmherzig gemacht. Er hat die Skeptiker mit seinen Taten überzeugt und die

Lahmen gehend und die Blinden sehend gemacht. Sein Da-Sein ruft in den Menschen die besten Kräfte wach.

Diese Hoffnung hat sich unter uns gehalten – bis auf den heutigen Tag: Weil *die Menschen vor uns* die Verheißung weitererzählt haben, dass der damals Gekommene auch heute in unsere Herzen einziehen will. Er, von dem es schon beim Propheten Sacharja heißt, dass er das Heil *im Munde* führt und den Völkern »Schalom gebieten« (Sach 9,1), also Heil und Leben durch die friedliche Macht seines Wortes aufrichten wird. Entsprechend wird sein Kommen bis heute *bezeugt*: »ohne menschliche Gewalt, sondern allein durch das Wort«, wie die Reformatoren sagten: »sine vi humana, sed verbo«[1], ohne Druck und ohne Zwang, allein durch die Überzeugungskraft des unscheinbaren, widerstehlichen Wortes. *So* will er durch den Dienst seiner Zeuginnen und Zeugen zur Welt kommen. *Dazu* sind die alten Texte da, dass sie zum Weckruf, *uns* zur gegenwärtigen Anrede werden.

Und so sehe ich den sanftmütigen König einziehen und öffne die Türen meines Herzens, dass er auch *da* sein Wort hineinsprechen kann – und der Geist der Gewaltlosigkeit hereinkommen darf. Dazu gehört auch, dass ich eine klare Absage erteile denen, die die Verrohung in unserer Gesellschaft vorantreiben: in Wort und Tat; die Hass mit Hass und Ideologie mit Ideologie beantworten – ganz gleich, ob sie das unter dem Deckmantel ihrer *Religion* tun, unter dem Deckmantel eines wie auch immer gear-

[1] Confessio Augustana, Artikel 28, in: BSELK, S. 195,15.

teten *nationalen Bewusstseins* oder offen: aus maßloser Stärke oder Größenwahn. Gewalt hat in der Gesellschaft des sanftmütigen Königs *keinen Platz*!

Dieser Gegen-Entwurf zu dem, was wir vielfach erleben, darf und soll sich heute tief in unsere Seelen einprägen: das Bild des sanftmütigen, nur mit der Kraft seines Wortes ausgestatteten Christus. Er bleibt. Und mit ihm auch seine Botschaft: »Selig sind die Sanftmütigen, denn sie werden das Erdreich besitzen« (Mt 5,5). Er ist der Friedenskönig. Ihn erwarten, an ihn glauben wir - und an sein »Wort, das lebt und spricht«: Möge es zu uns kommen und mit Klarheit krönen, wenn wir es jetzt miteinander singen: »Wort, das lebt und spricht, / wenn die Wörter schweigen, / Wort, das wächst und blüht, / wenn die Sprüche welken: / Komm durchs Buch der Bücher, / das in allen Sprachen / Hoffnung in die Welt bringt« (Dieter Trautwein)[2].

Amen.

2 Evangelisches Gesangbuch. Ausgabe für die Landeskirchen Rheinland, Westfalen und Lippe, Bielefeld 1996, Nr. 692.

Predigt am 2. Sonntag im Advent*

Jesaja 40,1–8

Liebe Gemeinde!
Evangelischer Glaube – das ist: ein hörendes Herz haben, einen lauschenden Verstand, eine aufhorchende Seele. Auf das Hören kommt es an!

Sind wir frei, zu hören? Haben wir ein offenes Ohr? *Das* ist die alles entscheidende Frage.

Sie stellt sich auch dem Propheten, auf dessen Worte wir uns heute konzentrieren wollen. Er befindet sich unter den Tausenden des jüdischen Volkes, die von den Babyloniern verschleppt worden waren. Diese hatten Jerusalem im Jahr 587 vor Christus zerstört. Entwurzelt, mit seinem Volk ins Exil verbannt, wird er Ohrenzeuge einer befreienden Botschaft:

[1]Tröstet, tröstet mein Volk!, spricht euer Gott. [2]Redet mit Jerusalem freundlich und predigt ihr, dass ihre Knechtschaft ein Ende hat, dass ihre Schuld vergeben ist; denn sie hat die volle Strafe empfangen von der Hand des Herrn für alle ihre Sünden. [3]Es ruft eine Stimme: In der Wüste bereitet dem Herrn den Weg, macht in der Steppe eine ebene Bahn unserm Gott! [4]Alle Täler sollen erhöht werden, und

* Gottesdienst am 07.12.2008 in der Gedächtniskirche der Protestation in Speyer anlässlich der Einführung des Autors als Kirchenpräsident der Evangelischen Kirche der Pfalz (Protestantische Landeskirche).

alle Berge und Hügel sollen erniedrigt werden, und was
uneben ist, soll gerade, und was hügelig ist, soll eben wer-
den; [5]denn die Herrlichkeit des Herrn soll offenbart wer-
den, und alles Fleisch miteinander wird es sehen; denn
des Herrn Mund hat's geredet. [6]Es spricht eine Stimme:
Predige!, und ich sprach: Was soll ich predigen? Alles
Fleisch ist Gras, und alle seine Güte ist wie eine Blume auf
dem Felde. [7]Das Gras verdorrt, die Blume verwelkt; denn
des Herrn Odem bläst darein. Ja, Gras ist das Volk! [8]Das
Gras verdorrt, die Blume verwelkt, aber das Wort unseres
Gottes bleibt ewiglich.

Liebe Gemeinde!
»Tröstet, tröstet mein Volk!« (Jes 40,1), das sind himmlische Worte, gesprochen nach einer Melodie, die oben einsetzt und unten, auf Erden, wo wir Menschen sind, ankommt. Ohne Ansage, völlig unvermittelt, hinein in die Klage des Volkes – dieser Zuspruch. Ein Zu-Ruf, der eine Ruf-Kette in Gang setzt: »Tröstet! Bahnt! Baut! Ebnet den Weg! Die Gefangenschaft hat ein Ende. Freude breitet sich aus. Gott selbst ist im Kommen.« Das meint Advent: Der unendlich ferne Gott will uns Menschen unendlich nahe sein!

Ist der Prophet frei, das zu hören? Er setzt einen kräftigen Kontrapunkt: »Alles Fleisch ist Gras, und alle seine Güte ist wie eine Blume auf dem Felde. Das Gras verdorrt, die Blume verwelkt; denn des Herrn Odem bläst darein« (Jes 40,6 f.).

Der Prophet hat ein feines Gespür für wahren und für falschen Trost. Alles, was Menschen ersinnen, kann keinen letzten Halt bieten. Meine Zeit ist begrenzt, und meine Macht ist begrenzt! »Ja«, lautet die himmlische Antwort: »Dein Hoffen und Bemühen sind begrenzt; aber auch dein Scheitern und deine Niederlagen. Vertraue! Ich gebe dir mein Wort, das in Ewigkeit bleibt und den Zweifel und die Anfechtung überbrückt.« Wie lange hat der Prophet darauf warten müssen? Mit hörendem Herzen, mit lauschendem Verstand, mit aufhorchender Seele nimmt er diese Antwort in sein Innerstes auf – und wagt sein Leben auf dieses Wort hin. Wir könnten auch sagen: Er glaubt.

Mir fallen junge Menschen ein, die keinen Arbeitsplatz finden, die kein Licht am Ende des Tunnels sehen. Und denen dadurch der Sinn des Lebens und ihr Vertrauen auf Gott zu entschwinden droht. Was hält sie am Glauben? Und was verbindet sie mit ihrer Kirche?

Sie sollen ihre Zweifel, ihre Fragen und Einsprüche und Erfahrungen nicht einfach überspringen – oder übertünchen mit einer verordneten Glaubensgewissheit. Die Zeuginnen und Zeugen vor uns haben das auch nicht getan. Sie wussten, dass es von uns aus keinen Ausweg aus diesen Fragen gibt. Der Ausweg, der neue Weg, wird von Gott selbst freigeräumt. Dabei übt er nicht Zwang aus, seinem Wort zu vertrauen. Wer es aber riskiert und sagt: »Ich probiere es, ich will die Welt und ihre Menschen mit den Augen Gottes ansehen«, dem können sich neue Wege eröffnen. Mitten in allem, was *wir* für wirklich halten, verheißt *er* einen neuen Anfang!

Liebe Gemeinde, wie unterschiedlich können Lebenswege und Glaubenserfahrungen sein?

Wir sind hier zusammengekommen: aus vielen Städten und Dörfern und Ländern, aus verschiedenen Konfessionen und Traditionen. Was verbindet uns? Was hält uns zusammen, auch: in der evangelischen Kirche? Mit ihrer Vielfalt an Profilen und Lebensstilen, mit unseren ganz unterschiedlichen Denk- und Glaubensweisen?

Vielstimmig sind die Interessen und Traditionen und Vorlieben. Vielgestaltig auch die Bilder von Kirche, an denen wir uns orientieren. Sehr unterschiedlich die Menschen, die sich hier zusammenfinden: ihre Gaben, ihre Fähigkeiten, ihr Durchsetzungsvermögen. Was hält uns eigentlich beieinander – hier und heute, in der Gedächtniskirche der Protestation?

In Speyer waren es die sog. Protestanten, die sich 1529 auf dem Reichstag der Einschränkung der Glaubens- und Gewissensfreiheit widersetzten und dabei in lateinischer Sprache unseren Prophetentext zitierten: »Verbum Dei manet in aeternum« – »Gottes Wort bleibt in Ewigkeit!« Wie ein Banner der Erkenntnis trugen sie diesen Spruch an sich. An ihren Herbergen hatten die evangelischen Fürsten – außer ihren Wappen – diese biblische Losung angebracht. Sie fand sich sogar eingestickt auf den Ärmelaufschlägen der Bediensteten der protestierenden Städte und Fürsten:

Die Bindung an das Wort des Evangeliums allein gab und gibt Gewissheit und Mut. Nicht Tradition und Dogma, sondern das göttliche Wort ist das Zentrum, das uns herausruft, das uns trägt und hält und immer wieder zusammenführt. Das in die Zeit trifft – und doch bleibt in Ewigkeit. Das über die Zeiten hinweg gilt, aber nicht über die Zeiten hinweg geht. Ein Wort, das abgesehen von uns gültig ist, aber nicht von uns absieht. Es schafft Raum und schenkt Orientierung. Es umfängt uns, die vielen Einzelnen, mit unseren Eigenheiten und Gegensätzen – und zieht uns gemeinsam in seinen Trost hinein. Es beschränkt sich nicht auf Israel, sondern springt hinüber zu den Völkern. Es verbindet uns mit den Menschen an unserer Seite und den Christinnen und Christen weltweit. Es macht nicht Halt bei der eigenen Konfession, sondern führt zu den Geschwistern anderer Kirchen – nicht zuletzt, weil wir das gemeinsame Zeugnis aller Welt schulden. Dieses Wort will, dass wir mutiger bekennen, treuer beten, fröhlicher glauben und brennender lieben. Und dass wir es auf eine Art weitergeben, dass der Funke überspringt auch auf andere!

Achtsam und sensibel wollen wir deshalb sein für die Fremden in unserer Nähe: damit niemand Angst haben muss, weil er anders aussieht als die Mehrheit; weil er woanders herkommt als die Mehrheit; oder weil er einen anderen Glauben hat als die Mehrheit. Gottes Wort schärfe unser Gewissen für die Stummgewordenen, dass wir ihnen ihre Stimme zurückgeben. Ich denke dabei an Menschen ohne Arbeit, an Alleinerziehende, an kinderreiche Familien und an Familien mit Migrationshintergrund, die vor allem von wachsender Armut betroffen sind. Es kann nicht sein, dass in einem der reichsten Länder der Erde Kinder und Jugendliche von Sozialhilfe abhängig sind! Anwalt sollen wir sein und Bittsteller für Gerechtigkeit und Frieden weltweit.

»Tröstet, tröstet mein Volk!« (Jes 40,1), dieses eine Thema begleite und reformiere uns. Hören wir hin – und lauschen wir auf den, der uns jetzt geradezu liebevoll zuruft:

»Fürchte dich nicht, ich bin bei dir; weiche nicht, denn ich bin dein Gott! Ich stärke dich, ich helfe dir auch, ich erhalte dich durch die rechte Hand meiner Gerechtigkeit.«[1]

Amen.

[1] Eingangschor der Bach-Motette »Fürchte dich nicht, ich bin bei dir« (BWV 228).

Predigt am Christfest*

Titus 3,4–7

Liebe Gemeinde!
Am Morgen danach liegt die Welt im Licht des neuen Tages. Im Ohr – vielleicht noch die Klänge von: »O du fröhliche, o du selige, gnadenbringende Weihnachtszeit« (EG 44). Wir haben es uns wieder sagen lassen: »Welt ging verloren, Christ ist geboren, freue, freue dich, o Christenheit!« (EG 44,1). Die Weihnachtsgeschichte – erzählt, gesungen, aufgeführt – hat ihren Zauber entfaltet, selbst bei uns groß gewordenen Kindern. Am Morgen danach vermischen sich die Bilder der Nacht und der nüchterne Blick auf die Welt. Und ich frage: *Was bleibt*?

Ich lese den Predigttext für den 1. Weihnachtsfeiertag; er steht im Titusbrief im 3. Kapitel, in den Versen 4 bis 7:

4 Als aber erschien die Freundlichkeit und Menschenliebe Gottes, unseres Heilands, 5 machte er uns selig – nicht um der Werke willen, die wir in Gerechtigkeit getan hätten, sondern nach seiner Barmherzigkeit – durch das Bad der Wiedergeburt und Erneuerung im Heiligen Geist, 6 den er über uns reichlich ausgegossen hat durch Jesus Christus, unsern Heiland, 7 damit wir, durch dessen Gnade gerecht geworden, Erben seien nach der Hoffnung auf ewiges Leben.

* Gottesdienst am 25. 12. 2017 in der Gedächtniskirche der Protestation in Speyer.

Liebe Gemeinde,
»als aber erschien die Freundlichkeit und Menschenliebe Gottes, unseres Heilands, machte er uns *selig*« (Tit 3,4). Selig sein, *das* wäre schön. Selig sein, das klingt nach Erfüllung, nach Glück, nach ewigem Frieden. Wer selig ist, ist ganz einverstanden mit dem, was ist. Keine quälenden Fragen mehr nach dem »Warum?«, kein »Hätte ich doch« oder »Wäre ich damals«; kein Widerspruch mehr zwischen meinem *Wollen* und meinem *Tun*.

Selig sein, das erleben wir vielleicht für *Augenblicke*: wenn der Mensch, den ich liebe, mit seiner Liebe antwortet; wenn das Neugeborene in meinen Armen liegt; wenn der Zauber einer beglückenden Begegnung, der Klang der Musik mich – für einen Moment – über alles Schwere erhebt; wenn ich mich selber und die Zeit vergesse – und mich mit allem verbunden fühle.

Selig sein, das bleibt wohl für die meisten von uns ein *Sehnsuchtsbild*, das seine Leuchtkraft erst recht auf dem Hintergrund der *un*seligen Verhältnisse gewinnt. Und für manche ist es eher wie ein Opiat, das uns in die Irre führt – während anderswo die Bomben fallen und Fluchtwege versperrt sind.

Ich wäre gerne *selig*: wenigstens *jetzt*! Wenigstens zu *Weihnachten*, an diesem Fest, das – wie kein anderes – aufgeladen ist mit Erwartungen. Wie aber werde ich *selig*? Und während ich diese Frage stelle, merke ich, dass sie *falsch* ist. Sie klingt so, als müsste ich selbst nur das Richtige *tun* oder *lassen*. Sie klingt nach Ratgeberliteratur und Lebenskunst: als müsste man nur die richtigen Maßnahmen ergreifen – und das Gefühl stellt sich ein. Überhaupt gerate ich in Zweifel, ob Seligsein eigentlich ein Gefühl ist.

Hören wir noch einmal auf Titus. Er schreibt: »Als aber erschien die Freundlichkeit und Menschenliebe Gottes, unseres Heilands, machte er uns selig - nicht um der Werke willen, die wir in Gerechtigkeit getan hatten, sondern nach seiner Barmherzigkeit« (Tit 3,4f.). Mit keinem Wort wird eine Voraussetzung erwähnt - etwa, sich in Gelassenheit zu üben oder das Positive im Leben zu sehen - oder was es sonst noch an Ratschlägen gibt. Alles dies *nicht*! Stattdessen: Es *wird* etwas mit uns gemacht. Etwas *geschieht* an uns. Und die Ursache dafür liegt *nicht* in mir; *nicht* in unserer Hand. Es geschieht, weil die Freundlichkeit und Menschenliebe *Gottes*, weil *seine Barmherzigkeit* es so wollte und will.

Nicht, weil *wir* festlich gestimmt sind oder wir es endlich geschafft hätten, die Welt so zu befrieden, dass er kommen kann; auch nicht, weil wir unsere Zweifel und Finsternisse abgelegt und Gier und Neid besiegt hätten. Das alles *nicht*! *Gott* erschien, weil er kommen wollte und kommen will - und weil wir ihn so *nötig haben*, um *heil* zu werden. Weil wir es aus eigener Kraft *nicht* schaffen, weil alle Bemühungen und Absichten so schnell ins Leere laufen - oder sich ins Gegenteil verkehren; weil wir uns selbst nicht retten können, geschweige denn diese Welt.

»Nicht um der Werke der Gerechtigkeit willen«, schreibt Titus, ist Gott erschienen, »sondern nach seiner Barmherzigkeit« (Tit 3,5). *Barmherzigkeit*, *Gnade*, das, so sagt es etwa Martin Luther, ist der *Schutzraum eines Blickes*, in dem ein Mensch sich überraschend aufrichten kann: der

Blick Gottes, der auf uns fällt – und uns sagt: »Ich kenne dich, ich sehe dich an, wie du bist. Ich kenne all deine Schwächen, deine Selbstzweifel, deine Widersprüche, dein Lachen und deinen Humor, deine Sehnsucht und deine Verzweiflung. Du bist in meinem Blick *gut aufgehoben.*« Es ist der Blick, der uns freispricht, uns ermutigt und heil machen will: »Denn wenn es dahin kommt, daß Gott sein Angesicht zu jemanden wendet, ihn anzusehen«, so Martin Luther, »da ist eitel Gnade und Seligkeit«.[1]

Freilich, Gottes Gnade, Gottes Barmherzigkeit, sie belässt uns nicht, wie wir sind. Aus ihr, so noch einmal Luther, »müssen alle Gaben und Werke *folgen*«[2]. Sie wirkt auf uns ein, will uns verändern, sie *arbeitet an uns*. »Gott nimmt dich an, wie du bist, aber er lässt dich nicht, *wie* du bist.« *Veränderungsprozesse* bewirkt die göttliche Barmherzigkeit. Sie bürstet gegen den Strich, bringt durcheinander, will uns zu einem Leben bringen, das ihr entspricht. Dass wir uns nicht abfinden damit, dass die Welt aus den Fugen gerät, weil so viele ohne Hoffnung sind. Gottes Barmherzigkeit will die Welt heilen, und sie will mit uns anfangen, um das Beste aus uns hervorzulocken, zu dem wir fähig sind: unsere Fürsorge, unsere Wärme, unsere Empathie – und unseren Einspruch gegen alles, was dieses Leben zerstören will.

1 Martin Luther, Das Magnificat verdeutscht und ausgelegt (1521), in: ders., Ausgewählte Schriften, hrsg. von Karin Bornkamm und Gerhard Ebeling, Band 2, Frankfurt am Main 1982, S. 147.

2 A. a. O., S. 147 f.

Liebe Gemeinde,
in diesen Tagen versuchen manche, uns das Fürchten zu lehren. »Die Flüchtlinge sind unser Untergang«, sagen sie. Oder: »Der Islam wird bald ganz Europa erobern.« Glauben wir ihnen *nicht*, den Propheten des Untergangs, die aus den Opfern der Gewalt ihren politischen Profit ziehen wollen! Gemeinsam mit allen Menschen guten Willens rufen wir den Scharfmachern zu: »Unsere Angst bekommt ihr *nicht*! Wir lassen uns von euch *nicht* einschüchtern. *Nicht* lassen wir uns von euch vorschreiben, wen wir zu hassen – und wen wir zu lieben haben!«

Wir setzen auf eine andere Macht: auf eine Macht, die stark ist, obwohl sie sich als bedürftiges Kind zeigt; auf eine Macht, die nicht mit Schwertern und Bomben daherkommt, sondern mit der Botschaft des Friedens, die das Beste in uns ans Licht bringen will: unsere Fähigkeit, zu lieben, unsere Fähigkeit zum Mitgefühl, unsere Hoffnung, die stärker ist als der Tod. Wir hüten *das Licht* in der Finsternis: überall dort, wo jemand ein weinendes Kind in den Arm nimmt; wo jemand schwach wird oder alt oder schwierig – und ich lasse ihn nicht allein; dort, wo wir dem Fremden ein Lächeln schenken, das ihm sagt: »Hab' keine Angst«; wo wir einem Sterbenden die Hand halten, wenn er auf seinem letzten Weg ist. Oft ist es ganz *un*spektakulär, aber in all diesen Momenten ist *sie da*, diese Macht der *Barmherzigkeit*, die die Welt verändert.

»*Euch* ist heute der Heiland geboren« (Lk 2,11), *der*, der euch heilt und selig macht. *So* haben es die Engel den Hirten auf dem Felde gesungen. Das ist ihre Botschaft an die »Menschen seines Wohlgefallens« (Lk 2,14), wie wir es in der Weihnachtsgeschichte des Lukas hören. »Seines Wohlgefallens«? »Ja, das mag sein«, mögen wir einwenden, aber wer sind »die Menschen seines Wohlgefallens«? Unser Sprachgefühl legt nahe, hier ginge es um *die Menschen*, die Gott wohl gefallen. Und ob *wir* dazu gehören, mag zumindest fraglich sein. »Nein!«, sagt Titus. »Hört genau hin: Die Menschen seines Wohlgefallens sind *nicht die*, die Gott gefallen, sondern *die*, die sich etwas gefallen *lassen*: die sich *sein Wohl* gefallen lassen! Es sind *die*, über die der Heiland den Heiligen Geist reichlich ausgegossen hat. *Die* er erneuert hat im Bad der Wiedergeburt, *die* gereinigt sind und das ewige Leben erben« (vgl. Tit 3,5b–7). Und was da anklingt ist das, was uns in der *Taufe* bereits geschenkt ist. Wir wurden erneuert, wir wurden gereinigt, über uns wurde ausgegossen vom Heiligen Geist - reichlich und in Fülle. *Wir* sind die lachenden Erben!

Liebe Schwestern und Brüder,

da sind wir nun beieinander an diesem ersten Weihnachtsfeiertag; und wir lassen uns sagen, dass wir die Erben des ewigen Lebens sind. Erneuert und mit Heiligem Geist beschenkt. *Das* ist die Reichweite dessen, was in Bethlehem so unscheinbar begann und dessen Folgen bis in die Ewigkeit reichen. Gott hat dich selig gemacht. Du kannst dich darauf verlassen, wie du dich auf nichts sonst auf dieser Welt verlassen kannst. Nimm dieses Geschenk an - und richte dein Leben danach aus.

Und damit wir dieses Versprechen nicht vergessen, feiern wir jetzt gemeinsam das Abendmahl. Im Abendmahl, so sagt es die Unionsurkunde unserer Kirche, geschieht »die seligste Vereinigung«[3] mit unserem Erlöser, Jesus Christus, der bei uns ist alle Tage, bis an der Welt Ende. Immer wieder vollzieht sich im Mahl die Zusage, dass Christus zu uns kommt, unter uns sein will, sich verbinden will mit uns, damit wir heil werden. *Wir*, in weihnachtlicher Stimmung, aber auch *wir*, mit unserem ganzen Kummer, mit unserer Skepsis; mit unserer *kleinen* Hoffnung – und zugleich der *großen* Sehnsucht. *Uns allen* ist das Kind geboren, damit *wir* und *die ganze Welt heil* werden können.

Amen.

[3] Quellenbuch zur Pfälzischen Kirchenunion und ihrer Wirkungsgeschichte bis zur Mitte des 19. Jahrhunderts, hrsg. v. Landeskirchenrat der Evangelischen Kirche der Pfalz (Protestantische Landeskirche) in Zusammenarbeit mit dem Verein für Pfälzische Kirchengeschichte, Speyer 1993 (Texte und Dokumente 4) (VVPfKG 18), S. 144.

Predigt am Altjahresabend*

2. Mose 13,20–22

[20]So zogen sie aus von Sukkot und lagerten sich in Etam am Rande der Wüste. [21]Und der Herr zog vor ihnen her, am Tage in einer Wolkensäule, um sie den rechten Weg zu führen, und bei Nacht in einer Feuersäule, um ihnen zu leuchten, damit sie Tag und Nacht wandern konnten. [22]Niemals wich die Wolkensäule von dem Volk bei Tage noch die Feuersäule bei Nacht.

Liebe Gemeinde!
Vielleicht sind in den letzten Tagen auch an Ihnen Bilder des zu Ende gehenden Jahres vorbeigezogen? *Ein* Bild ist mir persönlich ganz unvergesslich: ein Video aus Italien, vom März 2020, am Beginn der Corona-Pandemie. Überarbeitete und völlig erschöpfte Pflegerinnen und Pfleger – nach zwölf Stunden Arbeit – mit tiefen Spuren der Schutzmasken im Gesicht. Rote, müde Augen. Die Überschrift des Videos lautet: »Es ist keine Zeit mehr!« Und im Video ein Satz, mit einer Stimme gesprochen, die die Verzweiflung – auch durch ein wehrloses Lächeln – nicht verbergen kann: »Es ist nicht einmal mehr Zeit zum Weinen«, sagt sie. So geschehen in einem Krankenhaus in Norditalien. Keine Tränen der Erschütterung, weil die Not so

* Gottesdienst am 31. 12. 2020 in der Protestantischen Christuskirche in Otterbach.

groß, der Einsatz so unermüdlich, die Klage so grenzenlos ist.
Diese Bilder, sie lassen mich nicht los. Uns allen ist bewusst, dass auch an diesem Abend, in dieser Nacht, unzählige Ärztinnen und Ärzte, Pflegerinnen und Pfleger, Seelsorgerinnen und Seelsorger in unseren Kliniken und Seniorenheimen ihr Äußerstes geben, um Menschen in Not zu helfen.

Ja, ein ver-rücktes, ein entbehrungsvolles Jahr liegt hinter uns! Unzählige Wünsche blieben unerfüllt: die Reise, die Geburtstagsfeier, der besondere Besuch. Hoffnungen sind gestorben, und Träume wurden vergeblich geträumt. Was hätte nicht alles sein sollen, was nun verschoben, ausgefallen, umsonst war. Und in alledem war und ist es ein winziges Objekt der Natur, ein Virus, das unsägliches Leid hervorruft und den Lauf der Dinge zerstört: nicht bloß unsere Jahresplanung, sondern alle Planungen! Die ganze Erde wird überzogen von einer Geißel, die uns zu dem macht, was wir niemals mehr sein wollten: zu einem Wesen, das trotz aller Klugheit und Intelligenz hilflos ist gegen die Kräfte der Natur. Ein Virus – und der Mensch wird ein Niemand, der um sein Leben ringt und kämpft. Wer sind wir, die wir den Mond bereisen, den Mars besuchen, wenn ein winziges Objekt unzähligen Menschen ihr Leben raubt? Dabei kommt mir der zweite Satz der Bibel in den Sinn. Da heißt es: »Die Erde war wüst und leer« (1. Mose 1,2).

In der Wüste befindet sich – nach unserem Predigttext – auch das Volk Israel. »Sie zogen aus von Sukkot und lagerten sich in Etam, am Rande der Wüste« (2. Mose 13,20).

Die Knechtschaft in Ägypten liegt hinter ihnen. Doch das erträumte Land, die Freiheit, ist noch außer Sichtweite. Bitter müssen sie lernen, dass die Wüste ein Teil ihres Weges ist. Auch, dass es da kein schnelles »Hindurch« gibt. Dauernd ist das Volk am Murren darüber, wie schwer der Weg ist. Ständig verlieren sie ihr Vertrauen, auch das Vertrauen in die Führungsfigur Mose. Statt nach vorn, wollen sie zurück in die alte, die verklärte Normalität.

So, wie auch die gegenwärtige Krise unter uns Ungeister hervorruft. Falsche Propheten, die mit finsteren Sinngebäuden locken, zusammengefügt aus dunkler Phantasie, bösartigen Lügen und dreisten Schuldzuweisungen. Wahr hingegen ist: Selbst wenn wir das Alte wieder aufsuchen würden, wäre es nicht mehr das, was es einmal war. Ein einfaches »Zurück« zur sogenannten Normalität wird es nicht geben. »Wie vorher« wird ohnehin nichts. Denn alles Spätere bleibt gezeichnet von der gegenwärtigen Erfahrung der Zerbrechlichkeit unserer Lebenswelt.

Eine Lebenszeit zu haben, bedeutet: mit der vergehenden Zeit zu leben. Es gibt keine Alternative zu dem Weg nach vorn – auch, wenn da Wüste ist und deren Ende noch in weiter Ferne. Alte Selbstverständlichkeiten des sozialen Vertrauens werden davon merklich berührt: Der unwillkürliche Handschlag, eine gewisse Nähe beim Sprechen miteinander, werden vermutlich so, wie wir das gewohnt waren, nicht wiederkehren. Wir werden uns in der Zeit danach, post Corona, in einem Ander-Land einrichten müssen und Selbstverständlichkeiten mühsam neu aufbauen.

Auch Israel tat sich schwer damit, »Ja« dazu zu sagen. »Ja« dazu, dass die Wüste mit all ihren Unsicherheiten ein Abschnitt seines Weges ist. Nach und nach erst haben die Israeliten verstanden, dass die Wüste zwar karg, aber keineswegs hoffnungslos ist. Auf ihrem Weg stoßen sie immer wieder auf Dinge, die sie lebendig halten. Da ist das wundersame Brot, das Manna. Und an harten Felsen tun sich Wasserquellen auf. Da gibt es Pflanzen und Oasen, es gibt Orientierungspunkte und den Gottesberg Horeb. All das ist auch Wüste! Kein einfacher Ort, aber ein Ort, an dem sie die Erfahrung machen, geführt zu werden.

»Und der Herr zog vor ihnen her, am Tage in einer Wolkensäule, um sie den rechten Weg zu führen, und bei Nacht in einer Feuersäule, um ihnen zu leuchten, damit sie Tag und Nacht wandern konnten. Niemals wich die Wolkensäule von dem Volk bei Tage noch die Feuersäule bei Nacht« (2. Mose 13,21 f.). Dies schreibt Israel im Rückblick. Währenddessen haben sie es oft bezweifelt. Aber jetzt sehen sie auf ihren ganzen Weg und werden dessen gewahr: »Gott hat uns begleitet – wenn auch nur in Distanz, in Sichtweite.«

Auch im ausgehenden Jahr gab es – wenn überhaupt – Orientierung nur auf Sichtweite. Fragen bleiben dabei offen: »Wann endlich wird die Quarantäne in der Kita zu Ende sein? Wann kann mein Kind wieder in die Schule? Und was ist mit der lang geplanten Familienfeier, dem dringend notwendigen Erholungsurlaub? Wann kann ich meine Arbeit wieder vollständig aufnehmen? Muss ich immer nur online studieren? Werde ich meinen Betrieb durch diese schwere Zeit hindurch retten können?«

Vielleicht tun sich aber mitten in diesen Fragen auch Quellen auf, sodass Seele und Gemüt ihren Durst stillen können. Haben wir nicht auch die Erfahrung gemacht, dass in Vielen das Beste wachgerüttelt wurde, was in ihnen steckt? Menschen gaben und geben ihr Äußerstes: in den Krankenhäusern und Sozialstationen, in Alten- und Pflegeheimen, in Kindertagesstätten und Familien, in Supermärkten, in der Politik. In der Zuwendung zu verletzlichem und gefährdetem Leben spüren wir, wie heilsam die Kräfte sind: Kräfte des Beistands, der Unterstützung, der Hilfe.

Die entscheidende Frage ist doch, ob wir im Blick auf all das sagen können: »Ja, Gott war mit dabei. Jetzt sehe ich es. Jetzt erkenne ich die Zeichen. Er war nie weg, ich hab' ihn zwar nicht immer gesehen, aber: Er war da! Da sind Menschen und Begegnungen, da ist das Wort, das mir den Mut schenkt, nicht aufzugeben, ein Lied, das mir Trost und Hoffnung zuspielt; vielleicht auch ein Gottesdienst in dieser Kirche. Und nicht zuletzt der Klang der Glocken, der uns jeden Abend still werden lässt, um unsere Fürbitten vor Gott zu bringen. Wolkensäule und Feuerschein!

Ja, es gibt Zeichen, in denen wir die Gegenwart Gottes glauben dürfen. Und wir erkennen sie daran, dass sie uns dorthin weisen, wo uns Kräfte zuwachsen, wo Hoffnung und Liebe stärker werden können. Gott bleibt in Sichtweite. Und wenn Du ihn nicht erkennen kannst, dann bleib' geduldig und behalte den langen Atem. Es werden sich Quellen auftun, damit Deine Seele nicht verdurstet. Wer das Wagnis des Gottvertrauens eingeht und wach in

Geist und Seele bleibt, wird erfahren, dass es so ist, wie es Israel erfahren hat: »Niemals wich die Wolkensäule von dem Volk bei Tage noch die Feuersäule bei Nacht« (2. Mose 13,22). Uns allen, liebe Schwestern und Brüder, wünsche ich ein gesegnetes Neues Jahr 2021!

Amen.

Predigt am 2. Sonntag nach dem Christfest*

Lukas 2,41–52

41 Und seine Eltern gingen alle Jahre nach Jerusalem zum
Passafest. 42 Und als er zwölf Jahre alt war, gingen sie hin-
auf nach dem Brauch des Festes. 43 Und als die Tage vor-
über waren und sie wieder nach Hause gingen, blieb der
Knabe Jesus in Jerusalem, und seine Eltern wussten's
nicht. 44 Sie meinten aber, er wäre unter den Gefährten,
und kamen eine Tagereise weit und suchten ihn unter
den Verwandten und Bekannten. 45 Und da sie ihn nicht
fanden, gingen sie wieder nach Jerusalem und suchten
ihn. 46 Und es begab sich nach drei Tagen, da fanden sie
ihn im Tempel sitzen, mitten unter den Lehrern, wie er
ihnen zuhörte und sie fragte. 47 Und alle, die ihm zuhör-
ten, verwunderten sich über seinen Verstand und seine
Antworten. 48 Und als sie ihn sahen, entsetzten sie sich.
Und seine Mutter sprach zu ihm: Mein Kind, warum
hast du uns das getan? Siehe, dein Vater und ich haben
dich mit Schmerzen gesucht. 49 Und er sprach zu ihnen:
Warum habt ihr mich gesucht? Wusstet ihr nicht, dass
ich sein muss bei denen, die zu meinem Vater gehören?
50 Und sie verstanden das Wort nicht, das er zu ihnen
sagte. 51 Und er ging mit ihnen hinab und kam nach Na-
zareth und war ihnen gehorsam. Und seine Mutter be-
hielt alle diese Worte in ihrem Herzen. 52 Und Jesus nahm

* Gottesdienst am 03. 01. 2021 im Berliner Dom.

zu an Weisheit, Alter und Gnade bei Gott und den Menschen.

Liebe Gemeinde!
Jesus geht verloren und wird schmerzlich gesucht. Zuerst suchen seine Eltern ihn unterwegs bei Bekannten und Verwandten, vermuten ihn unter den Weggenossen. Aber da, im Kreis der Vertrauten, ist er nicht. Und so kehren seine Eltern um, kehren zurück nach Jerusalem und suchen ihn dort. Und sie finden ihn. Nicht im vertrauten Milieu, sondern in einer ganz anderen Umgebung: mitten unter den Lehrern, den Schriftgelehrten Israels, den Schrift-Erforschern und über die Schrift Diskutierenden im Tempel.

Wer fasziniert ist von der religiösen Tradition, der kommt zum ersten Mal nach Hause, wenn er im Tempel ist. »Warum habt ihr mich gesucht?« (Lk 2,49a), fragt Jesus seine Eltern. »Wusstet ihr nicht, dass ich sein muss bei denen, die zu meinem Vater gehören?« (Lk 2,49b). Sie hätten es wissen müssen: Wie einem, den es ins Kunstatelier zieht und der dort zum ersten Mal Ölfarbe riecht und ihm das Herz aufgeht und er weiß, er ist zum Malen geboren - so ähnlich muss es Jesus ergangen sein, als es ihn zu den Schriftgelehrten zog und ihnen zuhörte, wie sie diskutierten über die Bedeutung eines Wortes, eines Satzes, eines Buchstabens auf der Suche nach der Wahrheit der Heiligen Schrift, auf der Suche nach Gott, auf der Suche nach der Wahrheit ihres Lebens.

Suchen, Zuhören, Fragen: das bestimmt den Weg Jesu zu den Lehrern im Tempel. Der Zwölfjährige hört den

Weisen Israels zu und fragt, befragt sie. Jesus sucht bei den Lehrern, was ihr wirkliches Geschenk ist: ihre Weisheit. Und Weisheit ist mehr als Wissen. Er sucht ihre Lebens- und Glaubenserfahrung, was ihnen Hilfe und Halt ist, Trost im Leben und im Sterben. So, auf diese Weise, ist Jesus ein Fragender. Einer, der selbst sucht nach dem, was in den Wirren und Widrigkeiten des Lebens trägt, was Gewissheit schenkt und Orientierung gibt. Er, in dem Gott Mensch wird, ist so sehr Mensch, dass er – wie wir – zum Suchenden, zum Lernenden wird. Der menschgewordene Gott hört zu, fragt und lernt.

Viele Bilder, alte und neue, malen diese Szene des zwölfjährigen Jesus im Tempel nach. Oft spricht, redet und lehrt Jesus selbst in diesen Bildern – und die alten Lehrer Israels, sie hören auf ihn, hören ihm zu. Und oft ist ihnen das Unverständnis ins Gesicht geschrieben. So wird aber nur der *eine* Satz aus der Geschichte dargestellt: »Und alle, die ihm zuhörten, verwunderten sich über seinen Verstand und seine Antworten« (Lk 2,47). Selten wird dargestellt, was dem vorangeht, nämlich, dass Jesus selbst zuhört, fragt und forscht, wie es im Text heißt: Sie fanden ihn »im Tempel sitzen, mitten unter den Lehrern, wie er ihnen zuhörte und sie fragte« (Lk 2,46). Das Suchen und Fragen, das Unterwegssein zu Gott, ist ein Grundzug in der Gestalt und in der Geschichte Jesu. Er wird die Traditionen Israels immer wieder befragen und in Frage stellen: »Ihr habt gehört, dass zu den Alten gesagt ist [...]. Ich aber sage euch [...]« (Mt 5,21 ff.). Jesus ist wach im Zuhören, er bleibt begierig im Fragestellen und Nachforschen, und er ist unerschrocken, seinerseits selbst in Frage zu stellen.

Wie vieles stellen wir zurzeit in Frage – angesichts des Kontrollverlustes, den wir, coronabedingt, erfahren? Wie lange halten wir die Einschränkungen, die doch allmählich an die Substanz gehen, noch aus? Haben wir noch die Energie, die wir in der gegenwärtigen Situation so nötig brauchen? Und werden wir insgesamt, als Gesellschaft, die Ausdauer aufbringen, die wir brauchen, damit wir die Nerven nicht verlieren, vielmehr aus dem Geist der Kraft und der Liebe und der Besonnenheit handeln können?

So, im Herzen angefochten, folgen wir jetzt noch einmal auf andere Weise dem Beispiel des Suchens und Fragens und überlegen: Warum erzählt Lukas uns überhaupt diese Jesus-Geschichte? Was will er uns damit sagen? Ich glaube nicht, dass er uns den Zwölfjährigen als eine Art »religiöses Genie« anpreisen will, wie das – übertragen auf die Musik – in vielen, meist kitschigen Büchern mit Wolfgang Amadeus Mozart geschieht. Vielmehr möchte er uns den Weg zu Jesus weisen, wenn wir ihn – wie seine Eltern damals – schmerzlich vermissen; wenn wir ihn in den Widrigkeiten des Lebens verloren haben. Dann nämlich sollen auch wir uns auf den Weg machen, umkehren, ihn suchen und finden in den Gotteshäusern, genauer: beim Hören und Lesen, beim Auslegen, beim Befragen der Heiligen Schrift, damit sie uns zum Wort des Lebens, zum Licht im Dunkel, zum Trost in Trübsal wird.

Bis heute sind unsere Gotteshäuser sichtbares Zeichen dafür, dass wir »nicht vom Brot allein« leben, sondern »von einem jeden Wort, das aus dem Mund Gottes geht« (vgl. 5. Mose 8,3; Mt 4,4). Gewiss, auch *dies* ist bezeichnend: dass die Türme der Gotteshäuser, die sich einst über die Dächer der Stadt erhoben, heute nicht selten geduckt unter Wolkenkratzern stehen oder, wie hier, in der Mitte Berlins, vom Koloss eines Fernsehturms überragt werden. Aber wer wollte sagen, dass von diesen säkularen Symbolen Trost und Hilfe, Heil und Frieden ausgehen? In allen unseren Werken begegnen wir letztlich doch nur uns selbst. Sie geben auf unser Suchen, unser Forschen und Fragen, nur unsere eigenen Antworten. Sie werfen unser Klagen wie ein Echo auf uns selbst zurück.

Anders der Ort, den Jesus »meines Vaters Haus« (Joh 2,16) nennt, wo der menschgewordene Gott selber zu finden ist, der – wie es in den Schriften heißt – »Treue hält ewiglich« (Ps 146,6). Gott, der in der Gebrochenheit und Dürftigkeit einer Nacht geboren wird, uns in einem verletzlichen, verwundbaren Kind nahe kommt und von diesem »Abba«, »lieber Vater« (Mk 14,36; vgl. auch Gal 4,6) genannt wird. Der unser Leben mit uns teilt, der mit geht und mit leidet, der Nähe stiftet und gerade in der Krise, im Exil, in der Not, die Kraft hat, Unheil in Heil, Finsternis in Licht und Tod in Leben zu verwandeln. Hier werden nicht Lasten auf uns gelegt, sondern wir *werden* mit unseren Lasten *getragen*: *das* ist die Quintessenz der Heiligen Schrift, der Hebräischen Bibel, in der Jesus sich bleibend verortet.

Dass alles gut und glücklich läuft, ist uns darin freilich *gerade nicht* versprochen! Aber, dass Gott uns begleitet, in guten wie in schweren Tagen, in gesunden wie in solchen der Krankheit, das ist die Kraft, aus der wir schöpfen: Festigkeit aus Vertrauen und Gelassenheit. Und wenn aus lauter Angst und Sorge der Ton um uns und in uns rauer wird und die Geduld zu schwinden droht, dann dürfen wir uns hineinflüchten in die Botschaft, die uns von Weihnachten her ins Neue Jahr leuchtet und täglich unser Licht sein will: »Fürchte dich nicht, ich bin mit dir!« (Jes 41,10). Der Gott, der Lasten auferlegt und dessen Wille uns zuweilen verborgen ist, ist in Jesus Christus der, der uns mit unseren Lasten trägt, der das ermüdende Kreisen um uns selbst aufbricht und uns neu Mut und Zuversicht schenkt.

Diese Botschaft brauchen wir, braucht jede und jeder Einzelne von uns, gerade jetzt, da Vertrautes durchkreuzt wird, Gewohntes in Scherben liegt und manche Hoffnung zerschlagen ist. Da ahnen wir, dass wir uns - nach Corona - in einem Ander-Land einrichten und Selbstverständlichkeiten mühsam neu aufbauen müssen. Da brauchen wir offene Gotteshäuser, wo Christus, »das Licht der Welt« (Joh 8,12), zu finden ist und wo er verkündigt wird, sodass sich von Geschlecht zu Geschlecht die Seligpreisung erfüllt, mit der der 84. Psalm, mit dem wir diesen Gottesdienst eröffnet haben, endet: »Herr Zebaoth, wohl dem Menschen, der sich auf dich verlässt!« (Ps 84,13).

Amen.

Predigt am 6. Sonntag der Passionszeit: Palmarum*

Johannes 12,12–19

12Als am nächsten Tag die große Menge, die aufs Fest gekommen war, hörte, dass Jesus nach Jerusalem kommen werde, 13nahmen sie Palmzweige und gingen hinaus ihm entgegen und schrien: Hosianna! Gelobt sei, der da kommt im Namen des Herrn, der König von Israel! 14Jesus aber fand einen jungen Esel und setzte sich darauf, wie geschrieben steht (Sach 9,9): 15»Fürchte dich nicht, du Tochter Zion! Siehe, dein König kommt und reitet auf einem Eselsfüllen.« 16Das verstanden seine Jünger zuerst nicht; doch als Jesus verherrlicht war, da dachten sie daran, dass dies von ihm geschrieben stand und man so an ihm getan hatte. 17Die Menge aber, die bei ihm war, als er Lazarus aus dem Grabe rief und von den Toten auferweckte, bezeugte die Tat. 18Darum ging ihm auch die Menge entgegen, weil sie hörte, er habe dieses Zeichen getan. 19Die Pharisäer aber sprachen untereinander: Ihr seht, dass ihr nichts ausrichtet; siehe, alle Welt läuft ihm nach.

Liebe Gemeinde!
Eine zwiespältige Geschichte ist dieser Einzug Jesu in Jerusalem! Sie beginnt damit, dass das Volk in Massen dem heiß ersehnten König entgegenläuft; und sie endet mit der

* Gottesdienst am 29. 03. 2015 im Berliner Dom.

Drohgebärde derer, die sich für die Aufrechterhaltung der öffentlichen Ordnung verantwortlich fühlen. Angesichts der Bewunderung, die Jesus im Volk genießt, raunen sie sich zu: »Ihr seht, dass ihr nichts ausrichtet; siehe, alle Welt läuft ihm nach« (Joh 12,19).

Wem aber folgen die Menschen, wem folgen *wir* nach, wenn wir uns zu Christus bekennen? Einem König, einem Idol, einem Wundertäter, einem religiös-politischen Führer? Im Bewusstsein des Volkes schwingt wohl alles davon mit.

Zum einen erkennen sie in Jesus den politischen Hoffnungsträger, den neuen König über Israel, der sie endlich von der Fremdherrschaft und Knechtung durch die römische Besatzungsmacht befreien und sie aus dem gesellschaftlichen Abseits führen soll. Sie fordern einen Systemwechsel, den sich auch heute viele von uns wünschen angesichts der Dominanz der Wirtschaft über die Politik, der immer größer werdenden Schere zwischen Arm und Reich und den damit verbundenen gesellschaftlichen Verwerfungen.

Das ist doch auch die eigentliche Absicht des Blockupy-Bündnisses, das sich selbst als Protestbewegung versteht für soziale Gerechtigkeit zwischen den Völkern. Umso mehr erschreckt es, dass friedliche Demonstrationen von Mal zu Mal von gewaltbereiten Aktivisten missbraucht werden. Aber das Anliegen selbst rechtfertigt es doch, auf die Straße zu gehen.

Auch in Jerusalem damals demonstrierten die Menschen. *Zum einen* sehen sie in Jesus einen politischen Hoffnungsträger. Sie ziehen ihm mit Palmzweigen entgegen und rufen: »Hosianna! Gelobt sei, der da kommt im Namen des Herrn, der König von Israel!« (Joh 12,13). *Zum anderen* sehen sie in ihm den menschennahen Wundertäter, der den toten Lazarus wieder zum Leben erweckt hat. »Darum«, so heißt es, »ging ihm auch die Menge entgegen, weil sie hörte, er habe dieses Zeichen getan« (Joh 12,18). Und so ist Jesus beides: König *und* Wundermann, Herrscher *und* helfender Alleskönner. Wünsche und Sehnsüchte nach einem starken, einem machtvollen Führer, der persönliches Leid wenden und Hoffnungen auf sinnvolles Leben wecken kann, scheinen in ihm konkrete Gestalt angenommen zu haben!

Aber sah Jesus sich auch so?

Er bleibt in unserer Erzählung – im Gegensatz zur Menschenmenge, die in Bewegung ist – eigenartig zurückgenommen. Er lässt alles mit sich geschehen. Hat er sich *vorher*, als die Volksmassen ihn bedrängten, zurückgezogen, so liefert er sich *hier* den Menschen aus. Jesus spricht kein Wort. Er schweigt; hält keine Rede an die jubelnde Menge. Nur Bilder, nur Zeichen, lässt er für sich sprechen. Aber diese werden selbst von seinen Jüngern kaum verstanden.

Um welche Zeichen es sich dabei handelt?

Jesus, den sie für den kommenden König, den Befreier, halten, zieht – auf einem Esel reitend – in Jerusalem ein. Kontrastreicher geht es nicht – vor allem, wenn wir an den Pomp und den Aufwand denken, den die Herrscher dieser Welt betreiben, wenn sie sich dem Volk zeigen – oder besser: sich von ihm abheben wollen. Jesus hingegen sitzt auf einem Esel, dem Lasttier der Machtlosen. Der Esel: intelligent, eigenständig, gebirgsgängig, instinktsicher – und nur in einer Hinsicht unbrauchbar, nämlich für den Krieg! Für diesen ist das Pferd, das Streitross, vonnöten.

Aber sollte der erwartete Messias, der Heiligen Schrift zufolge, nicht genau so, auf diese Weise, kommen? »Siehe, dein König kommt [...] und reitet auf einem Esel« (Sach 9,9), heißt es beim Propheten Sacharja, auf den Johannes anspielt. Das vollständige Zitat des Propheten lautet so: »Siehe, dein König kommt zu dir, ein Gerechter und ein Helfer, arm, und reitet auf einem Esel, auf einem Füllen der Eselin. Denn ich will die Wagen vernichten in Ephraim und die Rosse in Jerusalem, und der Kriegsbogen soll zerbrochen werden. Denn er wird Frieden gebieten den Völkern, und seine Herrschaft wird sein von einem Meer bis zum andern und vom Strom bis an die Enden der Erde« (Sach 9,9 f.). Diese Prophezeiung, sie lag zur Zeit Jesu bereits Jahrhunderte zurück. Im Bewusstsein der Menschen waren nur noch Stichworte wie »König«, »Retter«, »Herrscher« haften geblieben. Den – wünschte man sich: Einen, der schnell und umfassend die bedrängenden Probleme zu lösen in der Lage ist.

Wird Jesus, der sogar den Tod bezwingen kann, das Ende der Geschichte, vor allem das Ende der Geschichte der Besatzungsmacht, und damit eine neue Weltordnung hervorbringen? Bricht jetzt der Friede unter den Völkern an? Und verschafft er denen Recht und Gerechtigkeit, die bisher von der gleichberechtigten Teilhabe am Leben ausgeschlossen waren? Was die Menschen von ihm erwarten – und was auch wir uns oft genug erhoffen, nämlich die sofortige Lösung persönlicher Probleme und Gerechtigkeit für alle: Jesus entzieht sich diesen Wünschen. Es dauert nicht mehr lange, da zeigt er – Pilatus gegenüber – die Grenzen seines irdischen Wirkens auf, aber auch: die weit über diese Welt hinausgehende Dimension seiner Botschaft. Er sagt: »Mein Reich ist nicht von dieser Welt!« (Joh 18,36). So, wie er auf die Frage, ob es recht sei, Steuern zu zahlen, antwortet: »Gebt dem Kaiser, was des Kaisers ist, und Gott, was Gottes ist!« (Mk 12, 17).

Jesus wollte zu keinem Zeitpunkt eine christliche Republik, nie eine Theokratie installieren – und war in diesem Sinne auch nicht »König der Juden«. Dieses Etikett wurde ihm am Kreuz von seinen Gegnern aufgedrückt (vgl. Mk 15,26)! Darum unterscheidet sich sein Einzug auch so fundamental von allen Um- und Aufbrüchen in dieser Welt. So wichtig revolutionäre Veränderungen sein mögen, so notwendig die Neugestaltung unseres gesellschaftlichen Lebens auch ist, dies sind Prozesse, die fernab von jeder religiösen Entscheidungsschlacht geschehen. Unsere Aufgabe ist es, Veränderungen in der Kraft der uns verheißenen Hoffnung voranzutreiben. Doch immer haben sie nur vorläufigen Charakter.

Jesus unterscheidet streng: zwischen *Gott* und uns *Menschen*, zwischen *göttlicher* und *weltlicher Macht*, zwischen dem *Reich Gottes* und dem *Ziel menschlichen Geschichtshandelns*. Wo diese Unterscheidung missachtet wird, schlägt Religion in Ideologie um, dient sie der Rechtfertigung totalitärer Machtansprüche.

Gegenwärtig erleiden Menschen das dann entstehende Gemisch von Religion und Gewalt vor allem in Syrien und im Irak. Seit Monaten wütet hier der Terror der Organisation »Islamischer Staat«. Mit unvorstellbarer Grausamkeit geht sie gegen Jesiden, gegen Christen und Angehörige anderer Volksgruppen vor – und dehnt ihren Machtbereich aus: ohne Rücksicht auf die elementaren Menschenrechte. Darüber hinaus zerstören die apokalyptischen Krieger jahrtausendealte Kulturschätze. Sie bekunden damit: »Wir können nicht nur in der Gegenwart töten, sondern vermögen auch die Vergangenheit zu vernichten. Wir sind die Herren über Raum und Zeit.« Expansion also auch in die vierte Dimension, *das* ist das Ziel dieses Kalifats.

Demgegenüber schärft Jesus uns heute ein: die Unterscheidung von Religion und Politik! Nur wenn diese beherzigt wird, kann es gelingen, die dunklen Mechanismen aufzuspüren, die Religion zu einem zerstörerischen Potenzial machen, aber auch die humanen, die Frieden stiftenden Kraftquellen der Religion aufzudecken, die kollektive wie individuelle Menschenfeindlichkeit überwinden können.

Wo also landen wir, wenn wir uns zu Christus bekennen?

Oft »zwischen den Stühlen«; auf dem mühsamen Weg des Kompromisses, der Friedfertigkeit, der Gewaltlosigkeit, des offenen Dialogs, der unserem Glauben innewohnt. Auf diese Einstellung kommt es an, nicht, weil wir als Sieger der Geschichte dastehen wollen, um am Ende doch wieder auf die Verliererstraße zu geraten; sondern darum geht es: die Kraft, die wir aus der Armut Jesu schöpfen, in Hoffnung umzusetzen, damit nicht Hass und Gewalt und Tod das letzte Wort behalten, sondern Recht und Gerechtigkeit und die für alle Menschen unterschiedslos geltende gleiche Würde.

»Siehe, dein König kommt zu dir, ein Gerechter und ein Helfer, arm, und reitet auf einem Esel [...]. Er wird Frieden gebieten den Völkern, und seine Herrschaft wird sein von einem Meer bis zum andern und vom Strom bis an die Enden der Erde« (Sach 9,9f.).

Amen.

Predigt am Karfreitag*

Hebräer 9,15–28

*[15]Und darum ist er auch der Mittler des neuen Bundes, auf
dass durch seinen Tod, der geschehen ist zur Erlösung von
den Übertretungen unter dem ersten Bund, die Berufenen
das verheißene ewige Erbe empfangen. [16]Denn wo ein Testament ist, da muss der Tod dessen geschehen sein, der
das Testament gemacht hat. [17]Denn ein Testament tritt
erst in Kraft mit dem Tode; es ist niemals in Kraft, solange
der noch lebt, der es gemacht hat. [18]Daher wurde auch der
erste Bund nicht ohne Blut gestiftet. [19]Denn als Mose alle
Gebote gemäß dem Gesetz allem Volk gesagt hatte, nahm
er das Blut von Kälbern und Böcken mit Wasser und Schar-
lachwolle und Ysop und besprengte das Buch und alles
Volk [20]und sprach (2. Mose 24,8): »Das ist das Blut des
Bundes, den Gott euch geboten hat.« [21]Und das Zelt und
alle Geräte für den Gottesdienst besprengte er desgleichen
mit Blut. [22]Und es wird fast alles mit Blut gereinigt nach
dem Gesetz, und ohne dass Blut ausgegossen wird, geschieht keine Vergebung. [23]So also mussten die Abbilder
der himmlischen Dinge gereinigt werden; die himmlischen
Dinge selbst aber müssen bessere Opfer haben als jene.
[24]Denn Christus ist nicht eingegangen in das Heiligtum,
das mit Händen gemacht und ein Abbild des wahren Hei-*

* Gottesdienst am 03. 04. 2015 in der Protestantischen Martinskirche in Grünstadt.

ligtums ist, sondern in den Himmel selbst, um jetzt zu erscheinen vor dem Angesicht Gottes für uns; [25]auch nicht, um sich oftmals zu opfern, wie der Hohepriester alle Jahre mit fremdem Blut in das Heiligtum geht; [26]sonst hätte er oft leiden müssen vom Anfang der Welt an. Nun aber, am Ende der Zeiten, ist er ein für alle Mal erschienen, um durch sein eigenes Opfer die Sünde aufzuheben. [27]Und wie den Menschen bestimmt ist, einmal zu sterben, danach aber das Gericht: [28]so ist auch Christus einmal geopfert worden, die Sünden vieler wegzunehmen; zum zweiten Mal erscheint er nicht der Sünde wegen, sondern zur Rettung derer, die ihn erwarten.

Liebe Gemeinde!
Die Worte aus dem Hebräerbrief sind fremde Worte. Vieles davon ist auf den ersten Blick schwer verständlich. Und doch ist es gut, dass wir heute, am Karfreitag, etwas erfahren über das Geheimnis, was der Tod Jesu für uns und für diese Welt bedeutet.

Denn es ist ein Geheimnis. Es ist etwas Ungeheures, was die Bibel da berichtet: dass der allmächtige Gott, der Schöpfer des Himmels und der Erde, die Urkraft des Lebens, der Lenker der Welt, sich in seinem Sohn Jesus von Nazareth selbst offenbart, dass er in einem Menschen zu uns kommt, der am Kreuz endet und stirbt. Das ist in der Tat etwas Ungeheuerliches. Nicht etwas ungeheuer Bedrohendes, sondern etwas, das geschieht zu unserem Heil und zum Heil für die ganze Welt.

Zunächst meint es *dies*: Wir dürfen an diesem Karfreitagmorgen hier sein – und alles mitbringen, was uns bedrückt. Wir müssen nicht immer die erfolgreichen und fröhlichen, die optimistischen und glaubensgewissen Mustermenschen sein. Wir brauchen das, was wir an Angst und Betrübnis in uns spüren und in uns tragen, nicht wegzuwischen; sondern dürfen all das mitbringen und es in Gottes Hand legen, weil sie eine Hand ist, die unser menschliches Leiden kennt; eine Hand, die selbst die Wundmale der Kreuzigung in sich trägt. In diese Hand dürfen wir alles legen, was uns Angst macht und bedrängt.

Die Geschichte vom Kreuz ist nicht deswegen so anziehend, weil Leiden etwas Schönes wäre. Sie ist anziehend, weil sie mitten in unsere Wirklichkeit hineinspricht. Weil sie das Leiden in der Welt – und auch in unserem ganz persönlichen Leben – nicht hinter irgendwelchen religiösen Wellnessformeln versteckt, sondern von einem Gott erzählt, der selbst gelitten und Ohnmacht erfahren hat. Und der mich trotzdem – oder gerade deswegen – hält und trägt und uns so frei machen will von dem, was uns beschwert.

Die Worte aus dem Hebräerbrief sprechen genau davon: Durch den Tod Jesu, »der geschehen ist zur Erlösung von den Übertretungen unter dem ersten Bund«, sollen »die Berufenen das verheißene ewige Erbe empfangen« (Hebr 9,15). Und dann kommt ein Gedanke, der auch unter uns sehr unterschiedliche Gefühle hervorruft. Christus, so heißt es da, »ist ein für alle Mal erschienen, um durch sein eigenes Opfer die Sünde aufzuheben« (Hebr 9,26).

Dass Christus als Opfer für unsere Sünde gestorben ist, ruft heute gewichtige Fragen hervor: Musste Jesus als Opfer sterben, damit Andere gerettet werden? Und was ist das für ein Gott, der ein Menschenopfer zur eigenen Versöhnung nötig hat?

Lange Zeit wurde in der Tat der Tod Jesu als ein Opfer gesehen, mit dem der Zorn Gottes über die Sünde der Menschen gesühnt werden sollte. Aber Gott – als Urheber von Gewalt? Das wäre am Ende eine fürchterliche Vorstellung! Doch der entscheidende Punkt wird dabei gerade *verfehlt*. In dem Geschehen am Kreuz opfert nicht der grausame göttliche Vater seinen Sohn; sondern in Christus erfährt *Gott selbst* das äußerste Leiden, das Menschen erfahren können. In Christus begegnet uns Gott in Menschengestalt!

Wenn wir zu Gott, dem Vater, zu Jesus Christus und zum Heiligen Geist beten, dann beten wir nicht zu drei Göttern, sondern zu dem *einen Gott*, der uns geschaffen hat und der uns Tag für Tag erhält. Dieser Gott ist es, der am Kreuz stirbt. Und er stirbt nicht, weil er sich selber umbringt, sondern weil Menschen Gewalt ausüben und ihn umbringen! Weil sie ihn foltern, weil sie einen Sündenbock brauchen, um ihre Macht zu sichern. Und er, er durchleidet die ganze Verzweiflung, die uns auch in den Gewaltopfern *unserer Tage* begegnet – und die uns zuweilen selbst zu erfassen droht, wenn wir uns deren Schicksal nahegehen lassen.

Jesus stirbt am Kreuz, weil das »Trachten des menschlichen Herzens […] böse [ist] von Jugend auf« (1. Mose 8,21), wie es bereits in der Urgeschichte heißt. Aber Gott wehrt sich nicht. Er antwortet nicht mit Gegengewalt. Er gibt sein Leben hin, weil er den tödlichen Kreislauf von Gewalt und Gegengewalt *durchbrechen* will und durch seine Hingabe eine neue Wirklichkeit setzt, nämlich der Gewalt *die Liebe* entgegensetzt: das ist der Gott, an den wir glauben!

Wie können *Gottes Liebe* und *Gottes Gerechtigkeit* zusammengehen? Auf diese Frage will unser Text eine Antwort geben. Die Gerechtigkeit kann ja nicht über das Unrecht der Menschen einfach hinweggehen, schon wegen der Opfer des Unrechts nicht! Denn wenn Unrecht ungesühnt bliebe, dann triumphierten die Täter ein zweites Mal über ihre Opfer. Aber wie soll dann die notwendige Strafe mit der Liebe Gottes einhergehen?

Die Antwort, die *Gott* gibt, lautet: »Unrecht muss tatsächlich gesühnt werden. Aber *ich* nehme die Strafe, die eigentlich *Euch Menschen* gelten müsste, auf mich. Weil Ihr meine Geschöpfe seid und weil ich *nicht* Euer Verderben, sondern Euer *Leben* will.« Das Unrecht *aufzuheben*, darum geht es. Ein für alle Mal soll Schluss sein mit den Opfern. Es soll Schluss sein mit der Gewalt unter Menschen, im Kleinen wie im Großen: dort also, wo ein Einzelner die Hand gegen den Anderen erhebt, ebenso wie dort, wo Staaten ihre Konflikte mit Waffengewalt zu lösen versuchen. Wer auf Jesus schaut, der nicht zurückgeschlagen, sondern die Gewalt der Menschen *auf sich* genommen hat, der verändert sich. Der geht den Weg Jesu mit. Der setzt an die Stelle der Gewalt – die Liebe. Setzt an die Stelle der Habsucht – die Bereitschaft zum Teilen. Der findet den Weg aus dem Gefangensein in sich selbst hinaus – in die Freiheit für den Anderen.

Religion und Gewalt schließen sich seit Jesu Tod ein für alle Mal aus! Gott durchbricht hier die Spirale von Gewalt und Gegengewalt. In diesem Tod hat Gott sein Leben investiert. Er hat seine Schöpfermacht als gegenkräftige Aktivität gegen das Stumm-Machende des Todes gestemmt, sodass es zum »Tod des Todes«[1] kam. Jesu Tod ist von Gottes Leben verschlungen worden. Er, der Tod, und die tödliche Gewalt haben sich in Gottes Leben förmlich aus-gewirkt, aus-getobt, aus-gestorben, im Sinne von: erschöpft! Nicht, indem Gott den Tod hinter sich ließ, um ihn erneut vor sich zu haben, sondern indem er ihn bleibend mit sich nahm und an sein ewiges Leben band. Ähnlich wie geduldige Menschen die Bosheit Anderer dadurch besiegen, dass sie sie ertragen, so erträgt Gott die Verneinung des Todes und der Gewalt an sich, um sie endgültig zu überwinden und so unwiderruflich »Ja« zu uns und zu unserem Leben zu sagen. Eindeutiger könnte der *Protest gegen alle Gewalt* nicht sein! Genau sie aber erleiden heute so viele Menschen:

Uns verschlägt es die Sprache, wenn wir an den gestrigen antichristlichen Terroranschlag der islamistischen Al-Shabaab-Miliz auf die Moi-Universität in der ostkenianischen Stadt Garissa denken. Es habe sich um eine »heilige Operation« mit dem Ziel gehandelt, einen islamischen Staat am Horn von Afrika zu errichten, sagte ein ranghoher Sprecher der Terrorgruppe. Dabei kamen 148

[1] Vgl. zu der auf Martin Luther zurückgehenden Genetivverbindung »Tod des Todes« bzw. »mors mortis«: Gerhard Ebeling, Des Todes Tod. Luthers Konfrontation mit dem Tode, in: ders., Theologie in den Gegensätzen des Lebens, Wort und Glaube, Bd. 4, Tübingen 1995, S. 610–642.

christliche Studierende ums Leben, 79 wurden schwer verletzt. Entsetzliches Leid ist über unzählige Menschen gekommen. Sie beweinen ihre Toten, bangen um die Verletzten - und wir fragen mit ihnen wie Jesus am Kreuz: »Warum?« Wir alle haben Angst. Hört der Terror denn niemals auf? Müssen wir jeden Morgen aufwachen mit der Sorge: »Was wird heute wieder an Schlimmem passieren?«

Demgegenüber schärft uns das Kreuz Jesu heute ein: Es soll ein *Ende* haben mit dem bösen Gemisch von Religion und Gewalt! Wer Terror ausübt und Hass und Gewalt predigt im Namen einer Religion, der lästert Gott! In der *Ohnmacht* des Gekreuzigten entdecken wir vielmehr die humanen, die Frieden stiftenden Kraftquellen, die alle Menschenfeindlichkeit überwinden können. Wir dürfen uns darauf verlassen, dass Christus uns hört, wenn wir jetzt gleich miteinander singen: »Christe, du Lamm Gottes, der du trägst die Sünd der Welt, erbarm dich unser!« (EG 190,2). Und wenn wir dann das Mahl miteinander feiern, das Jesus - im Angesicht des Todes - mit seinen Jüngern gehalten hat, dann sind wir dessen gewiss: Er ist in Brot und Wein mitten unter uns. Wir erinnern uns an das Leiden unseres Heilands, denken daran, dass er unsere Beschwernis mit in seinen Tod genommen - und uns so befreit und neu gemacht hat. Im Abendmahl erfahren wir, dass er für uns zur *Kraft des Lebens* geworden ist. Und diese Kraft verbindet uns schon jetzt zu einer Gemeinschaft von Menschen, die sich untereinander - in all ihrer Verschiedenheit - annehmen und die ihr neues Herz und ihren neuen Geist in der Welt sichtbar werden lassen wollen: durch offene Augen denen gegenüber, die einsam sind, durch ein Leben, das ohne Gewalt auskommt, durch den Einsatz für Menschen, die Unrecht und Verfolgung erleiden und hier bei uns Schutz und Hilfe und Asyl suchen. Die Geschichte vom Leiden und Sterben Jesu ist eine *Heilandsgeschichte.* Vom *Tod des Todes* erzählt sie. Deswegen fällt auf sie schon jetzt ein Schein von Licht und Wärme, von Trost und Leben. Und es wird spürbar, dass Ostern nicht mehr fern ist.

Amen.

Predigt am Ostersonntag*

Markus 16,1–8

Liebe Gemeinde!
An Ostern trifft beides zusammen: der staunende Jubel über die große Wende »Christus ist auferstanden, er ist wahrhaftig auferstanden!« und das tastende Grübeln und Fragen: »Wie ist das eigentlich möglich?«

Beides mischt sich an diesem Tag: die Freude *und* der Zweifel, der Glanz der Ostersonne *und* die dunklen Schatten der Todeswelt, denen wir nicht entkommen.

Ähnlich ist es in dem ältesten Evangelium von Ostern, das durch den Evangelisten Markus überliefert ist. Da heißt es:

*1Und als der Sabbat vergangen war, kauften Maria Mag-
dalena und Maria, die Mutter des Jakobus, und Salome
wohlriechende Öle, um hinzugehen und ihn zu salben.
2Und sie kamen zum Grab am ersten Tag der Woche, sehr
früh, als die Sonne aufging. 3Und sie sprachen untereinander: Wer wälzt uns den Stein von des Grabes Tür? 4Und sie
sahen hin und wurden gewahr, dass der Stein weggewälzt
war; denn er war sehr groß. 5Und sie gingen hinein in das
Grab und sahen einen Jüngling zur rechten Hand sitzen,
der hatte ein langes weißes Gewand an, und sie entsetzten*

* Gottesdienst am 20. 04. 2003 in der Lutherkirche in Pirmasens.

sich. [6]Er aber sprach zu ihnen: Entsetzt euch nicht! Ihr sucht Jesus von Nazareth, den Gekreuzigten. Er ist auferstanden, er ist nicht hier. Siehe da die Stätte, wo sie ihn hinlegten. [7]Geht aber hin und sagt seinen Jüngern und Petrus, dass er vor euch hingeht nach Galiläa; da werdet ihr ihn sehen, wie er euch gesagt hat. [8]Und sie gingen hinaus und flohen von dem Grab; denn Zittern und Entsetzen hatte sie ergriffen. Und sie sagten niemand etwas; denn sie fürchteten sich.

Liebe Gemeinde,
mir imponieren diese Frauen. Intuitiv lassen sie sich von der Stimme ihres Herzens leiten. Sie fliehen nicht, wie die Jünger, sondern geben sich ihrer Trauer hin.

Trauerarbeit folgt nie den Gesetzen der Vernunft, sie folgt der Liebe. Das wissen wir aus eigener Erfahrung: Angesichts des Todes sind wir Gefangene in unseren Gefühlen. Wir handeln nicht rational, wir sind durcheinander. So bedenken auch die Frauen nicht, dass es in ihrem Land zu diesem Zeitpunkt gar keinen Sinn mehr macht, einen Leichnam zu salben. Und sie denken zu spät daran, dass sie den Stein vor dem Grab gar nicht wegwälzen können.

Einen Hauch hintergründiger Ironie entdecke ich darin, dass Markus diese eigentlich nebensächlichen Dinge festhält. Schnell werden sie vom Ostergeschehen selbst überholt: Der Leichnam muss gar nicht gesalbt werden, denn: Jesus lebt. Auch der Stein vor dem Grab muss nicht erst weggewälzt werden, denn: das Grab ist schon leer. Kritisch machen will uns der Evangelist also gegenüber uns selbst und gegenüber dem, was wir angesichts der Unentrinnbarkeit des Todes für felsenfest und todsicher halten.

Das Grab ist leer. Völlig unerwartet ist das, völlig unerklärbar, unvereinbar mit unserem Denken. Schrecken befällt uns, wenn etwas passiert, was wir nicht einordnen, nicht begreifen, nicht in den Griff bekommen können. Das verstört uns!

Angesichts des Todes heißt das: Es ist alles noch einmal *ganz anders*, als wir annehmen. Unsere heimlichen Arrangements mit dem Tod liegen daneben. Der Osterschrecken spiegelt wider, wie sehr es uns aus der Fassung bringt, wenn uns diese Erkenntnis aufgeht.

Die drei Frauen hatten sich darauf eingestellt, in dem Grab künftig die Stätte zu sehen, an der sie ihr Leben festmachen wollten. Rückwärtsgewandt würde dieses Leben aussehen, liebevoll orientiert an dem, was sie von Jesus mitbekommen haben. Das wollten sie ehrfürchtig konservieren, so stellten sie sich ihr künftiges Lebenskonzept vor.

Auch wir brauchen solche Stätten des Gedenkens. Wir brauchen die Gräber unserer Lieben, um die Erinnerung an sie wachzuhalten. Gerade an Ostern schmücken wir sie mit Liebe und Sorgfalt. Viele suchen in diesen Wochen die Pilgerstätten im Heiligen Land auf oder die großen Gedenkorte der christlich-abendländischen Geschichte. Sie helfen uns festzuhalten, was uns an unserer Tradition wichtig ist.

Doch der Glaube an den auferstandenen Christus ist nicht rückwärtsgewandt. Ostern ruft uns heraus aus einem Leben, das sich nur an Vergangenem orientiert, von der Zukunft aber eigentlich gar nichts mehr erwartet. »Er ist nicht hier!« (Mk 16,6). Er ist nicht am Ort der Verwesung, an dem der Tod seine Herrschaft ausübt. Gott erweist gerade *da*, dass er stärker ist als der Tod. Und verleiht Jesus noch eine ganz andere Ehre, als sie ihm die Frauen durch die Salbung zuteilwerden lassen wollten. Gott erhöht ihn in seiner Herrlichkeit. Er bestätigt den Weg, den sein Sohn gegangen ist. Er bestätigt die vorbehaltlose Liebe, in der er den Menschen begegnet ist. Er bekräftigt das Wort der Vergebung, das Jesus in Gottes Namen zu sprechen wagte. Jesu Auferweckung macht klar, dass er im Namen seines Vaters geredet und gehandelt hat, gültig für alle Zeiten.

Liebe Gemeinde, Jesu Auferweckung gilt auch für uns. Ich darf Hoffnung haben, wenn ich älter werde und kränker – und ahne, dass mein Leben auf sein Ende zuläuft. Ich kann an meinen Tod denken, nicht nur mit Angst, sondern auch mit Erwartung, vielleicht sogar mit einer Spur von Sehnsucht und Neugierde.

Früher haben wir im Glaubensbekenntnis von der »Auferstehung *des Fleisches*« gesprochen. Das erinnert an die mittelalterlichen Bilder, auf denen die Toten in ihrem früheren Leib aus den Gräbern hervorkommen. *So* stelle ich mir meine Auferweckung *nicht* vor. Wie sie sein wird, das wissen wir nicht, noch nicht. Doch ich glaube fest daran, dass Gott uns mit Leib und Seele und Geist auferwecken will. Einzigartig und unverwechselbar sind wir von Gott geschaffen. Das drückt sich aus in unserer Geschichte, auch in unserer Gestalt, in unseren Gesichtszügen, in unseren Gesten, in unserer Stimme. Darum hoffe ich darauf, so, wie der auferstandene Christus, in eine neue Leiblichkeit verwandelt zu werden, in der wir erkennbar bleiben als die, die wir heute sind – und irgendwann einmal gewesen sein werden. Dann zerbricht der blinde Spiegel. Schauen werden wir: die Pracht der Schöpfung und unserer selbst, wie wir eigentlich gemeint waren: Wir und alle Kreatur – im göttlichen Licht! Hören werden wir und glauben: den tiefen Klang der Welt, aber mit dem Oberton der Auferstehung. Sehen werden wir: die Liebe selbst – von Angesicht zu Angesicht.

Darum sollen wir alles, so gut es geht, hineinziehen in diese göttliche Kraft der Verwandlung: unsere bitteren Gedanken, all das Unfertige und Verdrängte und Unausdenkbare; unsere Fragen, die Trauer, den Schmerz, die böse Verzweiflung. All das sollen wir mitnehmen und eintauchen in die ungeheure Zukunftshelligkeit und Gottesklarheit. »Siehe, ich mache alles neu!« (Offb 21,5). *So* spricht die kreative, durch nichts zu erbitternde Liebe Gottes! Welch einen Gott haben wir, welch ein Erbarmen! Die Toten macht er lebendig und »ruft das, was nicht ist, dass es sei« (Röm 4,17). Uns aber erlaubt er zu hoffen, wo vermeintlich nichts zu hoffen ist. Uns erlaubt er die Hoffnung in die offene Zukunft hinaus.

Auch die Ostergeschichte des Markus endet offen. Offen für österliche Erfahrungen, die auch wir hier und heute machen können: zum Beispiel angesichts des Todes befreit zu sein davon, nicht länger lügen zu müssen; nicht länger beschönigen und verdrängen zu müssen. Liegt in

Klage und Verzweiflung nicht manchmal mehr ehrliche Hoffnung als in der Beteuerung von Sinn und Lebensgewissheit?

Die Trauer, sie hält die Treue zum Anderen, zum Besseren, zum Ende des Leidens, sie hält die Treue zu *Gott*, für den der Tod keine unüberbrückbare Mauer, kein letztes Hindernis mehr ist. *Nur wer klagt, hofft!*

In diesen Tagen erleben wir dies im Blick auf die Opfer, die der Krieg im Irak verursacht hat. Wir geißeln die Lügen derer, die uns weismachen wollen, zum Krieg hätte es keine Alternative gegeben. Am militärischen Ausgang dieses ungleichen Waffenganges konnte es ernstlich ja keine Zweifel geben. Der Diktator ist weg. Aber der Preis an Zerstörung und Leid, den die irakische Bevölkerung – und nicht nur sie – dafür bezahlen musste, war hoch, sehr hoch: 18.000 Bombenangriffe; mindestens 1.200 getötete und weit über 5.000 verwundete irakische Zivilisten, darunter grausam verstümmelte Kinder; viele tausend gefallene irakische Soldaten; 91 amerikanische und 30 britische Gefallene – die meisten von ihnen getötet durch »Friendly Fire«. Das ist nach drei Wochen die traurige Bilanz dieses Krieges!

Glauben an die Auferstehung, das heißt: Christus macht die Stimmen der toten Kinder laut, die dieser Krieg im Irak – und jeder andere Krieg der Welt – gekostet hat. Er macht die Stimmen der Frauen laut, die unschuldig ums Leben kamen. Er macht die Stimmen tausender Soldaten laut, die fast wehrlos gegen jene Übermacht blieben und doch aus Todesangst kämpfen mussten. Er macht auch die Stimmen der amerikanischen und britischen

Soldaten laut, die schwitzten aus Angst vor ihrer eigenen Gewalt.

Auch verwechsle niemand den *österlichen* Sieg mit dem *militärischen*! Wir nennen es *Gotteslästerung*, wenn für kriegerische Auseinandersetzungen religiöser Glaube in Anspruch genommen wird. Saddam Hussein sprach von einem »Heiligen Krieg«. Das war im Umgang mit der Religion genauso zynisch wie sein Handeln überhaupt. Dass er Menschenleben aufs Spiel setzte, um die eigene, politische Macht und den damit verbundenen Reichtum zu erhalten, hat mit »Heiligkeit« nichts, aber auch gar nichts zu tun! Doch wenn Präsident Bush in diesen Tagen immer wieder darum bittet, »Gott segne Amerika«, klingt darin ein Ton mit, als seien die Vereinigten Staaten auf besondere Weise auserwählt, am Segen Gottes stärker Anteil zu haben als irgendein anderes Land. Gottes Segen aber ist *nicht* teilbar. Er gilt *allen Menschen gleich*. Er lässt sich nicht für die eigene Sache in Anspruch nehmen. Er lässt sich nur mit anderen *teilen*! »Ihr sollt ein Segen sein«, so werden wir in wenigen Wochen beim ersten Ökumenischen Kirchentag in Berlin sagen. Es wird uns dann hoffentlich allen bewusst sein, dass den Segen Gottes verspielt, wer ihn nur für sich selbst behalten oder okkupieren möchte. Gottes Segen schließt niemanden aus, er meint alle gleich! Das ist gerade im Blick auf eine künftige Friedensordnung zu beherzigen.

Liebe statt Hass, *Versöhnung* statt Feindschaft, *Menschlichkeit* statt Fanatismus, *Erkenntnis der eigenen Schwäche* statt frommer Selbstgewissheit: diese Vision hat Jesus in unsre Herzen gelegt. Sie braucht unsere *Leidenschaft fürs Leben.* Diesen Mut einzubringen, im Großen wie im Kleinen, heißt: praktische Konsequenzen aus Ostern zu ziehen. Christus wird uns dabei vorangehen. Wir dürfen seiner Spur folgen.

Amen.

Predigt am 6. Sonntag nach Ostern: Exaudi*

Johannes 7,37–39

Liebe Gemeinde!
Diese Tage zwischen Himmelfahrt und Pfingsten sind eine besondere Zeit: wie eine Pause, wie der Moment zwischen Einatmen und Ausatmen. Eine Zeit der Spannung, des Luftanhaltens - und wir wissen nicht, was kommen wird. Stockt der Atem für immer, oder wird es in absehbarer Zeit ein Aufatmen geben?

Ja, wir leben in einer Zwischenzeit. Lange schon leben wir, als hielten wir die Luft an: schauen angespannt auf die Lage - ganz in unserer Nähe und weltweit. Wird es - nach mehr als zwei Jahren Pandemie - einen unbeschwerten Sommer geben? Und was ist im Herbst und im Winter, wenn die Inzidenz vermutlich wieder ansteigen wird? Und wann, *wann endlich*, endet der so zerstörerische Krieg in der Ukraine? Mehr als 13 Wochen dauert er schon an. Ungezählte Opfer auf beiden Seiten hat er hervorgebracht, innere und äußere Verwüstungen - und die größte Flüchtlingswelle seit dem Zweiten Weltkrieg ausgelöst.

Wann sehen die ein, die jetzt einseitig auf Kraft und militärische Stärke setzen, dass es am Ende Friedensverhandlungen geben wird, bei denen man sich in die Augen sehen können muss - und die nur dann zum Ziel führen

* Gottesdienst am 29. 05. 2022 in der Gedächtniskirche der Protestation in Speyer.

werden, wenn das Wort, das man spricht, ehrlich und verlässlich ist? Wie es weitergeht, wissen wir nicht. Doch je größer wir die Kreise ziehen – über unsere kleine Welt hinaus – in andere Länder, andere Kontinente, desto deutlicher ist: Es wird anders weitergehen. Es *muss* anders weitergehen. Aber wie?

Zeit zwischen Himmelfahrt und Pfingsten: Noch ist der Himmel verhangen und der Auferstandene den Blicken entschwunden. Wie wird es weitergehen? *Das* ist auch die Frage der Jüngerinnen und Jünger damals. Ihre Lage ist der unsrigen vergleichbar. In dieser Situation trifft uns der Predigttext. Er steht im Johannesevangelium im 7. Kapitel und lautet:

37 Aber am letzten, dem höchsten Tag des Festes trat Jesus auf und rief: Wen da dürstet, der komme zu mir und trinke! 38 Wer an mich glaubt, von dessen Leib werden, wie die Schrift sagt, Ströme lebendigen Wassers fließen. 39 Das sagte er aber von dem Geist, den die empfangen sollten, die an ihn glaubten; denn der Geist war noch nicht da; denn Jesus war noch nicht verherrlicht.

Ein paar Zeilen nur – und doch spannungsvoll aufgeladen: Durst und fließendes Wasser. Noch nicht – aber schon bald. Aufgeladen mit Vorfreude und Erwartung, mit Aussicht auf Veränderung, mit Verheißung für Körper und Geist. »Wen da dürstet, der komme zu mir und trinke!« (Joh 7,37b).

Das ist ein Wort für uns, die wir lechzen nach einem Schluck Lebenswasser, das den Seelendurst stillt. Für alle auf den Durststrecken des Lebens, die sich längst schon ausgedörrt fühlen. Für alle Erschöpften und Trauernden. Für die, die Kraft brauchen für ihren kleinen Alltag, Kraft, um jeden Tag wieder aufzustehen und weiterzumachen. Kraft für die »12 Stunden Unrast und die 12 Stunden Ruhe vor dem Sturm«, wie Hanns Dieter Hüsch schreibt.[1] Ein Wort auch für all die mit den vertrockneten Hoffnungen, für die, die nichts mehr ersehnen und nichts mehr wollen. Für all die, die Durst haben, spricht Jesus: »Kommt zu mir und trinkt!« (vgl. Joh 7,37b).

Das alles, so heißt es, geschah am letzten, dem höchsten Tag des Festes. Es ist Laubhüttenfest in Jerusalem: Sukkot, eines der großen Wallfahrtsfeste. Jerusalem ist voller Pilger. Aus allen Teilen des Landes kommen sie herbei, um zu feiern. Die Arbeit ruht: *Jetzt* ist die Zeit des *Festes*, an dem man sich erinnert an Israels Weg aus der Sklaverei in die Freiheit. Erinnert an die Wüstenzeit und *an Durst und an Wasser*, das unverhofft aus dem Felsen sprang (vgl. 2. Mose 17,3–7). Jetzt ist die Zeit zu *danken*: für Bewahrung in der Wüste und für die jährliche Ernte im Land. Und so holt der Priester am Morgen des letzten Tages der Festwoche, auf ihrem Höhepunkt, in einem goldenen Krug *Wasser* aus der legendären Siloah-Quelle, trägt dieses frische Quellwasser sieben Mal um den Altar herum und gießt es schließlich über dem Altar aus. Ein Fest-

[1] Hanns Dieter Hüsch, Segen zum Geleit, in: ders., Das Schwere leicht gesagt, hrsg. von Uwe Seidel, Freiburg im Breisgau [8]1998, S. 151.

ritual, eine symbolische Handlung. Denn Wasser ist Leben, Wasser ist Heil, Zeichen der Zuwendung Gottes. »Ihr werdet mit Freuden Wasser schöpfen aus den Quellen des Heils«, *so* hat es der Prophet Jesaja verheißen (Jes 12,3).

»Wen da dürstet, der komme zu mir und trinke! Wer an mich glaubt, von dessen Leib werden [...] Ströme lebendigen Wassers fließen« (Joh 7,37f.). Tief verwurzelt ist Jesu Botschaft im Glauben Israels. *Nichts* von alledem wird in ihr zurückgenommen. Vielmehr erweitert Jesus nun die Zielgruppe, denen das Heil zuteil wird: Das Wasser des Heils fließt nicht nur für die Angehörigen des Volkes Israels, es fließt jetzt für *alle*, die durstig sind. Für die Samariterin am Brunnen, also die Angehörige einer anderen Religion, fließt das Wasser des Lebens *ebenso wie* für den kranken Sohn des Beamten, der ein Vertreter der römischen Besatzungsmacht ist. Für dich und für mich fließt es, die wir Durst haben – nach langer Wartezeit. Für die, die leiden an dem, was fehlt. Die leiden an Krieg und Armut, an fehlendem oder vergiftetem Wasser. Für all die mit Lebensdurst, die auf *Tiefe* aus sind und auf *Lebendigkeit*, die das Herz *öffnet*. Die suchen nach der Wahrheit *unter* der Oberfläche des Alltags, nach der Sprache *hinter* der Sprache, nach dem Bild *hinter* den Bildern. Für alle, die Trost suchen, die am Ende sind, aufgerieben und wundgescheuert, für *sie alle* spricht Jesus: »Kommt zu mir und trinkt!« (vgl. Joh 7,37b).

Doch jetzt stellt sich die Frage, die auch die Jüngerinnen und Jünger umtreibt – nach Jesu Himmelfahrt: Was wird sein, wenn er *nicht mehr* da ist? Wenn er den Blicken der Augen *entschwunden* ist? Nicht mehr zu sehen, nicht mehr zu hören, nicht mehr zu berühren ist? Und was ist mit *uns,* die 2.000 Jahre *später* leben? Wie bekommen *wir* Anteil an dem lebendigen Wasser und seinem Versprechen? Und zwar *so*, dass wir es nicht als fernes Wort aus einer anderen Zeit vernehmen, sondern *jetzt: hier und heute*?

Die Zeitgenossen Jesu konnten ja noch *zehren* aus einer lebendigen Erinnerung, aus Erfahrungen und konkreter Anschauung. *Ihnen* war noch *der Klang* seiner Stimme, *die Wärme* seiner Hände, *der Blick* seiner Augen präsent. Aber was ist mit denen, die nach ihnen kamen? Was ist mit *uns*?

Der Geist wird angekündigt: »Ströme lebendigen Wassers« werden »fließen« (Joh 7,38), *das* sagt Jesus von dem *Geist*, den *die* empfangen, die an ihn glauben, dem Geist, dem Tröster, der Kraft, die Jesus vertritt, wenn er leiblich nicht mehr unter uns ist. Aber damit nicht genug. Jesus preist *die Gegenwart* dieser Geistkraft als einen Zustand, der für die Glaubenden sogar besser sei als der bisherige, wo er selbst noch leiblich präsent war. »Es ist gut für euch, dass ich weggehe«, sagt er, »denn wenn ich nicht weggehe, kommt der Tröster nicht zu euch« (Joh 16,7). Die Gegenwart seines Geistes ist nun offenbar die überlegenere, die kräftigere Weise seines Daseins in der Welt.

»Wer an mich glaubt, von dessen Leib werden [...] Ströme lebendigen Wassers fließen« (Joh 7,38). Ein Strömen ist das, eine Fülle, die nicht von uns kommt, nicht von uns ausgeht. Wir bekommen jedoch Anteil an ihr, sind Teil davon. Wer in den Gnadenbereich dieser Kraft gerät, wird heilsam mit einbezogen, bleibt nicht stumm, nicht unbeteiligt, bleibt auch nicht bloß bei sich, sondern kann gar nicht anders, als sich *zu verbinden*: mit Mensch und Tier und Welt. Martin Luther hat das in seiner Freiheitsschrift *so* beschrieben: »Sieh, so müssen Gottes Güter aus einem in den anderen fließen und allgemein werden, dass jeder sich seines Nächsten so annimmt, als wäre er es selbst. Aus Christus fließen sie in uns; der hat sich unser in seinem Leben angenommen, als wäre er das gewesen, was wir sind. Aus uns sollen sie in die fließen, die ihrer bedürfen.«[2]

Die Lebensströme, die hier fließen, sie verbinden uns also mit dem Anderen: mit seinem Glück *und* mit seinem Schmerz. Sie lassen uns nicht unberührt angesichts dessen, was Menschen einander und ihren Mitgeschöpfen antun. Sie wecken unser Mitleid und unsere Mitfreude und bringen in Bewegung. Sie fließen. Sie lassen uns nicht, wie wir sind, und sie lassen die Welt nicht, wie sie ist. *Alle* sollen teilhaben. *Allen* sollen ihr Hunger und Durst gestillt werden: am Ende der Zeit – und auch: schon jetzt.

Liebe Gemeinde,

zwischen Himmelfahrt und Pfingsten liegt dieser Moment der spannungsvollen Erwartung: zwischen Abschiedsschmerz und Hoffnung, zwischen Zukunftsangst und froher Gewissheit. Aufgespannt sind wir zwischen

2 Martin Luther, Von der Freiheit eines Christenmenschen (1520), in: ders., Ausgewählte Schriften, hrsg. von Karin Bornkamm und Gerhard Ebeling, Bd. 1, Frankfurt am Main 1982, S. 262 f.

Jetzt und Noch-nicht, zwischen Geist und Leib, zwischen Sehnsucht und Fülle, Geheimnis und Offenbarung. *Dazwischen* leben wir unser Leben, das manches Mal so unbedeutend erscheint, an dem wir immer wieder scheitern, das wir uns oft anders wünschen, das Leben, in dem wir lachen und weinen – und manchmal auch vergessen, wes *Geistes* Kind wir sind.

Am Ende des 7. Kapitels heißt es im Johannesevangelium: »Und sie gingen fort, ein jeder in sein Haus« (Joh 7,53). So wie auch wir gleich heimgehen werden, und unser Leben nimmt weiter seinen Lauf. Aber *eins* vergessen wir dabei *nie*: Was immer uns bedrängt und beschwert, wir bleiben *nicht* die ewig Wartenden. Ein Versprechen, die heilige Geistkraft, wird da sein, wird trösten und fließen wie Ströme lebendigen Wassers: der Geist der Wahrheit, in dem Christus selbst uns begegnet, schon jetzt – und dann: erst recht!

Amen.

Predigt am Pfingstsonntag*

1. Korinther 12,4–11

Liebe Gemeinde!
Wir feiern Pfingsten. Das Fest, an dem der Geist uns inspiriert. Und was er bewirkt, ist: dass Menschen einander verstehen. Und dies, obwohl die Sprachen so vielfältig sind wie die Kulturen und Religionen. Dieser Geist lässt sich nicht festlegen, nicht in Besitz nehmen, nicht zwingen. Er kommt, wo und wann er will. Nimmt Wohnung bei jedem und jeder von uns, schenkt Begabungen und Kräfte, wirkt mit an den Geschichten unseres Lebens. Damit sind wir schon mittendrin in dem biblischen Textabschnitt, den ich heute mit Ihnen bedenken will. Er steht im 1. Brief des Apostels Paulus an die Gemeinde in Korinth und lautet:

4 Es sind verschiedene Gaben; aber es ist ein Geist. 5 Und es
sind verschiedene Ämter; aber es ist ein Herr. 6 Und es sind
verschiedene Kräfte; aber es ist ein Gott, der da wirkt alles
in allen. 7 Durch einen jeden offenbart sich der Geist zum
Nutzen aller. 8 Dem einen wird durch den Geist ein Wort
der Weisheit gegeben; dem andern ein Wort der Erkenntnis durch denselben Geist; 9 einem andern Glaube, in dem-
selben Geist; einem andern die Gabe, gesund zu machen,

* Gottesdienst am 31. 05. 2020 in der Gedächtniskirche der Protestation in Speyer.

in dem einen Geist; [10]einem andern die Kraft, Wunder zu tun; einem andern prophetische Rede; einem andern die Gabe, die Geister zu unterscheiden; einem andern mancherlei Zungenrede; einem andern die Gabe, sie auszulegen. [11]Dies alles aber wirkt derselbe eine Geist, der einem jeden das Seine zuteilt, wie er will.

Pfingsten, das bedeutet: Jede und jeder von uns ist begabt, sogar hoch-begabt - von Gott, dem Höchsten, mit Gaben beschenkt, ausgestattet und ausgerüstet. Paulus lobt dabei unsere Verschiedenheit. Dreimal setzt er ein mit: »verschieden sind« - die Charismen, die Dienste, die Energien. Und dreimal fügt er hinzu, was bei all diesen Unterschieden dasselbe, genauer: derselbe ist. Es ist derselbe *eine* Geist, derselbe *eine* Herr, derselbe *eine* Gott, der uns diese Begabungen, Dienste und Kräfte zuteilwerden lässt. Es geht Paulus um das Eine, das Gemeinsame - gerade *in* und *mit* unseren verschiedenen Gaben. Gleich machen will uns der Pfingst-Geist nicht, schon gar nicht gleich-schalten! Doch: uns zu sozialen und kommunikativen, zu bündnis- und gemeinschaftsfähigen Wesen machen, das will er schon.

Christsein ohne Gemeinschaft, ohne Gemeinde, nur im Innern, nur im Herzen, in der Seele, das kann sich Paulus nicht vorstellen. Christsein bedeutet für ihn vielmehr: ein Glied zu sein am einen Leib Jesu Christi, als Teil eines lebendigen Organismus.

Jede und jeder ist von Gott begabt. Paulus will jedoch nicht, dass wir uns nur persönlich, individuell, an unseren Gaben erfreuen. Er will, dass wir mit Anderen zusammenwirken. Dass wir - als unterschiedlich Begabte - zusammenkommen. Uns nicht isolieren, nicht abgrenzen, sondern uns wechselseitig ergänzen: zum Nutzen und zur Freude *aller*!

Wer bin ich - vor Gott? Das ist die entscheidende Frage. Sie ist jeder und jedem von uns gestellt!

Der Jude Rabbi Sussja, er sagte kurz vor seinem Tod: »In der kommenden Welt wird man mich nicht fragen: ›Warum bist du nicht Mose gewesen?‹ Man wird mich fragen: ›Warum bist du nicht Sussja gewesen?‹«[1] Leben wir das, was Gott uns - als besondere Gabe - anvertraut hat? Sussja fehlt, wenn er nicht Sussja ist, und zwar: im Ganzen der Gemeinde, im Ganzen der Welt. Aber auch: Er fehlt Gott - als eben dieser Sussja! Mit Martin Buber gesprochen: »Daß du Gott brauchst, mehr als alles, weißt du allzeit in deinem Herzen; aber nicht auch, daß Gott dich braucht, in der Fülle seiner Ewigkeit, dich?«[2]

Pfingsten, liebe Gemeinde, ist ein Anfang. Ein Anfang, an dem der lebendige Gott ein Feuer unter uns Menschen entfacht hat. Und wenn die Kirche sich ihres Anfangs besinnt, ist jede und jeder von uns in diese Bewegung mit hineingenommen. Und zwar: mit dem ganz Besonderen unseres *eigenen* Lebens. Dabei ist nichts zu klein oder zu wenig, nichts zu langsam oder zu unwichtig. Alles Reden von: »Elite« und »Exzellenz« und »Hochbegabung« gilt vor

1 Martin Buber, Schriften zum Chassidismus, in: ders., Werke, Bd. 3, München 1963, S. 720.

2 Ders., Das dialogische Prinzip. Ich und Du, Heidelberg 1965, S. 83.

Gott nicht mehr als die Gabe eines Menschen, zu trösten oder zuzuhören, zu erzählen oder zu schweigen dort, wo es nötig ist. Es geht um die eigene, unverwechselbare Geschichte mit mir, den eigenen Weg mit Gott, der offen ist für Andere.

In diesem Jahr feiere ich Pfingsten bewusster, inniger, dankbarer. Weil ich Gottes Geistkraft, seine heilende, tröstende, erneuernde und verwandelnde Gegenwart, intensiver erfahre und empfinde. Denn in diesen besonderen Wochen ist so Vieles anders als sonst. Der direkte Kontakt, die Umarmung, die körperliche Nähe, die wir doch als stärkstes Zeichen der Liebe kennen, sie sind zum Feind der Liebe geworden. Darum halten wir Abstand, körperlich und räumlich – und sind doch miteinander verbunden. Äußere Distanz führt keineswegs mit Notwendigkeit zu sozialem Abstand, ganz im Gegenteil! Wir halten uns körperlich voneinander fern, gerade um sozial miteinander verbunden zu sein. Wir tauschen uns aus in vielfältigen Formaten: Enkel hängen eine Botschaft an die Wäscheleine für ihre Großeltern, und Erzieherinnen tun es ebenso für ihre Kindergartenkinder, die sie vermissen. Musiker organisieren Gartenkonzerte in den Innenhöfen unserer Alten- und Pflegeheime. Menschen singen auf den Balkonen: »Der Mond ist aufgegangen« (EG 482) und wünschen nicht nur sich eine ruhige Nacht, sondern dem »kranken Nachbarn auch« (EG 482,7).

Wir hören abends die Glocken läuten und entzünden eine Kerze. Währenddessen schließen wir uns zu einer großen, ökumenischen Gebetsgemeinschaft zusammen. *Sie* verdankt sich der Vereinigungskraft des göttlichen

Geistes, und ihre Reichweite ist keineswegs auf den Raum unserer Kirche beschränkt. Erst gestern fand ein englisch-deutscher Zoom-Gottesdienst statt. Beteiligt waren Personen, die die seit 1957 bestehende Partnerschaft zwischen der Evangelischen Kirche der Pfalz und der United Reformed Church, der Vereinigten Reformierten Kirche im Vereinigten Königreich, vor Ort mit Leben erfüllen. So verbindet uns der Pfingstgeist über nationale Grenzen und viele Kilometer hinweg, lässt uns unser Christsein auch im europäischen Kontext leben.

Göttliche Kraft fließt in unsere Leiber, berührt das Herz, berührt unser Innerstes und rüttelt das Beste wach, was in uns steckt. Gerade die Corona-Pandemie zeigt uns die Verletzlichkeit, die Verwundbarkeit und Zerbrechlichkeit unseres Lebens. Und zugleich erfahren wir, wie in ihr *die Liebe* an Raum gewinnt, die aufrichtende Energie des Guten. Menschen geben ihr Äußerstes: in Krankenhäusern und Pflegeheimen, in Familien und Supermärkten, in der Politik. In der Zuwendung zu verletzlichem und gefährdetem Leben spüren wir, wie wirksam und heilend die Kräfte sind: des Beistands, der Unterstützung, der Hilfe. Und gleichzeitig bitten wir um Trost für die Kranken und Trauernden, um Kraft für alle, die jetzt für Andere sorgen.

Auch finden sich Menschen, die *danken* – danken für erfahrene Hilfe und Solidarität. Und die im *Lob Gottes* ihn trotzig darauf ansprechen, dass sie auf seine Geistkraft angewiesen sind. Sie tun dies auch *stellvertretend* für *die*, die in Krankheit und Elend die Zerstörung des Lebens erleiden, aber im Leiden die Sprache des Glaubens nicht mehr finden. In diesem Lob steckt die Hoffnung, dass die lauten und stummen Klagerufe am Ende *nicht un*beantwortet bleiben. Dass sich Gott vielmehr *allen Menschen* und seiner *gesamten Kreatur* noch einmal schöpferisch zuwendet, gerade auch denen, die in der jetzigen Krise von uns vergessen zu werden drohen: den unter Gewalt und Krieg, Vertreibung und Flucht, Armut und Hunger Leidenden. Diese verwegene Hoffnung auf Zuwendung ist es, die uns zusammenstehen, zusammenwirken lässt: solidarisch – wie Paulus sagt – »zum Nutzen aller« (1. Kor 12,7). Ist es nicht so, dass wir – manchmal auch nur durch eine kleine Geste – neue Achtsamkeit füreinander erleben? Ein Brief, ein Anruf, ein Blumenstrauß, sie können so etwas sein wie eine *Revolution der Empathie*.

Dankbar schaue ich heute in Ihre Gesichter. Und unter Ihrer Maske erahne ich ein Lächeln. Ich sehe Menschen, die Mitgefühl zeigen, die füreinander sorgen, die zusammenhalten, die sich auf das besinnen, was jetzt notwendig ist. So, dass niemand Angst haben, niemand allein sein muss. Alle zusammen setzen wir uns in diesen Tagen ein: für kleine Kinder und ihre Familien, die wir nicht überfordern wollen. Für Arbeitslose und Selbstständige, die auf Unterstützung angewiesen sind. Für Kranke und Alte, die nicht in Einsamkeit versinken sollen; für Sterbende, die nicht ohne Trost bleiben dürfen. Darin spüre ich sie: die Geistkraft Gottes, die gerade in den Schwachen mächtig ist.

Ich erlebe, wie sie uns alle – immer wieder von Neuem – vereint zu einer großen Gemeinschaft: zusammen – oder räumlich getrennt. Und so kann ich glauben, was Dietrich

Bonhoeffer, an dessen 75. Todestag wir in diesen Wochen erinnern, in tiefster Nacht aufgeschrieben hat: »daß Gott aus allem, auch aus dem Bösesten, Gutes entstehen lassen kann und will. Dafür braucht er Menschen, die sich alle Dinge zum Besten dienen lassen.« Und er fährt fort: »Ich glaube, daß Gott uns in jeder Notlage soviel Widerstandskraft geben will, wie wir brauchen. Aber er gibt sie nicht im voraus, damit wir uns nicht auf uns selbst, sondern: allein auf ihn verlassen. In solchem Glauben müßte alle Angst vor der Zukunft überwunden sein.«[3]

Das hoffe ich, dass dieser Geist uns begleite, Tag und Nacht, und durch diese außerordentliche Zeit hindurch trage.

Amen.

3 Dietrich Bonhoeffer, Werke, Bd. 8: Widerstand und Ergebung. Briefe und Aufzeichnungen aus der Haft, hrsg. von Christian Gremmels / Eberhard Bethge / Renate Bethge, München 1998, S. 30.

Predigt am Pfingstmontag*

1. Korinther 2,12–16

[12]Wir aber haben nicht empfangen den Geist der Welt, sondern den Geist aus Gott, damit wir wissen, was uns von Gott geschenkt ist. [13]Und davon reden wir auch nicht mit Worten, welche menschliche Weisheit lehren kann, sondern mit Worten, die der Geist lehrt, und deuten geistliche Dinge für geistliche Menschen. [14]Der natürliche Mensch aber nimmt nicht an, was vom Geist Gottes ist; es ist ihm eine Torheit und er kann es nicht erkennen; denn es muss geistlich beurteilt werden. [15]Der geistliche Mensch aber beurteilt alles und wird doch selber von niemandem beurteilt. [16]Denn »wer hat des Herrn Sinn erkannt, oder wer will ihn unterweisen«? (Jes 40,13) Wir aber haben Christi Sinn.

Liebe Gemeinde!
Die Sehnsucht nach *Begeisterung*, spüren Sie sie auch manches Mal? Einmal vom Geist *so ergriffen* zu werden, dass Unerhörtes ins Ohr dringt – und uns weit über die Routinen des Alltags hinausspült: bis ins Land, in dem die Wahrheit hörbar und spürbar wird?
Grenzen werden dabei gesprengt; das Bewusstsein weitet sich. Ich werde ergriffen und bin ergriffen. Der gewohnte

* Gottesdienst am 06. 06. 2022 in der Gedächtniskirche der Protestation in Speyer.

Gang der Dinge gerät aus dem Tritt, und das neue Sehen beginnt. Keine Fragen mehr offen: Sturzbäche von Geist. *Gottes Geist*, der am Anfang war, als die Welt noch leer und wüst dalag. Und nichts da war als dieser eine Geist, der über den Wassern schwebte und *alles* ins Leben rief. Gottes Geist, der zu uns kommt auf den Flügeln des Windes, der uns herausreißt und ins Weite führt; hat er doch *Freude* an uns (vgl. Ps 18,20).

Ich wünsche mir, dass auch unsere *Kirche* erfasst werde von diesem Geist, sodass sie neu sprechen lernte von Gott, der unser Heil will. Ach, begänne sie doch *neu zu strahlen*, so anziehend und schön, dass Menschen zusammenkommen und selber zu leuchten beginnen – und *Verständnis füreinander* wächst. Und: die *Liebe*.

Doch, so einfach ist das mit dem Geist nicht. Er lässt sich nicht zwingen. Kaum behauptet jemand, er sei ergriffen davon, *schon* geistert ganz anderes durch den Raum. Bei aller verständlichen Sehnsucht danach, dass einem der lebendige Geist durch die müden Knochen fährt, muss man doch nüchtern feststellen: So mancher Geist, der da am Werk ist, löst weniger neues Verstehen aus als vielmehr erbitterten Streit.

So war es auch in Korinth. Der charismatische Aufbruch führte nicht zur Ermächtigung einer jungen Gemeinde, sondern wurde zur Ursache für schwere Zerwürfnisse. Da treten Leute auf, die behaupten, der Geist Gottes spräche aus ihnen. Sie geraten in Trance, sie reden in Zungen. Wer sich so auf Du und Du mit der Geistkraft erlebt, meint oft auch, eine besondere Autorität für sich in Anspruch nehmen zu dürfen. Der Zugriff auf das Leben

Anderer ist dann aber nur ein kleiner Schritt. Da werden religiöse und moralische Vorschriften in die Welt gesetzt – was richtig ist und was falsch, was zu tun und was auf alle Fälle zu lassen ist – und bei Nichteinhaltung mit der Androhung des Gerichts verstärkt. Manche kennen das, die einmal zu solchen Gemeinschaften gehört haben. Und langsam schnürt sich die Kehle zu: Es wird eng und enger. Und der *kritische Geist* fragt sich, in wessen Namen da *eigentlich* gesprochen wird. Und was als *vermeintlich geistliche Erfahrung* gestartet ist, landet *oft* als *ziemlich profanes Unternehmen*. Da geht es plötzlich doch wieder um Konkurrenz und Eitelkeit; und schon hat der Geist der Welt uns erneut im Griff.

»Wir aber haben nicht empfangen den Geist der Welt, sondern den Geist aus Gott, damit wir wissen, was uns von Gott geschenkt ist« (1. Kor 2,12), schreibt Paulus. Wissen wir es, liebe Gemeinde? Und können wir daraus *ein Kriterium* zur *Unterscheidung der Geister* gewinnen? »Ja«, sagt Paulus, wenn wir uns auf *das* konzentrieren, was er als den »Sinn Christi« (1. Kor 2,16) bezeichnet. Aber was ist das für ein Sinn? Wodurch zeichnet er sich aus? Was hebt ihn ab von all der weltlichen Geisterei?

Paulus würde wohl sagen: »Sieh dir das Leben *dieses Christus* an – und dann sag mir, was Du erkennen kannst: von seiner *besonderen Signatur*, seinem *Sinn*?« Und *Du* antwortest vielleicht: »Da hat einer gelebt, der auf jede Macht verzichtet hat. Er lebte ein Leben, in dem es nicht darum ging, sich selbst durchzusetzen, sondern den Anderen zu sehen: den Menschen am Wegesrand und in Not. Kinder rief er zu sich und segnete sie. Soziale Grenzen überschritt er. Aß mit Bettlern und trank mit Geldgierigen. Zog umher mit mittellosen Gestalten, die nichts vorzuweisen hatten als ihr nacktes, alltägliches Leben. Niemanden gab er verloren. Er passte sich nicht den Zielen der Welt an, sondern reizte die Herrschenden bis aufs Blut. Und ließ sich am Ende aufs Kreuz legen - und starb.«

»Der natürliche Mensch aber nimmt nicht an, was vom Geist Gottes ist; es ist ihm eine Torheit und er kann es nicht erkennen« (1 Kor 2,14), sagt Paulus weiter. In der Tat: Eine *Torheit* ist dieses Christusleben für die, die nach den Maßstäben dieser Welt urteilen: »Er ist gescheitert!«, sagen sie - und ereifern sich über den Un-Sinn dieser Existenz, mit der wahrlich kein Staat zu machen ist. Was aber *sieht* der geistliche Mensch *Anderes* als der natürliche? Er sieht ja auch das Kreuz, aber: Er sieht im Kreuz *mehr* als das Zeichen des Scheiterns. Der Glaube sieht, dass in dem Gekreuzigten *Gott selbst* gegenwärtig ist, der es mit dem Tod *aufnimmt*, ihn ein für alle Mal *niederringt*, sodass es zum *Tod* des Todes kommt, uns zugut. Ein Sehen, das durch das Geschenk des Glaubens möglich wird.

Geistesgegenwart erst führt dazu, das Kreuz als *das* zu erkennen, was es ist: unsere *Rettung aus dem Verderben*! Der geistliche Mensch sieht also *mehr.* Und dieses *Mehr* verändert das Leben. Da ist nicht bloß der Bettler am Wegesrand, sondern in ihm sehe ich den von Gott geliebten Menschen, mit Würde gekrönt. Da ist nicht nur das vergiftete Meer, sondern in ihm sehe ich *die seufzende Kreatur*. Da bin *ich* nicht nur mit meinen Schwächen, meinen Versäumnissen und meiner Lebensangst, sondern ich bin auch der, für den *Gott* da sein will. Da ist nicht nur Wasser, auf den Kopf eines Menschen geträufelt, sondern da geschieht die Taufe, das Sakrament, in dem der Heilige Geist Leben schenkt, das unvergänglich ist. Und: Da ist nicht nur das Kreuz, an dem ein Wanderprediger stirbt, sondern in ihm sehe ich, wie Gott uns allen - unter *Einsatz* seiner ganzen Existenz - den Weg ins Leben freigeräumt hat.

Die Signatur des Lebens Jesu, *sie* also ist das Kriterium dafür, ob es sich um den Geist Gottes - oder um den Geist der Welt handelt. Dann ist die Geist-Erfahrung nicht ein Mittel, um sich selbst durchzusetzen, auch kein esoterischer Sonderweg, um das Göttliche in mir zu stärken. *Anteil haben* am Heiligen Geist bedeutet vielmehr: Anteil haben am »Sinn Jesu Christi«. Sich selbst verschenken *statt* auf sich selbst zu bestehen - und damit *Leben* gewinnen und *Hoffnung*. Der Heidelberger Theologe Michael Welker übersetzt das, was hier »Sinn Christi« heißt, mit der Fähigkeit, sich in Freiheit *selbst zurückzunehmen* zugunsten des Anderen - und erblickt darin das Wesen christlicher Diakonie.[1] Gemeint ist damit eine Haltung, die im Gegenüber immer auch das Antlitz Jesu entdeckt, den Menschen in seiner ihm von Gott unverlierbar zugesprochenen Würde.

Gerade in den zurückliegenden Jahren der Pandemie haben das Menschen in unseren Einrichtungen, in Krankenhäusern und Altenheimen, auch in unsren Kinder-

[1] Vgl. Michael Welker, Gottes Offenbarung. Christologie, Neukirchen-Vluyn 2021, S. 223 f.

gärten und Sozialstationen, erlebt, wie Pflegende und Erzieherinnen, wie Ärzte, auch Seelsorgerinnen und Seelsorger sich selbst zurückgenommen haben, um da zu sein für Menschen in Not. Dass es hier leicht zur Selbstausbeutung kommen kann, verschweige ich nicht, im Gegenteil! Gerade in sozialen Berufen greift das Burnout-Syndrom um sich. Da gilt es, Sorge zu tragen, für eine angemessene Bezahlung einzutreten und öffentliche Anerkennung und Wertschätzung dieser Berufe zu reklamieren. – Was aber ist das Proprium ihres Dienstes? In einem Diakonissenbuch des Kaiserswerther Verbandes aus dem Jahr 1935 wird es *so* beschrieben: Es mache einen Unterschied, ob wir im kranken, im alten, im hilfsbedürftigen Menschen nur, wie es heißt, einen »Fall« sehen – oder aber: den »Stellvertreter Christi«.[2] Für mich bleibt auch heute – auf einem unübersichtlich gewordenen Sozialmarkt – dieser *diakonische Blick*, gott-offen und darum dem einzelnen Menschen zugewandt, der Wurzelgrund diakonischer Unternehmenskultur: dass wir die Liebe Christi im Dienst am Anderen *und* untereinander spürbar werden lassen. Dass wir uns als Gemeinschaft mit tragfähigen Beziehungen verstehen, die von Zeit zu Zeit das Angebot wahrnimmt, einzukehren in die großen Verheißungen und ethischen Orientierungen des christlichen Glaubens: in seine Bilder und Melodien, die wir uns leihen können, in

[2] Diakonissenbuch, hrsg. vom Kaiserswerther Verband deutscher Diakonissen-Mutterhäuser, Düsseldorf-Kaiserswerth 1935, S. 35.

seine Rituale, die entlasten, um gerade in Grenzsituationen *Kraft* für den Alltag zu schöpfen. So gestärkt, können wir den Segen weitergeben, den wir empfangen haben.

Das *dient* dem Leben. Diese Haltung soll den *Geist*, die Atmosphäre unserer Häuser und Einrichtungen prägen: nach innen wie nach außen. Dieser Geist ist wie ein Funke, der die Wand zwischen Gott und uns Menschen durchschlägt – und mitten im Alltag dieser Welt ein Himmelsfeuer entzündet. *So* bewegt er unsere Herzen: zur *Ehrfurcht* und zur *Liebe* und zum *Dienst am Nächsten*.

Amen.

Predigt am Sonntag Trinitatis*

Epheser 1,3–14

»Wes' das Herz voll ist«, liebe Gemeinde, »des' geht der Mund über!«, so hat Martin Luther einen Vers aus dem Lukasevangelium (Lk 6,45) übersetzt; und wir alle kennen diese Erfahrung: Wenn unser Herz voll ist, voller Dankbarkeit beispielsweise, dann geht unser Mund über. Dann hören wir gar nicht mehr auf zu reden – reden immer weiter, ganz egal, ob uns noch jemand zuhört oder nicht. »Wes' das Herz voll ist, des' geht der Mund über!« So geht es aber nicht nur uns, so ging es auch biblischen Autoren vor vielen Jahrhunderten.

Als Predigttext für das heutige Dreifaltigkeitsfest, den Sonntag »Trinitatis«, ist uns ein solcher Abschnitt vorgeschlagen aus dem Brief an die Epheser. Ich lese aus dem 1. Kapitel die Verse 3 bis 14:

3Gelobt sei Gott, der Vater unseres Herrn Jesus Christus, der uns gesegnet hat mit allem geistlichen Segen im Himmel durch Christus. 4Denn in ihm hat er uns erwählt, ehe der Welt Grund gelegt war, dass wir heilig und untadelig vor ihm sein sollten in der Liebe; 5er hat uns dazu vorherbestimmt, seine Kinder zu sein durch Jesus Christus nach dem Wohlgefallen seines Willens, 6zum Lob seiner herrlichen

* Gottesdienst am 26. 05. 2024 im Berliner Dom.

Gnade, mit der er uns begnadet hat in dem Geliebten. [7]In ihm haben wir die Erlösung durch sein Blut, die Vergebung der Sünden, nach dem Reichtum seiner Gnade, [8]die er uns reichlich hat widerfahren lassen in aller Weisheit und Klugheit. [9]Gott hat uns wissen lassen das Geheimnis seines Willens nach seinem Ratschluss, den er zuvor in Christus gefasst hatte, [10]um die Fülle der Zeiten heraufzuführen, auf dass alles zusammengefasst würde in Christus, was im Himmel und auf Erden ist, durch ihn. [11]In ihm sind wir auch zu Erben eingesetzt worden, die wir dazu vorherbestimmt sind nach dem Vorsatz dessen, der alles wirkt, nach dem Ratschluss seines Willens, [12]damit wir zum Lob seiner Herrlichkeit leben, die wir zuvor auf Christus gehofft haben. [13]In ihm seid auch ihr, die ihr das Wort der Wahrheit gehört habt, nämlich das Evangelium von eurer Rettung – in ihm seid auch ihr, als ihr gläubig wurdet, versiegelt worden mit dem Heiligen Geist, der verheißen ist, [14]welcher ist das Unterpfand unsres Erbes, zu unsrer Erlösung, dass wir sein Eigentum würden zum Lob seiner Herrlichkeit.

Liebe Schwestern und Brüder,
welch ein überbordender Lobpreis! Wie aus einem lang erloschen geglaubten Vulkan bricht es aus dem Briefschreiber heraus. *Alles* ist in Christus zusammengefasst, »was im Himmel und auf Erden ist« (Eph 1,10): Bilder von der Weite des Kosmos, verschränkt mit Nahaufnahmen des eigenen Lebens. Und *das* in einem einzigen Satz, dem längsten in der Bibel!

Wenn ich mir klarmache, in welch prekären Zeiten wir leben – Krieg in Europa, Krieg im Nahen Osten, Hass und

Hetze, Rechtsextremisten und Populisten vor der eigenen Haustür, ganz zu schweigen vom Seufzen der Natur –, wenn ich mir all das bewusst mache, bleibt mir das vollmundige Lob im Hals stecken. Stattdessen möchte ich lieber Klagelieder anstimmen. Zum Heulen ist mir eher zumute, wie damals den Israeliten im Exil: »An den Wassern Babylons saßen sie und weinten«, so heißt es im 137. Psalm, und ihre Harfen, mit denen sie zuhause ihre Loblieder begleiteten, an die Weiden haben sie sie gehängt (vgl. Ps 137,1f.).

Doch, beim genaueren Hinhören entdecke ich: In der so überschwänglichen Ouvertüre des Epheserbriefs wird nicht der Mensch gelobt, auch kein damaliger gesellschaftlicher Zustand, sondern ausschließlich der segnende, dreieinige Gott. Mit seiner Nähe will er uns berühren und stärken, trösten und orientieren. So staunt die junge Christenheit über einen Gott, der sich unendliche Mühe macht um uns. Er hat uns, so heißt es gleich zu Beginn, gesegnet »mit allem geistlichen Segen im Himmel durch Christus« (Eph 1,3).

Wer aber segnet, gibt den Gesegneten Gewicht, bringt ihnen Aufmerksamkeit, Achtung und Anerkennung entgegen, verleiht Ansehen und Würde und schenkt Gemeinschaft.

So ist unser Gott: Von Anfang an sind wir von ihm mit hineingenommen in seinen ewigen Liebesratschluss, immer schon gekannt und anerkannt, gesehen und erwählt zu Töchtern und Söhnen, zu Erben seines Reiches, damit, so heißt es wörtlich, »wir etwas seien zum Lob seiner Herrlichkeit, die wir zuvor auf Christus gehofft haben«

(Eph 1,12). Gesegnete sind wir, damit wir etwas seien. Nicht etwa aus uns. Vielmehr: Gottes Gnadenwort macht uns zu Menschen mit aufrechtem Gang, damit wir uns nicht unnütz, nicht nebensächlich glauben im großen Weltgetriebe, wir uns nicht unter Wert verkaufen, nicht unter der Würde handeln, die uns der Schöpfergott verliehen hat. Am Anfang des Christentums also: das große *Staunen* darüber, dass Gott sich so viel Mühe macht um jeden Einzelnen von uns, dass wir dies nur angemessen nach- und weitererzählen können in lobpreisender Rede vom dreifaltigen Gott.

Was aber hat es mit der Dreieinigkeit Gottes auf sich, dass sie Menschen derart zum Jubeln bringt – uns gar auffordert, dieses Lob in Ewigkeit nicht verstummen zu lassen? »Des freu sich alle Christenheit / und lobe die Dreieinigkeit / von nun an bis in Ewigkeit« (EG 100,5), so haben wir's an Ostern gesungen! Der dreieinige Gott berührt und bewegt Menschen offenbar so, dass sie vor Freude in die Tasten greifen und aus voller Kehle und mit befreitem Herzen singen und ihn lobpreisen. Und das hat mit seinem *Wesen* zu tun! Gott behält es nämlich nicht für sich selbst, sondern teilt es mit, teilt es mit Anderen, teilt es mit uns. Wie könnten wir wissen, wer Gott ist, wenn er sich uns nicht mitteilen, sich nicht in unsere alltäglichen Lebenswelten hineinbegeben würde? Und wie könnten wir Gottes gewiss werden, seiner Nähe und seiner Treue, wenn er in sich selbst anders wäre, als er sich nach außen gibt? Auf eine Gottheit, die an und für sich noch völlig anders wäre als die, die sich uns zeigt, wäre kein Verlass! Genau darum geht es dem Epheserbrief, und darum ging es den altkirchlichen Gotteslehrern, als sie die Trinitätslehre, die Lehre von den inneren Beziehungen Gottes, entfalteten: nämlich um Gottes Treue, um seine Verlässlichkeit uns Menschen gegenüber! Nicht um L'art-pour-l'art-Spekulationen kluger Theologenköpfe handelt es sich dabei, vielmehr um ein tiefes, elementares Vergewisserungsbedürfnis: dass Gott *in sich* kein Anderer ist als *für uns*. Dass die Erfahrungen, die Menschen mit Jesus von Nazareth und dem Pfingstgeist gemacht haben, Gott im Innersten entsprechen. Dass wir es in Jesus und im Heiligen Geist wirklich mit dem biblischen Gott, dem Gott Abrahams, Isaaks und Jakobs, mit dem Vater Jesu Christi, zu tun haben.

»Gelobt sei Gott, der Vater unseres Herrn Jesus Christus, der uns gesegnet hat mit dem himmlischen Segen seines Geistes« (vgl. Eph 1,3): Solche Hymnen auf die göttliche Dreifaltigkeit, sie rühmen zuerst und zumeist, wie hier im Epheserbrief, den Beziehungsreichtum Gottes: seine Dynamik, sein Wille zur Kommunikation. Gott, der in sich selbst Beziehung, in sich selbst Gemeinschaft ist, ist eben darum auch in seinen Außenbeziehungen – zur Schöpfung, zur Menschheit, zu jedem Einzelnen von uns – verlässlich. Auf ihn ist Verlass in jeder Beziehung, weil er von jeher in Beziehung lebt, weil er im Gespräch, im Austausch ist zwischen Vater, Sohn und Heiligem Geist. Darum erzählt das 1. Kapitel des Epheserbriefs von Gottes Energie, dem Wind unter den Flügeln unserer Seelen! Keine Lobeshymne auf ein abstraktes, außerhalb der Welt seiendes, sich selbst genügsames Wesen ist es, nein! Gott ist kein einsamer Monarch, kein absolutistischer

Herrscher, sondern von Anfang an gesellig, bewegt vom Anderen in sich selbst, ohne Beziehungsängste, ohne Vorbehalte, ohne hierarchische Attitüden. Der dreifaltige Gott kehrt sein Innerstes nach außen, als er beschließt, sich in der eigenen Beziehungsgeschichte zu dritt nicht mehr genügen zu lassen, vielmehr diese zu wiederholen in Beziehung zu einem Anderen außerhalb seiner selbst; in der Beziehung zur Schöpfung und zu uns, seinen Geschöpfen. In ihr bestimmt sich der beziehungsreiche Gott in Freiheit und Liebe, in liebender Freiheit und freier Liebe, dazu, nicht nur interne, sondern auch externe Beziehungen zu haben, seinen Beziehungsreichtum mit Anderen zu teilen. Ist es doch diese göttliche Selbstbestimmung, der wir – wie alle Geschöpfe – unser Dasein verdanken.

Und das erste, was Gott dabei tut, steht gleich im ersten Satz unseres Textes: *Er segnet!* Und »Segen« heißt in der Sprache des Neuen Testaments »eu-logos«, übersetzt: »das gute Wort«, »auf dass«, so der Epheserbrief weiter, »alles zusammengefasst würde in Christus, was im Himmel und auf Erden ist« (Eph 1, 10). Am Anfang allen Lebens, am Anfang der Geschichte, die der beziehungsreiche Gott mit uns haben will, steht also sein gutes, sein Leben schaffendes Schöpferwort, das er in Jesus Christus gesprochen hat und uns in seinem Geist je und je neu zueignet. Ja, Gott lässt uns nicht, niemals! Immer wieder holt er uns mit seinem Wort ein und schließt seinen Bund mit uns.

Das aber lässt unsere Herzen in Bewegung geraten. In Gottes Liebesratschluss hineingenommen, geben wir uns nicht zufrieden mit dem, was ist, sondern geben die empfangene Liebe weiter. Menschen kommen mir dabei in den Sinn, Menschen, denen mehr Fluch als Segen zuteil geworden ist; die weder bei Tag noch bei Nacht vor allem Übel behütet worden sind; über denen kein freundlich zugewandtes Antlitz leuchtet – und die statt Gnade und Heilung Unrecht und Gewalt zu spüren bekommen. Menschen, die friedlos und ungetröstet leben und wenig oder gar nichts spüren vom Schutz und Segen eines bergenden Gottes. Darum sind unsere Loblieder auf den dreieinen Gott immer auch *Weck- und Bittrufe*. Sie wollen Gott Beine machen, sich auch denen so zu erweisen, wie er besungen wird. Sie nehmen das Lob vorweg für das, worin sich Gott erst noch zu bewähren hat. Und: Sie erinnern an die Gaben, die wir empfangen haben als die, die bei ihrer Taufe, wie es im Epheserbrief heißt, mit Gottes Geist »versiegelt« worden sind (vgl. Eph 1,13). Also Brief und Siegel erhalten haben, für immer Erben, Söhne und Töchter, seines Reiches, seines Friedens und seiner Gerechtigkeit zu sein; aufgerichtet und gestärkt, Gottes Schalom hineinzutragen in diese Welt – angesichts von Gewalt und Krieg, Hunger und Verfolgung, Hass und Hetze; angesichts des Terrors und des Mordens in Israel wie im Gazastreifen, angesichts des Sterbens der Fliehenden im Mittelmeer und anderswo.

Aber: Reden wir auch mit jenen, deren Sehnsucht nach einfachen Antworten wächst, gerade jetzt! Die sich dem Lauf der Welt ohnmächtig gegenübersehen; die mit der Komplexität der digitalen Welt nicht klarkommen, sich verängstigt zurückziehen oder populistischen Parolen aufsitzen. Gerade ihnen gegenüber können wir Botinnen und Boten sein des beziehungsreichen Gottes, an den wir glauben; Anwälte des Dialogs und einer Gemeinschaft in Vielfalt, um uns zu nähren mit gegenseitiger Achtung und um gemeinsam Pfade der Versöhnung zu gehen.

Auf einem internationalen Kongress, auf dem es um die Weltverantwortung von Christinnen und Christen ging, schloss eine schwedische Theologin ihren Vortrag mit einem indonesischen Segenswunsch. Sie sagte: »Möge Gott dich segnen mit Unbehagen gegenüber allzu einfachen Antworten, Halbwahrheiten oder oberflächlichen Beziehungen, damit Leben in der Tiefe deines Herzens wohnt.

Möge Gott dich segnen mit Zorn gegenüber Ungerechtigkeit, Unterdrückung und Ausbeutung von Menschen, damit du für Gerechtigkeit, Gleichberechtigung und Frieden wirkst.

Möge Gott dich mit Tränen segnen, zu vergießen für die, die unter Schmerzen, Ablehnung, Hunger und Krieg leiden, damit du deine Hand ausstreckst, um sie zu trösten und ihren Schmerz in Freude zu verwandeln.

Und möge Gott dich mit der Torheit segnen, daran zu glauben, dass du die Welt verändern kannst, indem du Dinge tust, von denen Andere meinen, es sei unmöglich sie zu tun.«[1]

1 Segen von Dr. Dyni Krismawati (Indonesien), März 2022, übersetzt in: https://www.augsburg.paxchristi.de/file/down load/AMIfv9678ba0WLG3yAjTTHc0lAZ4OWKC-pwTmaXjshmTwHQAsbIhthN-yjPo7nwrRqT-DzaksNH8IS9EA-OrBerr_z5EHZIyDxFWeT5EUSv7N-rQxrMHDC0NH1yQrbfHBXCP jkbVOo8Rx_gqvPTQ9XilKDB9kt00_JjMJPNXxw5BUoSK-ED bWcs/Segen.pdf (Abruf: 03.05.2024).

Segen, liebe Gemeinde, ist Bekräftigung der *Hoffnung für diese Welt*. Darum: »Gelobt sei Gott, der Vater unseres Herrn Jesus Christus, der uns gesegnet hat mit allem geistlichen Segen [...] durch Christus« (Eph 1,3).

Amen.

Predigt am 7. Sonntag nach Trinitatis*

Johannes 6,31–35

Liebe Gemeinde!

Immer mehr Menschen auf dieser Welt haben Hunger: Hunger nach Brot, Hunger nach Erfüllung, Hunger nach Leben. Jesus sagt von sich: »Ich bin das Brot des Lebens« (Joh 6,35a). Wie das sein kann, wie man das schmecken und sehen kann, erzählt Johannes im 6. Kapitel seines Evangeliums. Es hebt an mit der Erzählung vom Wunder der Speisung der Fünftausend. Sie waren über Tag zu Jesus gekommen, weil sie ergründen wollten, aus welcher Vollmacht heraus er redet, aus welcher Kraft er Kranke heilen kann. Und als es Abend geworden war, geschah das Wunder, dass sie alle von fünf Broten und zwei Fischen satt wurden. Für alle war genug da und noch übrig. Da spürten sie, dass dieser Jesus ein Prophet des Himmels sein müsste, und sie suchten ihn am folgenden Tag überall. Da genau setzt unser Predigttext an; ich lese die Verse 31 bis 35:

31 Unsre Väter haben Manna gegessen in der Wüste, wie geschrieben steht (Ps 78,24): »Brot vom Himmel gab er ihnen zu essen.« 32 Da sprach Jesus zu ihnen: Wahrlich, wahrlich, ich sage euch: Nicht Mose hat euch das Brot vom Himmel gegeben, sondern mein Vater gibt euch das wahre

* Gottesdienst am 15. 07. 2018 in der Protestantischen Kirche in Rockenhausen.

Brot vom Himmel. [33]*Denn dies ist das Brot Gottes, das vom Himmel kommt und gibt der Welt das Leben.* [34]*Da sprachen sie zu ihm: Herr, gib uns allezeit solches Brot.* [35]*Jesus aber sprach zu ihnen: Ich bin das Brot des Lebens. Wer zu mir kommt, den wird nicht hungern; und wer an mich glaubt, den wird nimmermehr dürsten.*

Liebe Gemeinde!
»Mein Leben ist geprägt von Güte. Ich wurde aus manchen Notlagen gerettet. Viele meiner Wünsche haben sich erfüllt, und ich bekam auch unerwartet Freude geschenkt. Eigentlich kann ich nicht klagen. Dennoch gibt es Tage, da verdüstert sich plötzlich meine Seele. Überzogene Ansprüche rauben mir die Zufriedenheit, Nichtiges baut sich vor mir auf wie ein Berg, und mein Dasein scheint mir sinnlos. Ich werde sie manchmal nicht los, die trüben Geister, die mir die Freude am Leben nehmen. Sie spinnen mich ein in ihr klebriges Netz, legen mir einen grauen Schleier über die Augen, dass ich das Gute nicht mehr erkenne.«

Diese persönlichen Briefzeilen fielen mir kürzlich wieder in die Hände. Sie sprechen ein Lebensgefühl an, das auch mit »Hunger nach Leben« umschrieben werden kann.

Noch direkter bringt es das Lied einer Punkrock-Band zum Ausdruck mit dem Titel:

»Warum werde ich nicht satt?«[1]

[1] Die Toten Hosen, Unsterblich [Audio-CD], JKP Düsseldorf 1999, Track 3: Warum werde ich nicht satt?

Alles haben, alles kriegen, alles erleben können: zwei Autos, Geld genug, immer etwas mehr Glück als die Anderen, sogar auf dem Friedhof den besten Platz reserviert, und dennoch nicht satt? Dennoch unbefriedigt bleiben müssen? Dennoch mit ungestillten Sehnsüchten weiterleben? »Warum werde ich nicht satt?« Dieses Lied formuliert das Unbehagen an der Erlebnisgesellschaft, am materiellen Überfluss, an der Lebenshaltung unserer Zeit; an dem immerwährenden Jagen nach Glück als der vermeintlichen Lebenserfüllung.

Immer bleibt ein schaler Beigeschmack. Nichts kann das Verlangen nach »Mehr« befriedigen. Denn offenbar ist immer noch und unstillbar die Sehnsucht da nach einer anderen Dimension. Die Sehnsucht nach einem Grund, der mich trägt, und einer Lebensmaxime, die mich von dort bestimmt. Lässt sie sich benennen, diese Sehnsucht? Die Ich-bin-Worte Jesu im Johannesevangelium – »Ich bin der Weg, die Wahrheit und das Leben« (Joh 14,6), »Ich bin die Tür« (Joh 10,9), »Ich bin das Licht der Welt« (Joh 8,12), »Ich bin der gute Hirte« (Joh 10,11) und auch dieses: »Ich bin das Brot des Lebens« (Joh 6,35) – sie geben eine Perspektive, die erhellt, lassen den Spalt Hoffnung zu, lassen das große Versprechen Gottes an Mose wieder aufleuchten, das er aus dem Dornbusch heraus gesprochen hat: »Ich bin da für dich«, »Ich war da und werde immer für dich da sein«, »Ich schütze dich auf deinem Weg, ich nehme dir den Schleier von deinen Augen, ich sättige dich mit wahrem Leben« (vgl. 2. Mose 3,14).

Liebe Gemeinde, wenn ich die Sehnsucht nach einem für mich tragfähigen Grund beschreiben will, nehme auch ich diese Perspektive ein, stelle mich unter das Versprechen Gottes, das vom Anfang der Mose-Geschichte bis heute aufleuchtet: Sein »Ich bin da für dich« (vgl. 2. Mose 3,14). Alle Texte der Heiligen Schrift wollen von daher gehört und gelesen werden. Unser Leben in seinen Höhen und Tiefen, in seinem Glücken und Scheitern, in Tristesse oder erfüllender Kreativität will von dieser Perspektive her gelebt werden. Denn in all dem, was uns geschieht und widerfährt an Frohem oder Gleichmütigem oder Beschwerlichem, im Widerstreben und Begehren – lässt es nicht immer einen Spalt der Sehnsucht?

Ich nenne sie die Sehnsucht nach Gott; nach dem tragenden Grund, der die Fragmente meines Lebens zusammenhält. Der mit dem Blick der Liebe auf alle Seiten meines Lebens – die Sonnen- und die Schattenseiten – sieht und mir die Gewissheit zuspielt, woher ich Halt und verlässliche Orientierung gewinnen kann. Und genau da kommt Jesus von Nazareth ins Spiel. Er hält diese Sehnsucht und den Hunger nach Leben wach. Die Geschichten, die uns die Bibel von ihm erzählt, sind allesamt Brot-Geschichten im direkten oder im weiteren Sinn. Jesus stillt den leiblichen Hunger der Menschen, er teilt mit ihnen das Brot und den Wein, er heilt ihre Gebrechen, er macht Blinde sehend und Stumme redend. Und er führt sie zugleich weit darüber hinaus.

Er sieht auch ihren seelischen Hunger: Er rettet die Ehebrecherin vor dem Zorn der Männer, er begegnet Frauen und Kindern auf Augenhöhe und bringt sie nahe an sich heran, er besucht den Zöllner Zachäus, den Außenseiter, und holt ihn aus der selbstverschuldeten Isolation. Er ruft

Frauen und Männer in seine Nachfolge und lässt sie in seiner Nähe etwas vom Himmelreich seiner Gerechtigkeit erfahren. Jesus weckt bei den Leuten den Hunger nach »Mehr« und schenkt sich ihnen.

In all diesen Geschichten findet sich Lebens-Brot – auch für mich; findet sich Hoffnung, Stärkung, Orientierung und Vergewisserung. Im Hören und Beten kann ich mich in diese Erzählungen hineinbegeben, sie kneten wie Brot; sie kauen und ihr Aroma schmecken. Vertrautes und Fremdes wird mir begegnen, etwas, was mich beflügelt – und anderes, was mich herausfordert. Nicht immer süßes Weißbrot, sondern auch körniges, schwer verdauliches Schwarzbrot. Wie bei einem Sauerteig, der eine geraume Zeit gehen muss, bis er reif ist, so braucht es auch hier mein geduldiges Ausharren bei den Worten. Mancher Schatz daraus erschließt sich erst nach einer gewissen Reifezeit.

Und: Es braucht das Teilen mit Anderen. Wir teilen einander mit, sind eine Gemeinschaft von Schwestern und Brüdern. Wir geben einander weiter, was uns nährt und erhält. Und wir wissen, es kommt nicht von uns selbst. Andere haben den Samen ausgesät, den Weizen gemäht und das Korn gedroschen, haben gemahlen, geknetet, gebacken, damit wir unsere Lebenskräfte erneuern können. Wir teilen aus, was wir empfangen haben, von Anfang an. Noch bevor wir einen Menschen nähren konnten, wurden wir genährt, gewärmt, geliebt. Andere haben ihre Lebenszeit eingesetzt, Kraft und Hingabe, damit wir wachsen konnten. Nicht wahr? Wir essen vom Brot, das Andere für uns gebacken haben. Wir leben von der Kraft und der Liebe derer, die vor uns waren, ganz persönlich und auch in unserem Beruf. Wir leben von der Liebe des Einen, der sich selbst verschenkt hat, damit wir Leben haben; Leben, dem selbst der Tod nichts anhaben kann: Brot des Lebens, Liebesbrot, Gottes »Ich bin da«, mit Anderen geteilt.

Liebe Schwestern und Brüder, eine Kollegin erzählte mir von ihrem Ringen um Hilfe für einen afghanischen Vater und dessen achtjährigen Sohn, der in ihrer Gemeinde um Kirchenasyl bat. Dieser Mann hatte eine Odyssee hinter sich mit unzähligen Gefahren. Durch Schlepper wurde er in Bulgarien von seiner Frau getrennt, die nun in einem Lager in Ungarn ihr drittes Kind geboren hat und dort ausharren muss. Jetzt droht ihm hier die Abschiebung nach Bulgarien, wo er zum ersten Mal registriert wurde. Tägliche Telefonate mit seiner Frau und den beiden anderen Kindern in Ungarn halten seine Hoffnung aufrecht. Hoffnung gibt ihm ebenso das Bemühen der Menschen, die ihr Christsein konkret leben; die Türen öffnen helfen und für den Lebensunterhalt sorgen; die ihre Hilfe anbieten und sagen: »Ich bin da!« Diese Haltung ist für uns bestimmende und tragende Lebensmaxime. Selbst ein steter Tropfen auf den Stein höhlt ihn: so eine frühere Werbung der Aktion »Brot für die Welt«, die Licht in die Todesschatten dieser Erde bringt. Es ist unser Auftrag, konkret selbst »Brot« zu werden für die Hungernden. Die Tür zur Gerechtigkeit öffnen zu helfen für die, die Unrecht leiden!

Ja, es geschieht Vieles unter uns, in unserer Gesellschaft, in unserer Kirche, diesem Ort des geteilten Brotes, der geteilten Hoffnung, des geteilten Mutes. Nur manchmal – wenn die trüben Geister ihr klebriges Netz spinnen und einen grauen Schleier über die Augen legen, dass ich das Gute nicht mehr erkenne, – verliert sich die Perspektive, und die Vergeblichkeitsfalle schnappt über mir zu. »Warum werde ich nicht satt?« Sind es überzogene Ansprüche? Ist es Nichtiges, das sich vor mir aufbaut wie ein Berg und alles sinnlos erscheinen lässt? Dann will ich mich wieder und wieder unter dieses Versprechen stellen, das vom Anfang der Mose-Geschichte bis ins Heute aufleuchtet: Gottes »Ich bin da«! »Ich bin«, sagt er zu Mose am Dornbusch, das ist mein Name. »Ich bin da für mein Volk« (vgl. 2. Mose 3,7ff.). Und dieses Versprechen ist gegenwärtig im machtvollen Wort des Auferstandenen: »Ich bin bei euch, alle Tage bis an der Welt Ende« (Mt 28,20b).

Glauben, das ist ein Hinhören, ein Lauschen auf diese drei Worte Gottes: »Ich bin da«! Gott sagt: In das Dunkel deiner Vergangenheit und in das Ungewisse deiner Zukunft, in den Segen deines Helfens und in das Elend deiner Ohnmacht lege ich meine Zusage: »Ich bin da!« Glauben, das ist ein Erspüren des inneren Raumes, wo die Wahrheit frei macht. In die Enge meines Alltags und in die Weite meiner Träume, in die Schwäche meines Verstandes und die Kräfte meines Herzens legt Christus seine Zusage: »Ich bin das Brot, das den Hunger für immer stillt.« Glauben ist also die Entdeckung, dass ich immer schon davon lebe, dass Sinnvolles da, Gutes mir schon zuteilgeworden ist, längst bevor ich zu denken und längst bevor ich Gutes und Sinnvolles zu tun vermag.

Dieses Vertrauen auf die Güte des Lebens setzt freilich Vorbilder voraus. Darum brauchen wir uns als Gemeinschaft! Wir brauchen die Sprache unserer Geschwister, der lebenden und der toten, deren Worte und Lieder, deren Gebete. Ich leihe sie mir aus, damit die Hoffnungsgeschichten an mir arbeiten können, an meinen Wünschen, meinem Gewissen, an meinem Urteil. Wir brauchen einander! Wie gut, dass Ihr alle da seid! Glauben ist ein Unterwegs-Sein mit den Worten und Geschichten Jesu. Sie sind wie Brot, das nährt. Sie zeigen den Weg. Sie nehmen die Angst. Sie helfen mir, mein Leben und – wenn die Zeit kommt – hoffentlich auch mein Sterben in einem anderen Licht zu sehen. Diesem »Ich bin da« sing' ich mein Lied, das Lied meines Lebens. »Die Töne, den Klang« hat Gott »mir gegeben / von Zeichen der Hoffnung auf steinigen Wegen, / du Zukunft des Lebens. / Dir sing ich mein Lied.«[2]

Amen.

[2] Wo wir dich loben, wachsen neue Lieder plus, München 2018, Nr. 56,5.

Predigt am 8. Sonntag nach Trinitatis*

Markus 12,41–44

41Und Jesus setzte sich dem Gotteskasten gegenüber und sah zu, wie das Volk Geld einlegte in den Gotteskasten. Und viele Reiche legten viel ein. 42Und es kam eine arme Witwe und legte zwei Scherflein ein; das ist ein Heller. 43Und er rief seine Jünger zu sich und sprach zu ihnen: Wahrlich, ich sage euch: Diese arme Witwe hat mehr in den Gotteskasten gelegt als alle, die etwas eingelegt haben. 44Denn sie haben alle von ihrem Überfluss eingelegt; diese aber hat von ihrer Armut ihre ganze Habe eingelegt, alles, was sie zum Leben hatte.

Liebe Gemeinde,
nur eine kleine Szene am Rande. Kein spektakuläres Wunder, keine dieser Geschichten Jesu, die - gekonnt erzählt - zum Grübeln und Spekulieren, zum Fantasieren und: zur Empörung Anlass geben. Nur eine kleine Szene am Rande wird hier ins Licht gerückt.

Wir befinden uns im Vorhof des Tempels. Menschen kommen und gehen, geben eine Spende in den Opferkasten. Man grüßt hierhin und dorthin. Kinder springen umher, Bettler sitzen vor den Toren: Lahme, Blinde und Witwen, die die Hände ausstrecken und um Brot bitten, um ein paar Münzen oder eine Handvoll Trauben. Jerusale-

* Gottesdienst am 07. 08. 2022 im Berliner Dom.

mer Geschäftsleute kommen auf einen Sprung vorbei, der letzte Handel lief gut. Da soll man etwas abgeben; man tut es ja gern. Vielleicht ist da sogar ein Zöllner, der von dem ergaunerten Gewinn ein wenig für den Tempeldienst abzweigt: Man kann ja nie wissen! Alltag im Jerusalemer Tempel. Mancher verbringt ein paar ruhige Minuten im Schatten der Tempelmauern, lässt sich nieder – die Kühle des Steins im Rücken –, betrachtet das Treiben.

Jesus hat sich dort auch niedergelassen – und beobachtet und nimmt wahr. Sein Blick fällt auf eine Frau. Sie trägt das graue Witwenkleid, das bezeichnet sie. Witwe sein hieß damals: arm sein. Jeder wusste das. Diese Frauen durften keinen Beruf ausüben, hatten keine Einkünfte, waren abhängig von den Familien ihres Mannes. Und wo die nichts geben wollten oder konnten, bettelten sie am Rande der Straßen und Plätze um Almosen: für sich und für ihre vaterlosen Kinder. Sie nahmen etwas Wochengeld entgegen, das die Armen in Jerusalem vom Tempel erhielten. Es reichte für zwei Mahlzeiten am Tag.

Diese Witwe kommt aber nicht, um etwas entgegenzu*nehmen*; sie kommt, um etwas zu *geben*: einen Heller, zwei Lepta also, die kleinste Einheit der damals gebräuchlichen Währung. Sie legt zwei Lepta in den Opferkasten und verschwindet in der Menge.

Zwei Lepta hätten für einen Tag zum Überleben gereicht. Sie hätte auch nur *einen* geben können – und dann noch genug für *eine* Mahlzeit gehabt. Darum möchte man ihr zurufen: »Tu es nicht! Warum gibst Du Dein letztes Hemd, Deine ganze Habe, dem Tempel? Es gibt doch genug Reiche, die im Vorbeigehen – ganz beiläufig – mehr spenden als Du.

Spar Dir Dein Geld, damit Du noch ein Stück Brot kaufen kannst. Du bist doch selbst angewiesen auf die Barmherzigkeit Anderer. Rechtlich steht Dir nichts zu, Du kannst mit nichts rechnen und Dich auf keine Hilfe verlassen.«

Die Witwe, die von der Hand in den Mund lebt und nicht weiß, ob der morgige Tag überhaupt etwas für sie bereithält: Sie nimmt alles, was sie hat, und trägt es zum Tempel. »Es ist Unsinn, sagt die Vernunft.« »Es ist leichtsinnig, sagt die Vorsicht.« »Es ist unmöglich, sagt die Erfahrung.« Sie ist ver-rückt. Und mancher von Ihnen hört vielleicht die Zeilen aus Erich Frieds Gedicht »Was es ist«[1] heraus: »Es ist, was es ist, sagt die Liebe.« Die Witwe gibt *alles* her – alles, was sie zum Leben hatte: ihre ganze Habe lässt sie los.

Liebe Gemeinde,

unterschätzen wir diese Frau nicht! Intensiver, dichter, inständiger als das des barmherzigen Samariters leuchtet ihr Bild. *Er* – Urbild des barmherzigen Nächsten – ist oft, sehr oft, in der christlichen Kunst dargestellt worden. *Sie* – die arme Witwe – kaum einmal. Leicht verkennen wir sie. Und die Szene, in der wir ihr begegnen, gibt nicht viel her, reizt nicht, sie im Bild festzuhalten. Und am Ende taucht sie wieder unter in der Menge.

Wen schert schon ihr Leben? Sie kommt nicht recht in Betracht. Sie ist unscheinbar, namenlos und gering. Das helle Geheimnis bleibt tief verborgen!

[1] Erich Fried, Was es ist, in: ders., Es ist was es ist. Liebesgedichte, Angstgedichte, Zorngedichte, Berlin 1983, S. 43.

Seien wir froh, dass Jesus - offensichtlich als Einziger - mitbekommen hat, dass sie ihre *ganze Habe* opferte. Es ist gut, dass *er* sie beurteilt - und *nicht wir* das letzte Wort über sie haben. Vor unseren Bewertungen ist sie durch das Wort Jesu geschützt. Und sie braucht diesen Schutz auch! Wie gut, dass wir von ihr im Evangelium lesen können - und sie dadurch unserer lebensklugen Kritik entzogen ist.

Am Ende ruft Jesus seine Jünger zu sich und ehrt diese Frau in ganz besonderer Weise. Ich glaube, er gab ihr noch mehr Ehre als dem barmherzigen Samariter. Am Schluss der Erzählung vom barmherzigen Samariter heißt es immerhin: »So geh hin und tu desgleichen!« (Lk 10,37b). Das wird dem fragenden Pharisäer gesagt. Er soll handeln *wie* dieser Samariter. Er soll fortan der Nächste sein für jeden, der in Not ist. In seinem Tun soll man den Samariter wiedererkennen, sich an ihn erinnern, seine barmherzige Tat durchscheinen sehen. Der Gestalt des Samariters ist damit eine hohe Ehre erwiesen, und er wird zu Recht in der christlichen Kunst immer wieder abgebildet.

Fordert Jesus am Schluss unseres Textes entsprechend auf: »Geht hin - und tut desgleichen«? Und wenn es auch wörtlich nicht dasteht, ist diese Erzählung nicht *so* gemeint? Stellt er also den Jüngern diese arme Witwe vor Augen: als ein Vorbild eines noch entschiedeneren, noch selbstloseren, ganz hingegebenen Handelns? Könnte das nicht am Schluss dieser Erzählung stehen: »Geht hin und tut desgleichen« - und gemeint wäre: das tatsächliche Opfer von Hab und Gut, die Möglichkeit, die Fähigkeit, die Bereitschaft zu gänzlicher Besitzlosigkeit.

Ich glaube, wir hätten diese verwunderliche Frau damit *verkannt.* Ihr Tun ist geheimnisvoller, bedeutsamer, voll tieferen Wiedererkennens als das des barmherzigen Samariters. Dass wir sie als Vorbild verstehen, davon kommt ja unser schlechtes Gewissen beim Hören dieser Geschichte. Ich denke aber, es ist ungleich Wichtigeres gemeint!

Denn aus den letzten Worten unseres Textes spricht ja ein großes Erstaunen: »Sie hat *alles,* wovon sie lebte, ihre *ganze Habe,* gegeben« (vgl. Mk 12,44). Und ich meine, es darf jetzt *nicht* ergänzt werden: »Geht hin und tut desgleichen«; sondern es muss anders heißen: viel bedeutungsvoller und viel schöner. Die Fortsetzung muss lauten: »Sie hat *alles,* wovon sie lebte, ihre ganze Habe, gegeben. Und *ich, Jesus,* gehe hin - und tue desgleichen! *Ich, Jesus von Nazareth,* gehe hin - und tue desgleichen wie diese arme Witwe!«

Sie soll also gar nicht zuerst Vorbild für die Jünger sein; vielmehr erkennt Jesus *sich selbst* in ihr wieder. Wir müssen ja auf die Stelle achten, an der im Markusevangelium diese Erzählung begegnet. Es ist das Ende des 12. Kapitels. Die Passionsgeschichte steht unmittelbar bevor. Nur noch vom Ende der Welt und von der Wiederkunft des Menschensohns wird Jesus reden, dann beginnt die Geschichte seines Leidens. Dann läuft es endgültig darauf hinaus, dass er hingeht - und *alles* gibt, was er zu geben hat, dass er nichts zurückbehält, dass er arm wird um unseretwillen, dass er von seiner Armut *alles,* was er hat, und *alles,* was er ist, ausschütten wird in den Tod, weggeben zu unserer Rettung, einlegen wird zum Opfer in den Gotteskasten.

Er wird dann *sich selber* hingeben - in einen Opferkasten ganz besonderer Art. Das wird dann nicht der Opferkasten zum Wiederaufbau des Tempels aus Steinen sein. Vielmehr soll ein *neuer Tempel*, der Tempel der christlichen Kirche, gebaut werden. Und der Gotteskasten - seltsam zu sagen - wird Jesu Grab sein. *Er selber* wird dieses Opfer sein. Er wird ganz arm sein, ganz gering, verachtet, verhöhnt und für ver-rückt erklärt.

»*Ich* gehe hin - und tue desgleichen!«, *so* könnte es am Ende dieses Textes also heißen. Welche *Ehre* für diese arme Frau! Sie bildet vorweg ab, was Jesus tun wird. Gewiss, immer noch nur ein matter Vorschein. Die Armut Jesu wird noch viel tiefer einschneiden; es wird eine Armut vor Gott sein, eine Hingabe, die Gottverlassenheit einschließt. Ein schwacher Abglanz, aber doch: ein Abglanz Jesu selbst.

Sollten wir also gefesselt werden von der Schlinge unseres schlechten Gewissens, wenn wir die Erzählung vom Scherflein der armen Witwe hören? Nein, ganz im Gegenteil! Wir sollen unser Gewissen gerade *befreien* lassen im Blick auf das einmalige und endgültige Opfer, das Jesus selber ist. Er will unser Gewissen *freigeben*! Alles Entscheidende *ist schon getan*, weil *er* hingegangen ist - und »desgleichen« getan hat. Soll uns also, wenn wir diese Erzählung hören, in unserer Opferbereitschaft der Atem geraubt werden? Wohl nicht. Es genügt, wenn wir uns mit den reichen Leuten in dieser Geschichte vergleichen: »Viele Reiche legten viel ein« (Mk 12,41), heißt es da. Und vielleicht können wir das Gesagte ja als Indiz dafür nehmen, dass es *niemals* die erste Absicht der neutestamentlichen Texte ist, uns zu beschämen – oder uns ein schlechtes Gewissen zu machen. Dass unsere Beschämung gleichwohl nicht ausbleibt, dafür ist schon gesorgt. Das soll *nicht* die Sorge des Auslegers sein; *seine Sache* soll das Evangelium bleiben!

Das Evangelium aber, das Evangelium von der Hingabe der armen Majestät, bildet sich in diesem Text im Handeln einer unscheinbaren Frau ab. *Sie* ist zum *Gleichnis* geworden! Wenn wir also fragen: »Gott, wo bist du?«, dann lenkt diese Frau unseren Blick auf ihn: den Geduldigen und Allerverachtetsten, beladen mit der Mühsal der Geplagten aus allen Zeiten. »Fürwahr, er trug unsre Krankheit und lud auf sich unsre Schmerzen [...] und durch seine Wunden sind wir geheilt«, »auf dass wir Frieden hätten« (Jes 53,4 f.). So ist er uns *Trost* und *Sakrament*. Gott will nirgendwo anders sein als bei denen, die an der heillosen Welt leiden. Darin liegt die *Kraft Gottes*, dass sie sich gerade an den *Schwachen, den Ärmsten,* als mächtig erweist (vgl. 2. Kor 12,9).

Liebe Gemeinde, seit fast einem halben Jahr wütet der Angriffskrieg Russlands gegen die Ukraine. Und doch hören und sehen wir, wie Menschen, die *alles* verloren haben, sich ermutigen und zusammenhalten, einander beistehen. Und tagtäglich nehmen wir es auch unter uns wahr: wie sich Freiwillige einfinden, um die Geflüchteten in Empfang zu nehmen, sie zu versorgen, medizinische Hilfe zu leisten – sie zu trösten und zu ermutigen. So fügen wir uns ein in die heilsame Kraft Gottes, die mit den Armen und Schwachen solidarisch ist. Indem wir uns im Blick auf den Gekreuzigten, der von Gott ins Recht gesetzt wurde, aufrichten lassen, widerstehen wir unseren eigenen Ängsten - und vertrauen uns *dem* an, der alles, ja, sich selbst für uns dahingegeben hat. Für *ihn* ist die arme Witwe zum *Gleichnis* geworden. Darum wird ihr Bild *unvergänglich* sein.

Amen.

Predigt am 9. Sonntag nach Trinitatis: Themenreihe »Was ist der Mensch?«*

Psalm 8

Liebe Gemeinde!

Ein weiter Strand erstreckt sich vor der Skyline einer Millionenstadt. Im Vordergrund glitzert es facettenreich. Ein Mann watet knöcheltief in einem wabernden Meer von Plastikmüll. Es glitzert in der Sonne. Sein Auge sucht nach Brauchbarem, nach verwertbaren Teilen. Hin und wieder bückt er sich, greift etwas auf, betrachtet es prüfend.

Dieses Bild erschien vor den Sommerferien auf der ersten Seite meiner Tageszeitung; es hat mich seitdem nicht mehr losgelassen. Dabei versuche ich zu ergründen, was es eigentlich ist, das mich an diesem Bild so festhalten lässt. Kenne ich doch so viele Bilder dieser Art – auch das Problem, das sich dahinter verbirgt: wie zusammenhängt, was wir essen, was wir kaufen, womit wir uns kleiden – mit den katastrophalen Bedingungen, unter denen Menschen auf der anderen Seite des Globus leben. So sehe ich ihn immer wieder vor mir: diesen Mann, der in einem knöcheltief wabernden Meer von Plastikmüll watet und nach verwertbaren Stoffen sucht. Und ich spüre: Mich beschleicht ein Gefühl von *Versagen*. Obwohl die Fotografie so weit weg von uns aufgenommen wurde, im indischen Mumbai, habe ich dennoch das Gefühl von *Versagen* und

* Gottesdienst am 18. 08. 2019 im Berliner Dom.

Schuldig-Sein. Dem will ich heute mit Ihnen auf den Grund gehen. Und dabei habe ich eine Entdeckung gemacht – doch davon später!

Als ich besagtes Foto zum ersten Mal sehe, ist es der Tag nach dem Sommerfest meiner Heimatgemeinde. Gelungen war es und ausgelassen, viele kamen, und die Freude überwog. Am Rande führte ich ein Gespräch mit einer Mitarbeiterin bei der Essensausgabe. Es gab vorzügliche Speisen, liebevoll serviert. Und doch wunderten wir uns: Warum nur gab es das Eis zum Nachtisch in Einweg-Plastikgefäßen, die später alle getrennt entsorgt werden mussten?

Dieses Gespräch fiel mir ein, als ich das Bild von dem Mann in Mumbai sah. Und der Vorsatz steht: Eis zum Nachtisch in Einweg-Plastik wird in Zukunft gestrichen! Außerdem erfuhr ich: Die Menschen im indischen Mumbai haben nicht die Infrastruktur – mit einer städtischen Müllentsorgung –, wie wir sie kennen. Viele bringen ihren Müll auf direktem Weg zu den Stränden, einfach, um ihn loszuwerden. Einige private Selbsthilfe-Organisationen versuchen, den Missstand zu beheben und aus eigener Kraft die Strände wieder frei zu räumen. Also doch bloß: ein hausgemachtes Problem – weit weg von uns? Das scheint mir zu vordergründig. Und ich merke: *So* werde ich die eigene Betroffenheit nicht los!

Ende Juni fuhr ich dann auf den Kirchentag nach Dortmund. Während tausende Schüler bei der »Fridays-for-Future«-Demonstration einen Wandel in der Klimapolitik fordern, sitzt auf dem Weg zur Dortmunder Innenstadt – vor dem Hauptbahnhof – ein junger Mann auf den Treppenstufen. Vor sich hält der etwa Sechzehnjährige ein Pappschild, auf dem mit schwarzen Druckbuchstaben steht: »Wollt ihr unsere Zukunft ruinieren?« Seinen Mund hat er zugeklebt und schaut den Passanten ins Gesicht: eine stumme Anklage!

Beim Lesen seines Transparentes denke ich: Dieser junge Mann könnte auch vor dem Supermarkt sitzen, in dem ich regelmäßig einkaufe. Und Sie kennen sicher ähnliche Situationen: Wir sind unterwegs, kommen gerade von einem Termin. Da passt es, schnell noch den Einkauf anzuhängen. Natürlich: Gerade jetzt habe ich das Mehrweg-Frischenetz für Obst und Gemüse nicht dabei – und auch nicht das wiederverschließbare Gefäß für Oliven. Ich sehe den fragenden Blick der Verkäuferin. Wie viele andere auch weiß ich, dass ich dem nicht nachkomme, was ich eigentlich tun müsste, um zu vermeiden, dass es zu solch ungeheuren Bildern des Plastikmülls kommt. Doch nicht mein Versagen ist die Entdeckung, die mich zur Umkehr führt. Schon der Apostel Paulus wusste: »Was ich *eigentlich will*, tue ich *gerade nicht*! Und was ich anderen predige, muss ich zuerst mir selber predigen!« Nicht die Anklage wirft das Ruder herum, bevor es zu spät ist. Nicht die stumme Selbstanklage bringt mich weiter. Nicht der beste Vorsatz, nun alles anders machen zu wollen, ist zukunftsweisend.

Liebe Gemeinde, der Finger, der den Auslöser der Kamera bediente, trifft mich in anderer Weise: Ich habe das Bild vor Augen und sehe den Mann, der knöcheltief im Plastikmüll watet und nach verwertbaren Dingen sucht. Und mich treiben die Fragen um: »Was ist der Mensch?

Worin besteht seine Würde? Ist das menschengerecht: leben aus dem Müll?« Ich erinnere mich, dass diese Frage bereits im Alten Testament auftaucht, unter anderem prominent im 8. Psalm. Und dort entdecke ich: *Nicht die Scham*, sondern einzig das *Lob Gottes*, der uns die Erde als sein Geschenk übergeben hat, hat die Kraft, das Bild der Erde und das Gesicht des Menschen, jedes einzelnen Menschen, zu erhellen. Das Lob Gottes, das zehntausend gute Gründe kennt und im Staunen benennt – und so den Horizont weitet und lichtet. Ich lese uns den Psalm vor:

1Ein Psalm Davids, vorzusingen, auf der Gittit. 2Herr, un-
ser Herrscher, wie herrlich ist dein Name in allen Landen,
der du zeigst deine Hoheit am Himmel! 3Aus dem Munde
der jungen Kinder und Säuglinge hast du eine Macht zuge-
richtet um deiner Feinde willen, dass du vertilgest den
Feind und den Rachgierigen. 4Wenn ich sehe die Himmel,
deiner Finger Werk, den Mond und die Sterne, die du be-
reitet hast: 5was ist der Mensch, dass du seiner gedenkst,
und des Menschen Kind, dass du dich seiner annimmst?
6Du hast ihn wenig niedriger gemacht als Gott, mit Ehre
und Herrlichkeit hast du ihn gekrönt. 7Du hast ihn zum
Herrn gemacht über deiner Hände Werk, alles hast du un-
ter seine Füße getan: 8Schafe und Rinder allzumal, dazu
auch die wilden Tiere, 9die Vögel unter dem Himmel und
die Fische im Meer und alles, was die Meere durchzieht.
10Herr, unser Herrscher, wie herrlich ist dein Name in allen
Landen!

Nicht wahr? Dieser Lobpsalm ist voll Feuer und Begeisterung für einen Gott, der nicht aufhört, seine Kinder zu lieben. Und Loben und Staunen sind eine schöpferische Macht! Das weiß jede Mutter, jede Lehrerin, jeder Erzieher. Und auch Jesus hat das Lob Gottes zu seiner Sache gemacht. Er hat die Menschen wertgeschätzt: des Lobes und der Liebe. Er hat ihnen Gott und den Nächsten nahegebracht. Eine Nähe, die der Wahrheit zum Recht verhilft und menschliches Versagen, menschliche Schuld, in ein gnädiges Licht taucht. »Weißt du nicht, dass Gottes *Güte* dich zur Umkehr treibt?« (Röm 2,4), konnte Paulus dementsprechend seiner Gemeinde zurufen! Denn Jesus hat uns wieder mit dem lebendigen *Gott* verbunden und so ein tragfähiges Netz der Verbundenheit und Menschenfreundlichkeit *untereinander* geschaffen.

»Was ist der Mensch?«, das ist im Psalm wie auch *heute* eine *existenzielle Frage*: mehr denn je in einer digital kommunizierenden Welt, in der Künstliche Intelligenz und Maschinen schlauer als Menschen zu werden drohen und jede Grundsicherung ins Wanken gerät. »Was ist der Mensch?« Auch im Psalm ist dies zunächst eine klagende Frage, die um unsere Hinfälligkeit weiß: »*Ach*, was ist doch der Mensch?« »Er ist wie ein Nichts, verloren im All!« (vgl. Ps 8,4). Aber dann kommt die Kehre, die Wende, die Fortsetzung, an der alles hängt: »Was ist der Mensch, *dass du seiner gedenkst, dass du nach ihm siehst, ihn ansiehst, ihm Ansehen verleihst und dich seiner annimmst?*« (vgl. Ps 8,5). Die Frage nach dem *Menschen* bezieht sogleich *Gott* mit ein: nicht als Hypothese, auch nicht als Eventualität, erst recht nicht als Über-Ich, sondern: als *Du*. Und darum, um dieses Du Gottes willen, wird aus der klagenden Frage, aus der Erfahrung menschlicher Nichtigkeit, ein *Staunen*. Und aus dem Staunen: das Lob auf den Schöpfer, der alles so wunderbar gemacht und den Menschen zu seinem Ebenbild, zu einem königlichen Menschen, eingesetzt hat. Gott hat *alle Menschen* zu seinem Ebenbild geschaffen und ihnen seine Schöpfung als Lehen anvertraut, um sie zu bewirtschaften und zu bewahren, um in seinem Namen Verantwortung für sie zu übernehmen (vgl. 1. Mose 2,15).

Aber auch hier: nicht zuerst das Gesetz, sondern: das Evangelium! Nicht zuerst in die Pflicht genommen sind wir, sondern »mit Ehre und Schmuck, mit Ehre und Herrlichkeit, gekrönt« (Ps 8,6). Und das nicht erst dermaleinst, sondern schon jetzt! Heute bereits: jeder Mensch, jedes Menschenantlitz, auch das des Ärmsten, der im Plastikmüll watet, auch das des Leidenden, und nicht nur eine – nach welchen Kriterien auch immer bestimmte – Elite. Der Mensch – allein – ist ein Nichts. Aber: »dass Gott ihn ansieht und sich seiner annimmt« (Ps 8,5), *das* ist das Wunder, das der Hymnus preist.

Dieses Staunen und Loben Gottes, liebe Gemeinde, wird das Miteinander zwischen uns, hier in Berlin, und den entfernten Nächsten im indischen Mumbai *verändern* und ein neues Koordinatennetz über die Erde legen: voll der Wertschätzung für jede Freundlichkeit und Liebe zu den Mitgeschöpfen. Mit dem Du Gottes ist die Grenze gesetzt gegen unmenschliche Überheblichkeit und Maßlosigkeit. Denn das Lob Gottes schafft sich eine unsichtbare Macht: eine Widerstandskraft gegen die Urkraft der

Zersetzung und das Gift böser Machenschaften. Es stoppt den Irrweg in den Ego-Tunnel und öffnet uns füreinander und für unsere Mitgeschöpfe – gehalten, getragen, bewahrt von dem gnädigen Du Gottes, der uns alle ansieht, uns Ansehen und Würde verleiht.

Und wenn wir darum je unser Leben, unser Tun und Lassen, nach Brauchbarem und Wertvollem befragen sollten, dann möge uns das *Lob Gottes* als erstes einfallen. Dann mögen wir Gott segnen, der uns *zuerst* gesegnet hat. Dann werden auch *wir* zum Segen für diese Erde durch den Zuspruch und Anspruch Gottes. Aus Gottes Zusage wird eine Ansage: »Ich will dich segnen und du sollst ein Segen sein!« (1. Mose 12,2). Darum ist es gut, hier und jetzt mit dem Loben anzufangen: »Lob Gott getrost mit Singen, / frohlock, du christlich Schar! / Dir soll es nicht misslingen, / Gott hilft dir immerdar […]« (EG 243,1).

Dem Loben aber folgt das Lieben: der Mitgeschöpfe und der Mitmenschen. Gottes Lob in Worten und Taten wird Dich und mich – und also das Gesicht dieser Welt *verändern*.

Amen.

Predigt am 14. Sonntag nach Trinitatis*

Lukas 19,1–10

[1]Und er ging nach Jericho hinein und zog hindurch. [2]Und siehe, da war ein Mann mit Namen Zachäus, der war ein Oberer der Zöllner und war reich. [3]Und er begehrte, Jesus zu sehen, wer er wäre, und konnte es nicht wegen der Menge; denn er war klein von Gestalt. [4]Und er lief voraus und stieg auf einen Maulbeerfeigenbaum, um ihn zu sehen; denn dort sollte er durchkommen. [5]Und als Jesus an die Stelle kam, sah er auf und sprach zu ihm: Zachäus, steig eilend herunter; denn ich muss heute in deinem Haus einkehren. [6]Und er stieg eilend herunter und nahm ihn auf mit Freuden. [7]Da sie das sahen, murrten sie alle und sprachen: Bei einem Sünder ist er eingekehrt. [8]Zachäus aber trat herzu und sprach zu dem Herrn: Siehe, Herr, die Hälfte von meinem Besitz gebe ich den Armen, und wenn ich jemanden betrogen habe, so gebe ich es vierfach zurück. [9]Jesus aber sprach zu ihm: Heute ist diesem Hause Heil widerfahren, denn auch er ist ein Sohn Abrahams. [10]Denn der Menschensohn ist gekommen, zu suchen und selig zu machen, was verloren ist.

Liebe Gemeinde!
Die Geschichte von dem Zöllner Zachäus beginnt mit dem Satz: »Und er« – Jesus – »ging nach Jericho hinein und zog

* Gottesdienst am 13.09.2020 im Berliner Dom.

hindurch« (Lk 19,1). Wie schön wäre es, könnte man diesen Satz leicht verändern und sagen: »Und er kam nach Berlin und ging durch die Stadt: Er, der Offenbarer des unsichtbaren Gottes!«

Gottes Licht und Gottes Glanz – ganz in unserer Nähe: Wie schön wäre es!

Seit acht Monaten leben wir im Ausnahmezustand. Und niemand von uns weiß, wie lange noch.

»Wie lange noch?«, das ist die Frage, die uns in diesen Wochen am häufigsten umtreibt. »Wie lange noch – bis der Impfstoff kommt?« »Wie lange noch – ohne Handschlag, ohne Umarmung, ohne körperliche Nähe? «»Wie lange noch verzichten: auf fröhliche Feste im Freundeskreis, auf das Abendmahl mit dem Gemeinschaftskelch, auf Gottesdienste ohne Einschränkungen?« »Wie lange noch?«

Wir erfahren uns als einer Macht ausgesetzt. Aber wissen nicht, worauf das Ganze hinausläuft.

Was passiert, wenn eine neue Infektionswelle das Gesundheitssystem an seine Grenzen bringt? Wie wird es werden, wenn sich die Menschen in Afrika zu Hunderttausenden infizieren? Was ist, wenn ich selbst richtig krank werde? Und wie steht es um meinen Vater, der Asthma hat?

Wir beten und klagen und fragen, aber eine schlüssige Antwort stellt sich nicht ein.

Wie gut wäre es, wenn der, der einst Kranke heilte, der die Anfechtung vertrieb und Licht ins Dunkel brachte, wenn *der* in unsere Stadt einzöge, wie damals in Jericho – uns nahe käme mit seiner rettenden Kraft?

Auch damals war die Sehnsucht groß. Da gab es einen, der davon träumte, dass auch in seinem Leben das Gottesreich anbricht. Einer, der Jesus nicht sehen konnte, ein blinder Bettler. Draußen, vor der Stadt, hockt er und hat gehört, dass Jesus kommt. Über alle Hindernisse hinweg dringt er dann bis zu ihm vor. Und dieser heilt ihn, sodass er wieder sehen kann. Auch *den* hat Jesus jetzt in seinem Gefolge, als er Jericho betritt.

Diese Erzählung (Lk 18,35–43) geht im Lukasevangelium unmittelbar unserer Geschichte voraus: »Und siehe, da war ein Mann mit Namen Zachäus, der war ein Oberer der Zöllner und war reich« (Lk 19,2). Der Evangelist Lukas hat also beide Bewohner Jerichos nebeneinandergestellt: den Bettler, ganz unten in der Hierarchie – und den Oberzöllner, ganz oben auf der Gehaltsliste. Bewusst hat er sie miteinander verbunden – *sie*, die in Wirklichkeit immer getrennt nebeneinanderher gelebt haben.

Und wie ist es heute?

Gegenwärtig, in der Corona-Pandemie, machen wir die Erfahrung, dass wir neu zueinander finden; dass Menschen zusammenkommen, füreinander sorgen, aufeinander achten, die bisher nicht viel miteinander zu tun hatten. Menschen geben zur Zeit ihr Äußerstes: in den Krankenhäusern und Sozialstationen, in den Alten- und Pflegeheimen, in Kindergärten und Familien, in Supermärkten, in der Politik. Wenn wir uns *diese Empathie* bewahren, werden wir mit einem Mehr an Sensibilität und Aufmerksamkeit füreinander aus der Krise herausfinden. Von daher lohnt es sich, *jetzt* an die Zeit danach zu denken – und die Nachhaltigkeit unserer Einsichten aus diesen Tagen sicherzustellen.

Dabei habe ich die leise Ahnung, es könnte der Geist *Jesu* sein, der uns aufs Neue zusammenführt – auch: als Gegenkraft gegen die, die meinen, die Pandemie sei überstanden und die Abstands- und Hygieneregeln könnten außer Kraft gesetzt werden. Dass darüber hinaus Rechtsextreme und Verschwörungstheoretiker *die Einschränkungen*, die gerade bewirkt haben, dass wir bei uns keine überfüllten Krankenstationen hatten, schamlos für ihre Zwecke instrumentalisieren und unsere Gesellschaft zu polarisieren versuchen, ist nicht in Ordnung. Dagegen Widerspruch einzulegen und Fake News als *das* zu bezeichnen, was sie sind, nämlich: als *Lügen*, das ist ebenso im Geist Jesu. Denn er hat *der Wahrheit* zum Recht verholfen, die allein Freiheit schenkt.

Zachäus macht sich auf den Weg. Er will sehen, er will erfahren, wer dieser Jesus ist. Doch, so heißt es, die Menschenmenge versperrte ihm den Weg, »denn er war klein von Gestalt«. Er lief darum voraus und »stieg auf einen Maulbeerfeigenbaum, um Jesus zu sehen«, der dort vorbeikommen sollte (Lk 19,3 f.).

Zachäus bleibt also nicht zu Hause sitzen, um im Verborgenen von der Botschaft zu träumen, sondern er wird aktiv. Er läuft Jesus entgegen. Und weil er klein ist, muss er sich einen Überblick über die Menschenmenge verschaffen. Er klettert auf einen Baum – dort kann er Jesus gut entgegensehen.

Auch wir müssen uns gegenwärtig bewegen. Für viele unserer Zeitgenossen ist die Pandemie der letzte Beweis, dass es *keinen Gott* gibt. Und auch *wir* sind im Innersten angefochten. Verstehen Gott nicht. Sein Wille ist uns verborgen. In dieser Situation führt das Verharren in die Irre. Martin Luther hat - in vergleichbaren Situationen - empfohlen, sich aufzumachen, sich *abzuwenden* von dem verborgenen, dem unterschiedslos Leben *und* Tod, weil *alles in allem* wirkenden Gott - und *hineinzufliehen* in die offenen Arme Jesu, der sich uns in überströmender Liebe zuwendet. Der mit-geht und mit-leidet - und uns gerade dann, wenn *wir* weder aus noch ein wissen, *nahe* ist.[1] Nein, Gott paktiert nicht mit dem Tod, sondern er will auch *im Tod* auf das *Leben* hinaus: durch die Gottverlassenheit zur Auferstehung, durch die Aufhebung der Gemeinschaft zu ihrer Wiederherstellung. Auf diese Zusage zu vertrauen, das ist - Glaube!

Zachäus macht diese Erfahrung am eigenen Leib: » Als Jesus an die Stelle kam, sah er auf und sprach zu ihm: ›Zachäus steig eilend herunter; denn ich muss heute in deinem Haus einkehren.‹ Da stieg er eilend herunter und nahm ihn auf mit Freuden« (Lk 19,5 f.).

Zachäus ist bis ins Innerste berührt. Er erkennt: Gott ist direkt zu ihm gekommen, ohne dass er irgendetwas dafür getan hat. Jesus ist ihm nachgegangen, hat ihn *angesehen*, um ihn die Gemeinschaft, die er aufgegeben hat, neu spüren zu lassen. Es ist diese *geschenkte*, ganz und gar *unverdiente Güte*, die ihn *so* anrührt, dass er sein Leben ändert.

1 Vgl. Martin Luther, De servo arbitrio (1525), WA 18; 685,3-690,2.

Bisher war der Reichtum sein Mittelpunkt. *Nun* schaut er auf seine Mitmenschen. Ohne dass Jesus ihn dazu aufgefordert hätte, erklärt er: »Herr, die Hälfte von meinem Besitz gebe ich den Armen, und wenn ich jemanden betrogen habe, so gebe ich es vierfach zurück. Jesus aber sprach zu ihm: ›Heute ist diesem Haus Heil widerfahren, denn auch er ist Abrahams Sohn‹«(Lk 19,8 f.).

Liebe Gemeinde,

Jesus sagt nicht: »Heute ist Zachäus Heil widerfahren, weil er umgekehrt ist, weil er seinen Besitz fortan sozial einsetzen will.« Nicht, was Zachäus *getan* hat und *tun* will, ist für ihn entscheidend, sondern was dieser *ist*. Nicht sein *Haben* ist wichtig, sondern sein *Sein*. Er ist ein Kind Abrahams. Diese Würde kann ihm niemand nehmen.

Und ich höre Zachäus, wie er einstimmt in das Gotteslob unserer Kantate, das wir gleich hören werden: »Welch Übermaß der Güte schenkst du mir! Doch was gibt mein Gemüte dir dafür? Herr, ich weiß sonst nichts zu bringen, als dir Dank und Lob zu singen.«[2]

Eben darin liegt die frohe Botschaft auch für uns: Der Ruf Gottes spricht Dir einen Status zu, eine Würde, die Dir niemand nehmen kann – und die unabhängig davon ist, wie gut oder schlecht Du Dich verhalten hast; unabhängig davon, wie gelungen oder misslungen Dein Leben bisher verlaufen ist. Gewiss sind *wir* nicht durch Geburt Kinder

2 Tenor-Arie, in: Johann Sebastian Bach, Wer Dank opfert, der preist mich, Nr. 4 (BWV 17).

Abrahams. Aber: Wir werden es durch eine neue Geburt, wenn Gottes Wort uns neu schafft. Dann gehören auch wir zu dem ewigen Bund Gottes mit seinen Kindern. Dann gilt auch *uns* die Verheißung: »Heute« *ist uns* »Heil widerfahren« (Lk 19,9).

Keine Verheißung fürs *Jenseits* ist das, sondern *heute schon,* wenn wir die Botschaft hören und sie bei uns ankommt, bricht das Jenseits in unser Leben hinein. Heute schon, wenn Du Jesus aufnimmst in Dein Herz, strahlt in ihm der Morgenglanz der Ewigkeit auf. Alle Zukunft kann nicht mehr *überbieten* und *übertreffen,* was in dem Augenblick geschieht, wo Gott Dich ansieht, er in Dein Leben tritt und es unendlich wertvoll macht.

Darum ist auch diese – für uns *so* noch nie da gewesene – Zeit Gotteszeit. *Heute* will uns Jesus mit seiner Nähe berühren, *heute* uns – gerade auch angesichts einer ungewissen Zukunft – mit seinem Geist beschenken: dem Geist »der Kraft und der Liebe und der Besonnenheit« (2. Tim 1,7). Dass wir dem Virus gegenüber unsere Souveränität nicht verlieren. Uns von ihm und seiner Gegenwart nicht *so* in Bann ziehen lassen, dass unser Denken, unser Wahrnehmen, unser Wünschen, aus Angst verformt wird. Sondern: Besonnenheit bewahren! Also eine *Haltung* einnehmen: zwischen Sorglosigkeit auf der einen und Panik auf der anderen Seite. Die Augen vor den Gefahren verschließen dürfen wir nicht. Auch weiterhin gilt es, Rücksicht zu nehmen und vor allem die besonders Gefährdeten unter uns zu schützen. Es geht darum, wahrzunehmen, was angemessen ist, uns dabei aber nicht von eigenen Ängsten beherrschen zu lassen.

Und selbst wenn Du allein bist, einsam, Dir verloren vorkommst – der letzte Satz unseres Textes fasst zusammen, was Du Dir gerade *dann* zugesagt sein lassen darfst: »Der Menschensohn ist gekommen, zu suchen und selig zu machen, was verloren ist« (Lk 19,10).

Heilend, tröstend, zieht er heute ein: in unsere Stadt, in unsere Wohnungen, in unsere Herzen. Das glaube, darauf vertraue: in Gottes Namen!

Amen.

Predigt am 16. Sonntag nach Trinitatis*

Klagelieder 3,22–26.31 f.

[22]Die Güte des Herrn ist's, dass wir nicht gar aus sind, seine Barmherzigkeit hat noch kein Ende, [23]sondern sie ist alle Morgen neu, und deine Treue ist groß. [24]Der Herr ist mein Teil, spricht meine Seele; darum will ich auf ihn hoffen.
[25]Denn der Herr ist freundlich dem, der auf ihn harrt, und dem Menschen, der nach ihm fragt. [26]Es ist ein köstlich Ding, geduldig sein und auf die Hilfe des Herrn hoffen.
[31]Denn der Herr verstößt nicht ewig; [32]sondern er betrübt wohl und erbarmt sich wieder nach seiner großen Güte.

»Klagelieder«, liebe Gemeinde, so heißt das Buch, dem diese Verse entnommen sind. Ihr Verfasser ist uns unbekannt. Aber offenbar ist er Zeuge der Zerstörung Jerusalems im Jahr 586 vor Christus. Alles, was Israel heilig ist – der Berg Zion und auf ihm der Tempel, die Wohnstatt Gottes –, alles ist zerstört, erobert von den Babyloniern. Fast 5.000 Menschen müssen daraufhin die Stadt verlassen, werden verbannt ins Exil: »An den Wassern Babylons saßen wir und weinten, wenn wir an Zion«, an Jerusalem, an unsere verlorene Heimat, »dachten«, so heißt es im 137. Psalm (Ps 137,1).

»Schreien will ich zu dir, Gott, mit verwundeter Seele, doch meine Worte gefrieren mir auf der Zunge. Es ist kalt

* Gottesdienst am 19.09.2021 im Berliner Dom.

in mir, wie gestorben sind alle Gefühle, starr blicken meine Augen auf meine zerbrochene Welt. Der Bach, den ich von Kind an liebte [...], zum todbringenden Ungeheuer wurde er, seine gefräßigen Fluten verschlangen ohne Erbarmen. Alles wurde mir genommen. Alles! Weggespült das, was ich mein Leben nannte. [...] Stundenlang schrie ich um Hilfe [...]. Wo warst du Gott, Ewiger, hast du uns endgültig verlassen?«[1]

Auch das: Worte eines Psalms, eines Klagelieds, verfasst von dem katholischen Priester Stephan Wahl am 19. Juli dieses Jahres, genau vier Tage nach der verheerenden Flut im Ahrtal, dort, wo er seine Kindheit verbracht hat und aufgewachsen ist. Er, der selbst einen nahen Angehörigen in der Flut verloren hat, trauert um seine verflossene Heimat und macht es dem Verfasser der biblischen Klagelieder gleich. Er *hadert*, klagt an, tritt Gott in den Weg: »Wo warst du, Gott? Hast du uns endgültig verlassen?«

Alles trauen die Klagenden Gott zu – die ganze, die harte Wirklichkeit. *Nichts*, was ihnen begegnet zwischen Himmel und Erde – jeder Schmerz und jede Freude, jede Dunkelheit und jedes Licht, jeder Tod und jedes Leben, jede Flut und jede Gluthitze und Trockenheit –, *nichts* ist *ohne Gott*! Gerade aus dem verzweifelten Leid halten wir Gott *nicht* heraus: nicht aus dem Sturm, nicht aus der

1 Stephan Wahl, Der Ahrpsalm, in: ders., Erwarte von mir keine frommen Sprüche. Ungeschminkte Psalmen, Würzburg [2]2022, S. 11–15.

Flut, nicht aus der plötzlich diagnostizierten Krankheit, nicht aus der aufzehrenden Einsamkeit der Seele. *Gott* wäre nicht Gott, gäbe es keinen Zusammenhang zwischen ihm, dem Schöpfer, Erlöser und Vollender des Lebens – und unserem menschlichen Leid. Einen konfliktreichen Weg gehen darum die Beter aller Zeiten mit Gott, auf dem sie *sich* und *ihm nichts* ersparen.

Offenbar darf man sich Gottes Allmacht nicht *so* vorstellen, dass Gott alles Böse und Unbegreifliche im Vorhinein aus dem Lauf der Dinge herausschneidet. Obwohl er nach unseren Maßstäben bewahrend eingreifen müsste, handelt er augenscheinlich *nicht.* Angesichts solcher Erfahrungen spricht Martin Luther von der Nachtseite Gottes, seiner Selbstverdunkelung, ja, vom »verborgenen Gott«[2], dessen Wollen uns zutiefst *unzugänglich* ist. Derart angefochten, sollen wir in unserer Verzweiflung aber *nicht* nach dem rätselhaften Willen des uns verborgenen Gottes suchen, sondern uns an Gottes Verheißungstreue und unzerstörbare Liebe halten, wie sie sich uns – eindeutig und ein für alle Mal – in Jesus Christus gezeigt hat.[3]

Wenn überhaupt, können wir angesichts des Widersinnigen in unserem Leben nur »gegen Gott an Gott glauben«[4]. Wir fliehen dann von dem in den Wirrnissen und

2 Vgl. Martin Luther, De servo arbitrio (1525), WA 18; 685, 3–7.21–24.

3 Vgl. a. a. O., WA 18, 689,22–690,2.

4 Gerhard Ebeling, Existenz zwischen Gott und Gott. Ein Beitrag zur Frage nach der Existenz Gottes, in: ders., Wort und Glaube, Bd. 2, Tübingen 1969, S. 284.

Nöten dieser Welt verborgenen, fernen, schweigenden zu dem in Christus offenbaren Gott, der da ist und da bleibt, wenn wir in unserer Not, in unserer Verzweiflung, weder ein noch aus wissen.[5]

»Dein Schweigen quält meine Seele«, klagt der Beter aus dem Ahrtal, »ich halte es fast nicht mehr aus. Wie sich Schlamm und Schutt meterhoch türmen, in den zerstörten Straßen und Gassen - und deren Schönheit sich nicht mehr erkennen lässt, so sehr vermisst meine Seele dein Licht [...]. Hörst du mein Klagen, mein verzweifeltes Stammeln [...], dann lass mich nicht versinken in meinen dunklen Gedanken, erinnere mich an deine Nähe in früheren Zeiten.«[6]

Was für eine Spannung zwischen erfahrener Gott-Verlassenheit und erhoffter Gottes-Nähe! So haben die Klagerufe aller Zeiten etwas Unabgeschlossenes, etwas Wartendes und Offenes - hin zu Gott. Gegen die machtvolle Erfahrung des Bösen, des Widersinnigen, und allem Anschein zum Trotz halten die Beter - noch im Verlust Gottes - an seiner Lebensverheißung fest, legen die Not in seinen Schutz, im Vertrauen darauf, dass Gott letztlich nicht mit dem Tod paktiert, sondern noch *im* Abgrund, noch *im* Verderben, uns eine neue Richtung geben und aufs *Leben* hinaus will: heraus aus der Flut ins trockene Land, aus der Dunkelheit ins Licht, aus dem Sturm in die Stille, aus der

5 Vgl. Martin Luther, Der Prophet Jona ausgelegt (1526), WA 19; 222,30-33; 223,12-16.

6 Stephan Wahl, Der Ahrpsalm (wie Anm. 1).

Angst in den Glauben, in das Vertrauen auf Gottes Treue. »Denn der Herr verstößt nicht ewig; sondern [...] erbarmt sich [...] nach seiner großen Güte« (Klgl 3,31 f.). Sie, sie allein ist's, »dass wir nicht gar aus sind, seine Barmherzigkeit hat noch kein Ende, sondern sie ist alle Morgen neu, und deine Treue ist groß« (Klgl 3,22 f.), so ruft der alttestamentliche Beter am Ende unseres Klagelieds. Und der Priester aus dem Ahrtal, er bekennt: »Auch, wenn du mir rätselhaft bist, Gott [...], so will ich dennoch glauben an dich; widerständig, trotzig, egal, was dagegen spricht. Sollen die Spötter mich zynisch belächeln, ich will hoffen auf deine Nähe an meiner Seite.«[7]

Es ist *die Hoffnung* auf die Möglichkeit des Guten, die Gott zusagt, dass nicht Trauer, nicht Leid, nicht Verwüstung und Tod das letzte Wort behalten, sondern Gottes Güte, die das Böse bekämpft, es überwindet, es verwandelt durch Gutes. Die Hoffnung also, dass es *mehr* und *anderes* gibt als das, was der Fall ist und wir gegenwärtig ertragen. Dass wir nicht festgelegt bleiben auf das Hier und Jetzt, sondern *Möglichkeitswesen* sind. Dass wir also *sind*, was wir *werden*, und dass wir immer *mehr werden*, als wir selbst aus uns machen können. Indem wir uns öffnen für Neues, für Überraschendes, das uns zugespielt wird: im festen Glauben, dass Gott uns hört, uns ansieht, es mit uns aushält, ja, sich selbst bei uns einfindet – und uns dort, in der Tiefe, neue Kraft, neuen Mut schenkt und uns neue Lebensmöglichkeiten eröffnet, über die wir nie-

[7] A. a. O.

mals verfügen, aber auf die wir unbändig vertrauen dürfen. »Gott ist ohnmächtig und schwach in der Welt«, sagt Dietrich Bonhoeffer, »aber gerade und nur so ist er bei uns und hilft uns«[8].

Und so erfahren wir den treuen Gott und seine Güte etwa in der Gemeinschaft all der Menschen, die in den letzten Monaten geholfen haben – und bis in diese Stunde hinein helfen. Die den Seelen der Leidenden beistehen und zuhören, die ihre Not mit aushalten, die anpacken und helfen, das Chaos zu beseitigen: »Ich schaue auf und sehe helfende Hände, die jetzt da sind, ohne Applaus, einfach so«[9], sagt der Priester aus dem Ahrtal. »Die vielen, die kommen und bleiben, die Schmerzen lindern und Wunden heilen, die des Leibes, wie *die* der Seele, mit langem Atem und mit sehr viel Geduld«.[10]

Die Not über das Verlorengegangene löst sich dabei nicht einfach auf. Aber *Dankbarkeit* für erfahrene Unterstützung stellt sich ein, und Betroffene gewinnen eine neue Perspektive, bekommen neue Zuversicht. Und auf einmal sehen wir alle tiefer, klarer, nachhaltiger. Wir erkennen, wie rasant sich das Klima verändert und wie konkret die Bedrohung ist, die dadurch entsteht. Auch dass es in unsere eigene Verantwortung gestellt ist, nicht gegen,

8 Dietrich Bonhoeffer, Werke, Bd. 8: Widerstand und Ergebung. Briefe und Aufzeichnungen aus der Haft, hrsg. von Christian Gremmels / Eberhard Bethge / Renate Bethge, München 1998, S. 534.

9 Stephan Wahl, Der Ahrpsalm (wie Anm. 1).

10 A. a. O.

sondern *für und mit* Gottes Schöpfung zu leben, also zu lassen, loszulassen und zu verschonen - und dabei auf viel schöpfungsbedrohenden Konsum zu *verzichten*. Darin entsprechen wir der *Güte* Gottes, des Gottes, der am Anfang der Schöpfung sprach: »Und siehe, es war sehr gut« (1. Mose 1,31). So sei es!

Amen.

Predigt am 17. Sonntag nach Trinitatis*

Jesaja 49,1–6

1 Hört mir zu, ihr Inseln, und ihr Völker in der Ferne, merkt auf! Der Herr hat mich berufen von Mutterleibe an; er hat meines Namens gedacht, als ich noch im Schoß der Mutter war.
2 Er hat meinen Mund wie ein scharfes Schwert gemacht, mit dem Schatten seiner Hand hat er mich bedeckt. Er hat mich zum spitzen Pfeil gemacht und mich in seinem Köcher verwahrt.
3 Und er sprach zu mir: Du bist mein Knecht, Israel, durch den ich mich verherrlichen will.
4 Ich aber dachte, ich arbeitete vergeblich und verzehrte meine Kraft umsonst und unnütz. Doch mein Recht ist bei dem Herrn und mein Lohn bei meinem Gott.
5 Und nun spricht der Herr, der mich von Mutterleib an zu seinem Knecht bereitet hat, dass ich Jakob zu ihm zurückbringen soll und Israel zu ihm gesammelt werde - und ich bin vor dem Herrn wert geachtet und mein Gott ist meine Stärke –,
6 er spricht: Es ist zu wenig, dass du mein Knecht bist, die Stämme Jakobs aufzurichten und die Zerstreuten Israels wiederzubringen, sondern ich habe dich auch zum Licht der Völker gemacht, dass mein Heil reiche bis an die Enden der Erde.

* Gottesdienst am 09. 10. 2022 in der Kreuzkirche in Dresden.

Liebe Gemeinde!
Ein Lied schallt übers Land, über die Meere mit ihren Inseln, über die Berge erklingt es. Der Sänger ruft auf zum Hören und singt das Lied seines Lebens. Seine klingenden Worte erzählen von Gottes Plan mit ihm, von seinem Vertrauen, seiner Zerrissenheit - und dann doch wieder von seinem Vertrauen: trotz der Fragen und Zweifel, trotz der Größe seines Auftrags. Er singt - und über die Zeiten hinweg erschallen seine Worte in unseren Ohren: Auserwählt wurde er, dieser Sänger, der Knecht Gottes. Ehe er »Ja« zu seiner Wahl sagen konnte, sagte Gott »Ja« zu ihm. Dieser kannte ihn, bevor er sich selbst kannte. Warum gerade er auserwählt wurde, weiß er nicht. Auch Gott schweigt darüber. Doch seine Aufgabe ist klar. Er soll das zerstreute Volk wieder zurückbringen, zurück in die Heimat.

Das Zuhause der Israeliten war verlorengegangen. Die Babylonier hatten Jerusalem erobert; es herrschte Krieg. Der Tempel wurde zerstört und der Großteil der Bevölkerung ins ferne Babylon verschleppt. Ihr Dasein mussten die Verschleppten fortan im Exil verbringen: ohne Tempel, ohne den Kult, ohne Zion. Entwurzelt, in einem fremden Land, lebten sie - und ihre quälende Frage lautete: »Wo ist unser Gott?«

Mitten in der Fremde also ruft sein Knecht dem Volk zu, ruft in dessen Fragen und Zweifel hinein: »Hört zu!« »Meine Worte sind zwar scharf wie ein Schwert und treffen ins Herz wie Pfeile, und doch arbeite ich vergeblich, verzehre meine Kraft umsonst, fühle mich unnütz.« So steht der Prophet vor uns (vgl. Jes 49,2–4). Er schaut auf seinen bisherigen Weg zurück und stellt frustriert fest:

»All mein Tun ist folgenlos geblieben. Wozu das alles? Was mache ich hier eigentlich?« Die Gewissheit seiner Erwählung, sein Vertrauen, schwindet. Er, der von Gott Berufene, ist zutiefst angefochten und sieht nicht, wohin sein Weg noch führen soll.

Liebe Schwestern und Brüder,

wir kennen das: Es gibt diese Stunden und Tage, in denen wir wie Schattengewächse dahinleben. Die Träume unserer Jugend – dahin; wie ein Windhauch zerstoben im Lauf der Zeit. Unsere hochfliegenden Ideale und Ziele – verweht wie Drachen im Wind, die sich losgerissen haben. Was hatten wir uns nicht alles vorgenommen? Und wie kärglich sieht demgegenüber die Ernte aus!

Der dänische Theologe und Philosoph Sören Kierkegaard hat diese Resignation, diese Verzweiflung an sich selbst, in seinem Buch »Die Krankheit zum Tode« in all ihren Formen und Facetten beschrieben. Und er kommt in seiner Analyse zu einem denkwürdigen Ergebnis. Er meint, dass es keinen anderen Weg zum Heil gibt, als mitten durch die Verzweiflung hindurchzuschreiten.[1] Wir müssen erst ganz irrewerden an unserem Vermögen, aus uns selbst etwas machen zu können, müssen vielmehr loslassen, uns verabschieden von all den Plänen, unserem Leben eigenmächtig Bestand und Halt zu geben. Es gibt nichts Materielles, auch nichts Geistiges, mit dem wir uns ewigen Ruhm erwerben könnten.

1 Sören Kierkegaard, Die Krankheit zum Tode. Der Hohepriester – der Zöllner – die Sünderin, Gütersloh 1978, S. 8–134.

Zeitlichen Ruhm vielleicht, aber nie und nimmer einen Namen für die Ewigkeit.

Wie aber soll im Durchgang durch die Verzweiflung, durch die herbe Enttäuschung an uns selbst, der Weg zum Heil eröffnet werden? Ich möchte dazu aus dem Brief eines anderen Theologen, nämlich Dietrich Bonhoeffers, zitieren, der so etwas wie sein Vermächtnis enthält. Er, der Mann in der Blüte seiner Kraft, der im Angesicht seiner drohenden Hinrichtung alle Pläne seines Lebens fahren lassen muss, schreibt 1944 aus dem Gefängnis an seinen Freund Eberhard Bethge: »Lange Zeit dachte ich, ich könnte glauben lernen, indem ich selbst so etwas wie ein heiliges Leben zu führen versuchte [...]. Später erfuhr ich, und ich erfahre es bis zur Stunde, dass man erst in der vollen Diesseitigkeit des Lebens glauben lernt. Wenn man völlig darauf verzichtet, aus sich selbst etwas zu machen, sei es einen Heiligen oder einen bekehrten Sünder oder einen Kirchenmann [...], einen Gerechten oder einen Ungerechten, einen Kranken oder einen Gesunden - und dies nenne ich Diesseitigkeit, nämlich in der Fülle der Aufgaben, der Erfolge und Misserfolge, der Erfahrungen und Ratlosigkeiten leben, - dann wirft man sich Gott ganz in die Arme, dann nimmt man nicht mehr die eigenen Leiden, sondern die Leiden Gottes in der Welt ernst, dann wacht man mit Christus in Gethsemane, und ich denke, das ist Glaube [...] und so wird man ein Mensch, ein Christ. [...] Ich bin dankbar, dass ich das habe erkennen dürfen, und ich weiß, dass ich es nur auf dem Weg habe erkennen können, den ich nun einmal gegangen bin. Darum denke ich dankbar an Vergangenes und Gegenwärtiges.«[2] Ganz auf Gott zu vertrauen und nichts mehr aus sich selbst machen zu müssen, das heißt freilich nicht: untätig zu sein, ganz im Gegenteil! Es heißt vielmehr, wie Bonhoeffer sagt, in der Fülle der Diesseitigkeit und ihrer Aufgaben im Hier und Jetzt zu leben, ohne nach höherer Anerkennung mehr schielen zu müssen.

Eben das bekennt auch der Sänger am Ende seines Liedes: Er schaut nicht mehr auf den Erfolg seines Auftrags, sondern besinnt sich auf den Grund seines Seins. Nicht in seinen Taten ist er verankert, auch nicht im Urteil der Menschen. Nicht sie entscheiden über Erfolg und Misserfolg, vielmehr ist es der gnädige Blick Gottes, der allein ihm Ansehen verleiht. »Ich bin wertgeachtet vor dem Herrn«, singt er, »mein Gott ist meine Stärke« (Jes 19,5); und dieser spricht: »Es ist zu wenig, dass du mein Knecht bist, [...] die Zerstreuten Israels wiederzubringen, sondern ich habe dich zum Licht der Völker gemacht, dass mein Heil reiche bis an die Enden der Erde« (Jes 49,6). Er: nur ein Knecht. Wir: Menschen, endliche Geschöpfe aus Fleisch und Blut, doch von Gott erhoben, von ihm gerufen und zum Licht in die Welt gestellt. Nicht, um *unser* Licht leuchten zu lassen, sondern das Licht *Gottes*, damit sein Heil erreiche die ganze Welt – und allen Zweifel und alle Dunkelheit vertreibe.

2 Dietrich Bonhoeffer, Werke, Bd. 8: Widerstand und Ergebung: Briefe und Aufzeichnungen aus der Haft, hrsg. von Christian Gremmels / Eberhard Bethge / Renate Bethge, München 1998, S. 541–543.

Unsere Hoffnung kann zuweilen abnehmen und unser Glaube schwinden; doch Gottes Verheißung bleibt bestehen! Er hat »Ja« zu uns gesagt, ehe wir waren. Er ist unser Licht, das nie aufhören wird zu leuchten, wie dunkel uns die Welt auch erscheint. Diese Zusage, nie wird sie verstummen!

Amen.

Predigt am 21. Sonntag nach Trinitatis*

Jeremia 29,1.4–7.10–14

[1]Dies sind die Worte des Briefes, den der Prophet Jeremia von Jerusalem sandte an den Rest der Ältesten, die weggeführt waren, an die Priester und Propheten und an das ganze Volk, das Nebukadnezar von Jerusalem nach Babel weggeführt hatte.
[4]So spricht der Herr Zebaoth, der Gott Israels, zu allen Weggeführten, die ich von Jerusalem nach Babel habe wegführen lassen: [5]Baut Häuser und wohnt darin; pflanzt Gärten und esst ihre Früchte; [6]nehmt euch Frauen und zeugt Söhne und Töchter, nehmt für eure Söhne Frauen und gebt eure Töchter Männern, dass sie Söhne und Töchter gebären; mehrt euch dort, dass ihr nicht weniger werdet. [7]Suchet der Stadt Bestes, dahin ich euch habe wegführen lassen, und betet für sie zum Herrn; denn wenn's ihr wohlgeht, so geht's euch auch wohl.
[10]Denn so spricht der Herr: Wenn für Babel siebzig Jahre voll sind, so will ich euch heimsuchen und will mein gnädiges Wort an euch erfüllen, dass ich euch wieder an diesen Ort bringe. [11]Denn ich weiß wohl, was ich für Gedanken über euch habe, spricht der Herr: Gedanken des Friedens und nicht des Leides, dass ich euch gebe Zukunft und Hoffnung. [12]Und ihr werdet mich anrufen und hingehen und mich bitten, und ich will euch erhören. [13]Ihr wer-

* Gottesdienst am 21.10.2018 im Berliner Dom.

det mich suchen und finden; denn wenn ihr mich von ganzem Herzen suchen werdet, [14]so will ich mich von euch finden lassen, spricht der Herr, und will eure Gefangenschaft wenden und euch sammeln aus allen Völkern und von allen Orten, wohin ich euch verstoßen habe, spricht der Herr, und will euch wieder an diesen Ort bringen, von wo ich euch habe wegführen lassen.

Liebe Gemeinde!
siebzig Jahre, schreibt Jeremia, siebzig Jahre wird das Exil noch dauern (vgl. Jer 29,10). Drei Generationen bis zur Rückkehr nach Jerusalem: »Erst Eure Enkel werden es erleben; Ihr nicht mehr!« Harte Worte mutet der Prophet den Menschen in der Fremde zu. Was ist passiert?

Wir befinden uns im 6. Jahrhundert vor Christus. Babylonische Truppen haben die Israeliten geschlagen und Jerusalem erobert. Und der babylonische König Nebukadnezar weiß, wie er der Stadt am meisten schadet: Er deportiert die Oberschicht. Gelehrte, Handwerker, Menschen mit Wissen und Können – sie siedelt er in Babylon an. Der König ist großzügig. Die neuen Bürger bekommen Wohnungen und Arbeit; sie genießen Religionsfreiheit. Doch die Israeliten sitzen, so heißt es, »an den Wassern zu Babel und weinten« (Ps 137,1). Dies deshalb, weil sie nicht mehr an dem Ort leben und beten dürfen, der zuvor ihre Heimat war. Vor Verzweiflung haben sie ihre Harfen an die Weiden gehängt: Kein Lied kommt mehr über ihre Lippen.

Während Jeremia mit einem kleinen Rest in der zerstörten Stadt Jerusalem zurückbleibt, verbringen die nach

Babylon Verbannten ihre Tage trostlos, wie gelähmt und traumatisiert. Sie wissen nicht weiter und können ihre Trauer kaum bewältigen. Schreckliches haben sie erlebt. Eine Perspektive für ihr Leben sehen sie nicht. Getrieben sind sie vom Entsetzen über das Erlebte, von der Klage über ihr Schicksal und der Sehnsucht zurück: zurück nach Hause, zurück in die heile Vergangenheit. In dieser Situation schreibt ihnen der Prophet einen Brief: »Nein!«, sagt er, »nicht in der Vergangenheit, in der Gegenwart siedelt Euch an. Da ›baut Häuser‹ und ›pflanzt Gärten‹ und versucht, zu gedeihen. ›Nehmt Euch Frauen und zeugt Söhne und Töchter‹. ›Suchet der Stadt Bestes, dahin ich Euch habe wegführen lassen, und betet für sie zum Herrn; denn wenn's ihr wohlgeht, so geht's Euch auch wohl. Denn ich weiß wohl, was ich für Gedanken über Euch habe, spricht der Herr: Gedanken des Friedens und nicht des Leides, dass ich Euch gebe Zukunft und Hoffnung‹« (vgl. Jer 29,4–11).

Jeremia geht in seinem Brief aber noch einen Schritt weiter: Er beantwortet zugleich die wichtigste Frage der Exilierten, die Frage danach, wo Gott ist – jetzt, da es ihnen so schlecht geht und sie heimatlos geworden sind. Wo all das, worauf sie sich bisher verlassen haben, nicht mehr da ist und nicht mehr gilt: fern von Jerusalem, fern vom Tempel, fern vom Ort des allein legitimen Kultes; und also fern von Gott, fern von Lebenserfüllung und Ganzheit, fern von dem, was das hebräische Wort »Schalom« für sie besagt.

Es ist die Frage des Glaubens in der schwersten Krise: »Wo ist Gott?« Und Jeremia antwortet: »›Wenn ihr mich anruft und zu mir betet‹, spricht Gott, der Herr, ›so will ich euch hören. Wenn ihr mich sucht, werdet ihr mich finden.‹« (vgl. Jer 29,12 f.). Gott ist da, auch in der Fremde, auch in der Verbannung; an jedem Ort der Erde, wo immer sein Volk verstreut sein mag. Er ist ein mitgehender Gott. Deshalb gibt es Schalom, Heil und Wohlergehen, auch im Exil. Auch dort lässt Gott sich finden: in der Gegenwart, in Babylon, am unwirtlichen Ort, sodass das, was das Ende zu sein scheint, Neubeginn ist.

Dass Gott jetzt und hier Gewissheit schenkt, dass Menschen selbst in größter Not nicht allein und verlassen sind, sondern getragen, geborgen und verwurzelt; dass Gott auch im Dunkel der sein wird, der er ist und immer schon war: der Gott des Friedens allen, die ihn anrufen, das ist das Revolutionär-Neue, das Hoffnungsvolle, das Tröstende, das Jeremia den Exilierten zusagt. »Darum lebt in der Gegenwart, richtet Euch ein und schlagt Wurzeln an dem Ort, an dem ihr jetzt gerade seid. Lasst Euch nicht beirren durch falsche Propheten, die Euch Fremdenfeindlichkeit und Hass gegenüber Babylon einflüstern und zu revanchistischen Träumen verführen wollen. Die Sehnsucht zurück und einfache Antworten auf schwierige Fragen sind nichts als böse Irrwege. Denkt um! Denkt nicht zurück! Denkt nach vorn!« (vgl. Jer 29,5–9).

Liebe Gemeinde, ich weiß nicht, wie es Ihnen geht. Ich höre die Botschaft des Jeremia heute als ein Wort an Fremde in der Fremde, an Geflüchtete im Asyl, an Heimatlose auf Heimatsuche. Was uns auf Anhieb für deutsche Auslandsgemeinden überall auf der Welt einleuchtet – nämlich, dass sie dort Heimat finden wollen, Häuser bauen können, Gärten pflanzen werden, Kinder und Enkel bekommen und in alledem auch ihre eigene Tradition pflegen dürfen – eben dies wollen viele im eigenen Land den Asylsuchenden und Migranten nicht zubilligen. Bereits vor dreißig Jahren, als die ersten russlanddeutschen Aussiedler aus Kasachstan nach Deutschland kamen und ihre kirchlichen, kulturellen und sprachlichen Traditionen weiterpflegten, taten wir uns schwer. Noch schwerer tun wir uns offensichtlich mit den Geflüchteten unserer Tage, die hierherkommen, um vorerst, ja vielleicht für immer zu bleiben.

Was mögen die Babylonier gedacht haben, als sie Jeremias Brief in die Finger bekamen? »Baut Häuser und wohnt darin; pflanzt Gärten und esst ihre Früchte; [...] mehrt euch, dass ihr nicht weniger werdet« (Jer 29,5 f.). »Sucht den Schalom der Stadt Babel, denn in ihrem Schalom wird euch Schalom zuteil« (vgl. Jer 29,7). Bei Jeremia gehen Frieden und Wohlergehen aus von jenen, die gerade das Gegenteil erlebt haben. Sie beten für ihre Entführer, sie setzen auf Integration und überwinden »das Böse mit Gutem« (Röm 12,21). Zusammen mit den Einheimischen treten sie denen gegenüber, die Ressentiments und Wut, Hass und pure Aggressivität in die verunsicherten Stadtgesellschaften tragen. Derartige Entäußerungen aber sind das Gegenteil von Schalom: Sie sind Gewalttaten ohne Waffen. Mit ihnen will man nicht überzeugen, sondern Menschen erniedrigen, einschüchtern, mundtot machen.

Mut und Haltung braucht es da, um das Gespräch über die Gräben unserer Gesellschaft hinweg zu suchen. Selbst bei denen, die nicht argumentieren, sondern ihren Hass auf die Straße treiben, kann es Erfolg haben, auf Einzelne zuzugehen; sie zurückzuholen in den Raum von Dialog und Debatte, von Austausch und sinnvollem Streit. Heute, wo wir in so vielen Bereichen die Verlockung zum Zurück erleben, zu einer angeblich so goldenen Vergangenheit mit nationaler und religiöser Einheitlichkeit, wo viele die Flucht antreten vor der Komplexität der Welt und den Widersprüchen um uns herum, da macht Jeremia sensibel und kritisch zugleich: »Schaut genau hin, welches Bild Euch Nationalisten und Populisten malen. Legen sie Euch wirklich eine Zukunftsvision vor, die Aussicht hat, Euer Leben in einer immer stärker vernetzten Welt gut zu gestalten? Oder handelt es sich schlicht um Retro-Politik, die vom Wunderglauben an goldene Zeiten lebt und überdies von einem schlechten Gedächtnis, das wir ja alle mitunter haben?«

Gottes Schalom schließt nicht aus, sondern schließt ein. Er schafft Frieden und Wohlstand nicht durch Abgrenzung und Zäune, sondern indem Menschen – Einheimische und Fremde – sich füreinander öffnen. Gottes Schalom bleibt der Wahrheit verpflichtet und sät weder Hass noch Neid. Er gewährt Heimat nicht als rückwärtsgewandte Utopie, sondern als zukunftsoffene Gegenwart. Darum lebt zusammen, solidarisch! Gestaltet Konflikte um in fruchtbare Kontraste! »Sucht der Stadt Bestes und betet für sie [...]; denn wenn‘s ihr wohlgeht, so geht’s auch euch wohl!« (Jer 29,7).

Amen.

Predigt am Reformationsfest*

Galater 5,1–6

[1]Zur Freiheit hat uns Christus befreit! So steht nun fest und
lasst euch nicht wieder das Joch der Knechtschaft auf-
legen! [2]Siehe, ich, Paulus, sage euch: Wenn ihr euch be-
schneiden lasst, so wird euch Christus nichts nützen. [3]Ich
bezeuge abermals einem jeden, der sich beschneiden lässt,
dass er das ganze Gesetz zu tun schuldig ist. [4]Ihr habt
Christus verloren, die ihr durch das Gesetz gerecht werden
wollt, aus der Gnade seid ihr herausgefallen. [5]Denn wir
warten im Geist durch den Glauben auf die Gerechtigkeit,
auf die wir hoffen. [6]Denn in Christus Jesus gilt weder Be-
schneidung noch Unbeschnittensein etwas, sondern der
Glaube, der durch die Liebe tätig ist.

Liebe Gemeinde,
»zur Freiheit hat uns Christus befreit« (Gal 5,1), was für ein starkes Wort an diesem Reformationstag! Wir brauchen solche Worte - als Land - nach zweieinhalb Jahren Pandemie. Nach so vielen Monaten der Verzagtheit, der Verunsicherung, der Verwundung durch ein Ereignis, das uns wie kein anderes in der jüngsten Vergangenheit unsere Grenzen aufgezeigt hat: Grenzen des Machbaren, des Kontrollierbaren, Grenzen unserer Autonomie.

* Gottesdienst am 31. 10. 2022 in der Abteikirche in Otterberg.

Wir brauchen ein solches Hoffnungswort aber auch angesichts des Unfassbaren, das seit acht Monaten in der Ukraine geschieht. Mir sind die Tränen gekommen, als ich das Bild von der hochschwangeren Frau sah, die von Helfern auf einer Trage durch die Ruinen der Geburtsklinik von Mariupol geschleppt wurde; allerdings zu spät. Ihr Kind hat den Anschlag nicht überlebt. Dieses Bild steht für die ganze Sinnlosigkeit und Abgründigkeit dieses Krieges, der niemals Gewinner, sondern nur Verlierer hervorbringt; auch für die Verblendung eines Aggressors, der die Mindeststandards des internationalen Rechts und menschliche Grundregeln Tag für Tag mit Füßen tritt.

Wir brauchen solche Hoffnungsworte nicht zuletzt auch als Kirche: angesichts der Mutlosigkeit, die sich zuweilen unter uns breit macht. Viele engagieren sich mit Energie, mit Kreativität und guten Ideen für ihre Gemeinden und empfinden doch angesichts der hohen Austrittszahlen vor allem: Frustration.

Ja, wir begehen das Reformationsfest in diesem Jahr in einer Zeit großer Verunsicherung; einer Zeit, in der wir darum ringen, die Zuversicht nicht zu verlieren, uns nicht überwältigen zu lassen von der Übermacht der Krisen und Herausforderungen; in der wir aber auch spüren, dass uns Kraft und Hoffnung geschenkt wird, mit alledem umzugehen; in der wir merken: Herausforderungen erfordern Veränderung. Und wo wir uns auf Veränderung, auf Erneuerung einlassen, da können wir die Erfahrung machen, dass die Kraft dadurch nicht kleiner, sondern größer wird. Darum lasst uns dankbar und erhobenen Hauptes nicht nur aus der stärksten Botschaft der Welt leben, sondern sie auch voll des Geistes – und darum begeistert – weitergeben; denn: »Zur Freiheit hat uns Christus befreit! So steht nun fest und lasst euch nicht wieder das Joch der Knechtschaft auferlegen!« (Gal 5,1).

Es war dieser Ruf in die Freiheit, der vor mehr als fünfhundert Jahren zu einer Reformation, zu einem Aufbruch der Kirche, führte. Wie Mehltau hat die geistliche Kraftlosigkeit auf der damaligen Zeit gelegen. Geschäfte hat man gemacht mit der Angst der Menschen. Die hohen geistlichen Ämter waren nicht Orte, von denen Kraft und Vollmacht ausging, sondern sie waren eine Ware, die zur Sicherung der Macht erworben werden konnte. Nicht mehr Christus stand im Zentrum, sondern eine klerikale Ordnung, die den Weg zu ihm verbaute.

Ganz Christus zu gehören – und darum den Mächten und Gewalten und also dem, was uns offen oder verdeckt unterdrückt und in die Enge treibt, zu trotzen – das hingegen ist der tiefste Grund der Freiheit. Gott liebt mich in Christus bedingungslos. So darf ich mich voller Vertrauen in seine Arme werfen und die Suche nach mir selbst in der Beziehung zu ihm an ihr Ziel kommen lassen. Indem wir Christus gehören, finden wir uns selbst. Da brauchen wir uns nicht mehr vor Anderen oder vor unserem eigenen Ich zu beweisen, sondern wir dürfen sein, dürfen leben, dürfen aufatmen: als freie Menschen, die niemandem, auch sich selbst nicht, untertan sind.

Weil wir innerlich keine Getriebenen mehr sind, nicht mehr aus der Angst leben, zu kurz zu kommen, vielmehr den Geist der Kraft und der Liebe und der Besonnenheit in unsren Herzen spüren (vgl. 2. Tim 1,7), darum können wir aus Freiheit dem Nächsten dienen, allen Egoismus überwinden und uns, solidarisch mit den Schwächsten, auch für das Gemeinwohl engagieren.

Um diesen Geist beten wir, auch heute. Es ist der Geist der Liebe. »Denn in Christus Jesus«, sagt Paulus, »gilt weder Beschneidung noch Unbeschnittensein etwas, sondern der Glaube, der durch die Liebe tätig ist« (Gal 5,6). Dementsprechend hat Martin Luther wieder und wieder deutlich gemacht, dass es genau dieser Geist der Liebe ist, der die Freiheit eines Christenmenschen ausmacht. In seiner Freiheitsschrift kann er darum sagen: »Sieh, so fließt aus dem Glauben die Liebe und die Lust zu Gott und aus der Liebe ein freies, williges, fröhliches Leben, dem Nächsten umsonst zu dienen.«[1]

Damals konnten diese Sätze die Kirchenspaltung nicht verhindern. Heute sind sie zentral für ihre Überwindung! Es war die Liebe, es waren die Beziehungen und Freundschaften, auch die Einsicht, dass wir nicht allein Kirche sind, sondern die anderen Kirchen brauchen, um ganz und vollständig werden zu können, die uns in den letzten Jahren geholfen haben, gerade als evangelische und katholische Kirche wieder näher zusammenzurücken. Denn keiner glaubt unserer Botschaft, wenn wir die Liebe, die mit ihr untrennbar verbunden ist, nicht auch selber ausstrahlen. Keiner hört unsere Appelle, gesellschaftliche

1 Martin Luther, Von der Freiheit eines Christenmenschen (1520), in: ders., Ausgewählte Schriften, hrsg. von Karin Bornkamm und Gerhard Ebeling, Bd. 1, S. 260.

Spaltungen zu überwinden, wenn wir nicht unsere eigenen Spaltungen hinter uns lassen und, im wörtlichen Sinn, wie einst hier, in dieser Abteikirche zu Otterberg, trennende Mauern mutig niederreißen.

Lasst uns eine einladende Kirche sein! Lasst uns unsere konfessionellen Traditionen achten und ehren und hochhalten, nicht, um sie länger zur Basis von Abgrenzung und Trennung zu missbrauchen, sondern um uns wechselseitig einander Anteil zu geben – und uns mit unseren Schätzen zu beschenken und zu bereichern. Zählt doch auch im ökumenischen Miteinander allein der Glaube, der durch die Liebe tätig ist!

Wenn wir dem Zeugnis des Apostels Paulus und seiner Aufnahme durch die Reformation treu bleiben wollen, ist es darüber hinaus unsere Aufgabe, sich für die Lebensinteressen von Menschen einzusetzen – überall in der Welt und vor unserer eigenen Haustür. Konkret heißt das für mich in der aktuellen Situation: Niemand darf in diesem Winter frieren müssen, ohne zu wissen, wohin er sich wenden kann, um es warm zu haben. Niemand darf in diesem Winter seine wirtschaftliche Existenz verlieren und ins Nichts fallen, ohne dass Andere da sind, die ihn auffangen. Und niemand darf in diesem Winter in Verzweiflung geraten, ohne dass ein Nachbar oder eine Freundin da ist, der oder die sagt: »Kann ich etwas für Dich tun?« Lasst uns in diesem Winter als Kirche Wärme-Netzwerke bilden! Netzwerke, die sowohl im Blick auf die Temperatur als auch im Blick auf die menschlichen Beziehungen Wärme ausstrahlen. Lasst uns öffentlich eintreten für die besonders Verletzlichen – gerade im globalen Süden, die von der Energiekrise besonders betroffen sind und so leicht vergessen werden. Lasst uns die Augen offen halten für Menschen, die in Not sind, sie aber aus Scham nicht zeigen wollen. Lasst uns unsere Herzen und, wo wir können, auch unsere Geldbörsen öffnen, um Anderen beizustehen, damit wir alle dazu beitragen, dass der kommende Winter nicht als Kältewinter in die Geschichte eingeht, sondern als Winter der Mitmenschlichkeit: sodass die, die mit uns leben, die Liebe auch spüren, die der Geist Jesu in uns wirkt. Und lassen wir sie wissen, wohin sie sich wenden können, wo Orte der Inspiration sind, wenn auch sie die Quelle der Freiheit und der Nächstenliebe in ihrem eigenen Leben entdecken wollen.

Diese – in ihrem Glanz und in ihrer Schönheit – so eindrucksvolle Abteikirche, sie ist für mich solch ein Ort! Ein Raum, an dem wir den Segen, der über acht Jahrhunderte in die Mauern dieser Kirche eingeschrieben worden ist und den sie jetzt ausstrahlen, in uns aufnehmen können. Deswegen danke ich Gott an diesem Reformationstag für diese Kirche, die seit 1981 von Katholiken und Protestanten gemeinsam als Simultankirche genutzt wird. Möge Gott Euch alle, die Ihr hier ein- und ausgeht, mit seinem Schutz und Segen begleiten.

Amen.

Predigt am Ewigkeitssonntag*

Matthäus 25,1–13

[1]Dann wird das Himmelreich gleichen zehn Jungfrauen, die ihre Lampen nahmen und gingen hinaus, dem Bräutigam entgegen. [2]Aber fünf von ihnen waren töricht und fünf waren klug. [3]Die törichten nahmen ihre Lampen, aber sie nahmen kein Öl mit. [4]Die klugen aber nahmen Öl mit in ihren Gefäßen, samt ihren Lampen. [5]Als nun der Bräutigam lange ausblieb, wurden sie alle schläfrig und schliefen ein. [6]Um Mitternacht aber erhob sich lautes Rufen: Siehe, der Bräutigam kommt! Geht hinaus, ihm entgegen! [7]Da standen diese Jungfrauen alle auf und machten ihre Lampen fertig. [8]Die törichten aber sprachen zu den klugen: Gebt uns von eurem Öl, denn unsre Lampen verlöschen. [9]Da antworteten die klugen und sprachen: Nein, sonst würde es für uns und euch nicht genug sein; geht aber zu den Händlern und kauft für euch selbst. [10]Und als sie hingingen zu kaufen, kam der Bräutigam; und die bereit waren, gingen mit ihm hinein zur Hochzeit, und die Tür wurde verschlossen. [11]Später kamen auch die andern Jungfrauen und sprachen: Herr, Herr, tu uns auf! [12]Er antwortete aber und sprach: Wahrlich, ich sage euch: Ich kenne euch nicht. [13]Darum wachet! Denn ihr wisst weder Tag noch Stunde.

* Gottesdienst am 26. 11. 2006 in der Gedächtniskirche der Protestation in Speyer.

Liebe Gemeinde!
Jesus erzählt ein Gleichnis aus dem Leben. Er inszeniert vor unseren Augen eine orientalische Hochzeit. Wir sehen den Zug der Mädchen, die mit ihren brennenden Öllampen nach draußen, vor die Stadttore ziehen. Dort warten sie - nach alter Sitte - auf den Bräutigam, um ihn im festlichen Zug der Braut zuzuführen. Und natürlich waren sie dann auch zum Hochzeitsfest eingeladen. Manchmal verzögerte sich die Ankunft eines Bräutigams erheblich. Denn zuvor mussten Verhandlungen über die Höhe der Mitgift der Frau geführt werden, und freilich gebührte es sich - um der Ehre willen - sich nicht zu schnell einig zu werden.

Hochzeit, Fest, Bräutigam, brennende Lichter: Jesus malt dieses helle, einladende Bild, um weiterzusagen, was schon jetzt im Werden ist: *Gott ist mit seiner Liebe im Kommen*! Wie der Bräutigam, kommt auch er mitten in unseren Alltag hinein: Hier und jetzt, in unserer Wirklichkeit, da will Gott sein Fest feiern; eins werden mit dem Leben und es verwandeln. Kurt Marti hat es treffend in seinem Lied ausgedrückt: »Der Himmel, der kommt, / grüßt schon die Erde, die ist, / wenn die Liebe das Leben verändert« (EG 153,5). Ein helles, ein freundliches Bild, Hinweis auf Gottes Nähe, auf den Gott, der alle Tränen abwischen wird, der Trauer in Freude verwandelt und den Tod in Leben (vgl. Offb 21,4).

Doch inmitten dieser hellen und einladenden Bilderwelt stoßen wir in unserem Gleichnis auf jenes *andere Bild*, auf das Bild von der verschlossenen Tür: Und die jungen Frauen tun mir leid, die zu wenig Öl dabeihatten und nun draußen bleiben müssen.

Ist denn jemand davor gefeit, eines Nachts aufzuwachen und zu merken: Der Glaube ist weg! Die Liebe ist weg! Die Hoffnung ist weg! Alles ist ausgebrannt und leer: Das ist doch auch Teil unserer Lebens- und Glaubenserfahrung. Wenn nichts mehr ist, wie es einmal war. Und wir das Schwerste im Leben lernen müssen: das Loslassen! Verlusterfahrungen; Abschiede mitten im Leben; das Scheitern einer Liebe; das Ende einer Freundschaft; die Trauer um einen geliebten Menschen: Wenn nichts mehr ist, wie es war …

Draußen strahlt die Sonne vom Himmel. In den Straßencafés genießen Menschen den Sommertag. Die Stadt ist voller Heiterkeit und Leben. »Aber um mich herum«, schreibt der junge Mann, der vor kurzem seine Partnerin verloren hat, »ist keine Sonne, in mir ist kein Leben mehr. Ich laufe durch die Straßen als einer, der nicht mehr dazugehört zu dem bunten Treiben.« Das ist wie in dem Lied voller Trauer und Liebe des Musikers Herbert Grönemeyer, das er für seine verstorbene Frau textete: »Ich kann nicht mehr sehen / Trau' nicht mehr meinen Augen / Kann kaum noch glauben / Gefühle ha'm sich gedreht […].«[1]

Nicht mehr am Leben teilnehmen können, ausgesperrt sein von allem Frohen, Leichten und Hellen, nur noch irgendwie funktionieren: das ist die Erfahrung von Trauernden. Jemand stirbt – und es ist, wie wenn eine Tür zuschlägt! Das Öl der unbeschwerten Leichtigkeit, das

1 Herbert Grönemeyer, Der Weg, in: ders., Mensch [Audio-CD], EMI-Electrola, Köln [2022].

Öl der Freude, ist verbraucht. Die Tür zum Leben: verschlossen.

Liebe Gemeinde, wir begehen heute den Ewigkeitssonntag, der auch Totensonntag genannt wird. Unter uns sind viele, die in den vergangenen Wochen und Monaten erfahren mussten, wie das ist, wenn nichts mehr ist, wie es einmal war. Sie, Sie mussten Erfahrungen machen, die Ihnen den Glauben, die Liebe und die Hoffnung angefochten haben!

Das Öl, das Leben, wie ausgebrannt und leer. Ein lieber Mensch, ein naher Angehöriger; eine Person, mit der Sie verbunden waren in Freud und Leid: als Ehemann oder Ehefrau, als Eltern oder Kinder, als Freund oder Freundin – er oder sie ist aus Ihrer Mitte herausgerissen worden. Ein Mensch, mit dem Sie zusammengelebt haben, der vielleicht sogar ein Stück Ihres eigenen Lebens gewesen ist. Ein Mensch, der mit seinem Tod offene Fragen bei Ihnen hinterlassen hat, vielleicht auch Vorwürfe und Schuldgefühle: Dieser Mensch ist nicht mehr. Jemand stirbt, und es ist, wie wenn eine Tür zuschlägt.

Aber, liebe Trauernde, wenn es ein Tor wäre, hinter dem sich *andere Landschaften* auftun? Öffnet uns dieses Gleichnis, das Jesus aus dem Leben erzählt, nicht einen Spalt Licht? Es lässt uns Worte sehen und verstehen, streift Dich und mich, und die funkelnden Bilder der Festfreude ergreifen uns ganz unmittelbar.

Ich kenne noch Auslegungen dieses Gleichnisses als dunkle Mahnung, den Tod ernst zu nehmen, sich darauf einzustellen, dass wir dem Gericht entgegengehen, dass es da zur Scheidung kommen wird: zwischen denen, die klug vorgesorgt und Öl für ihre Lampen mitgenommen haben – und denen, die ohne Vorrat losmarschiert sind.

Wie anders aber, wenn der Heiland des Lebens uns *das Verlockende, das Tröstliche* in diesem Gleichnis zuspielt! Denn das ist hier doch das Entscheidende: Wenn wir durch die Tür des Todes gehen, erwartet uns ein *Festsaal*, ein *Raum reiner, unfasslicher Bejahung*. Auf dieses Haus aus Licht mit seiner allerneuernden Klarheit, dieses Fest unendlicher Güte, gehen wir zu, und eine große Gemeinschaft erwartet uns und ein Tisch, der für uns gedeckt ist, an dem wir nicht nur satt werden an Speisen, sondern satt an Glück und Leben: »Kein Aug hat je gespürt, / kein Ohr hat mehr gehört / solche Freude« (EG 147,3). Leben im Glanz der schöpferischen Liebe Gottes, die niemals aufhört, die alles trägt, die alles heilt, die alles wieder gut macht. Unseren Toten fehlt nichts. Sie leben in nie endender Herrlichkeit. Sie haben volle Genüge.

Alle Gleichnisse Jesu wollen solche leuchtenden Hoffnungsbilder vermitteln. Sie wollen Öl auf unseren Glauben gießen. Sie wollen glänzen und atmen und klingen – gerade in der Nacht der Anfechtung und des Todes: damit wir im Ernstfall etwas haben, worauf wir zurückgreifen können.

Die Hoffnung, die uns trägt, ist die Osterhoffnung. Das letzte Wort im Himmel und auf Erden wird *Gott* behalten. Die Tränen des Sohnes hat er bereits abgewischt. In ihm hat die ewige Liebe ihre Augen schon aufgeschlagen: welch ein Erbarmen! Als Kind kam er in diese Welt, machte sich verletzlich und arm – bis zum eigenen Tod. Der Tod Gottes aber ist nicht das Ende der Geschichte, sondern *der Anfang*! Der Anfang einer Liebe, die je und je neu im Kommen ist: als Kraft der Verwandlung und des Trostes - uns als Energie, die Frieden und Versöhnung stiftet. Im festen Vertrauen auf ihn, auf Jesus Christus, das Ja Gottes, bitten und hoffen wir, dass auch wir genug Öl und Licht haben, um in dunklen Stunden zu bestehen. Dass auch wir am Ende mit dem Apostel Paulus singen können: »Der Tod ist verschlungen in den Sieg. Tod, wo ist dein Stachel? Hölle, wo ist dein Sieg? [...] Gott aber sei Dank, der uns den Sieg gibt durch unsern Herrn Jesus Christus!« (1. Kor 15,54-57).

Amen.

Anhang:

Trauerpredigt für Oberkirchenrat i. R. Dr. jur. Hans Dieter Holtz*

1. Mose 24,56a

[56]*Da sprach er [Isaak] zu ihnen: Haltet mich nicht auf, denn der Herr hat Gnade zu meiner Reise gegeben.*

Liebe Familie Schulz, liebe Familie Ruffer,
liebe Trauergemeinde!
»Haltet mich nicht auf, denn der Herr hat Gnade zu meiner Reise gegeben« (1. Mose 24,56a). Diese Worte Isaaks standen unüberhörbar auch über den letzten Wochen seines Lebens. Er konnte nur noch das Krankenlager hüten, sein Atem war schwach, sein Sprachvermögen hatte er eingebüßt: ein schwerer Schlag für ihn, der doch ein Mann des Wortes war.
Er hatte seine letzte Reise angetreten. Zuletzt hielt ich seine Hand, versprach, ihn auf seinem letzten Weg zu begleiten, der ins Helle und Weite führe. Hier sei alles vollendet, werde alles gut.

Oft hatte er mir von seinen Reisen erzählt: Busreisen, Schiffsreisen, Flugreisen. In Europa liebte er vor allem Frankreich und Italien. Venedig war seine Lieblingsstadt. Aber seine Wege führten ihn weit darüber hinaus: nach Südamerika, in die USA, nach China.

* Gottesdienst am 15. 03. 2024 in der Trauerhalle des Friedhofs in Dudenhofen.

Während er zu Hause am liebsten mit sich alleine war und darum kaum einmal Besuch empfing, zog es ihn im Urlaub hinaus; dort pflegte er Gemeinschaft mit Freunden und knüpfte neue Kontakte.

Vielleicht zeigt sich dabei aber mehr noch ein Grundzug in seiner Person. In ihm vereinten sich nämlich, fast dialektisch, Gegensätze.

Einerseits fällte er harte Urteile, er konnte einem zuweilen das Fürchten lehren. Viel forderte er von seinen Mitarbeitenden. Und gleichzeitig stand er solidarisch hinter ihnen. Er feierte mit seinem Dezernat – fast wie mit seiner Familie – große Feste, von denen nur die Insider etwas wissen: das Nussbaumfest im Herbst, das Plätzchenfest im Advent, das Heringsessen am Aschermittwoch. Jeder Geburtstag wurde gebührend gefeiert. Und wenn's nachmittags Kaffee gab, musste die beste Torte auf den Tisch!

Wohl alle hatten wir Respekt vor ihm. Bei Besprechungen blieb er bewusst hinter seinem Schreibtisch sitzen, niemand sollte ihm zu nahe kommen. Er forderte Distanz ein – und wehe, man wahrte den Höflichkeitsabstand nicht! Kein Klagen im Unglück, kein Jubel in der Freude, das waren seine preußischen Maximen. Zugleich konnte er sich einem aber auch unversehens öffnen. So erzählte er, vor allem in letzter Zeit, von seiner großen Liebe, seiner Lebensliebe, von Hanna, die er in Berlin in der Tanzstunde kennenlernte. Mit ihr beging er den Abschlussball. Und mit ihr war er offiziell verlobt. Alte Bilder, Schwarz-Weiß-Fotos, hat er uns gezeigt, auf denen die beiden sichtbar glücklich beisammen sind. Man erkennt Hans Dieter Holtz sofort – und traut doch nicht seinen Augen! Zeitlebens litt er darunter, dass durch seinen Ortswechsel von Berlin nach Düsseldorf im Jahr 1962 diese Verbindung auseinanderging. »Wie anders wäre mein Leben mit ihr verlaufen?«, sinnierte er – mit Trauer und Melancholie in der Stimme.

Achtundzwanzig Jahre, von 1970 bis 1998, war Dr. Holtz weltlicher Oberkirchenrat der Pfälzischen Landeskirche. Und wenn ich gleich ein paar Schwerpunkte seiner Arbeit nenne, habe ich im Ohr, was er selbst beim Gedanken an seine Beerdigung sagte: »Man ist schlechter als der Nachruf und besser als sein Ruf. Möge die Differenz nicht zu groß sein.«

Als Leitender Jurist war er nicht nur für die großen Reformen unserer Kirchenverfassung in den 1970er- und 1980er-Jahren verantwortlich, sondern auch für das Dienst- und Arbeitsrecht. Die von ihm favorisierte strikte Bindung der Vergütung kirchlicher Angestellter an das Tarifwerk des öffentlichen Dienstes ist wohl sein größtes Verdienst. Dieser pfälzische Sonderweg garantiert schon seit Jahren bis heute eine Zufriedenheit sowohl der Dienstnehmer als auch der Dienstgeber, die ihresgleichen in der Evangelischen Kirche in Deutschland sucht!

Stolz war Dr. Holtz auch darauf, dass er im Landeskirchenrat nicht nur die Ebene der Referentinnen und Referenten etablierte, sondern unter den Kirchenjuristen vor allem Frauen förderte: Frau Renate Fluhrer, Frau Monika Weber, Frau Dr. iur. Frauke Hansen-Dix, Frau Karin Kessel und Frau Bettina Wilhelm, alle wurden sie von ihm eingestellt. Entsprechend war er auch als erster Dezernent für die Gleichstellungsstelle unserer Landeskirche zuständig. Frau Kessel wurde nach seiner Pensionierung seine Nachfolgerin, danach bekleidete Dieter Lutz, sein ehemaliger Referent, das Amt, und heute steht Frau Wilhelm, ebenfalls ehemalige Referentin von Dr. Holtz, dem Dezernat 6 vor: eine wahrhaft beeindruckende, kontinuierliche Successio!

Als ein entschiedener Verfechter der Volkskirche übernahm er deshalb auch Verantwortung im Bildungssektor und in der Diakonie: Jahrzehntelang war er für die Evangelische Fachhochschule in Ludwigshafen zuständig und beteiligte sich 1972 maßgeblich an der Gründung des Erziehungswissenschaftlichen Fort- und Weiterbildungsinstituts in Landau. Ebenso war er, der Bücherfreund, ein entschiedener Befürworter unserer landeskirchlichen Bibliothek. Nicht nur, dass er der - gleichfalls von ihm eingestellten - Bibliotheksleiterin, Frau Dr. theol. Traudel Himmighöfer, bei der Etablierung der neuen Räumlichkeiten am Roßmarkt freie Hand ließ; mit großem Interesse besuchte er auch die Veranstaltungen der Bibliothek, vor allem während der Reformationsdekade, und freute sich daran, wie stark diese in die Öffentlichkeit hinein ausstrahlten.

Parallel dazu engagierte er sich in dem zweiten großen Bereich, in dem wir subsidiär tätig sind, nämlich im Bereich der Diakonie. Und hier vor allem: im Evangelischen Diakoniewerk Zoar und seinen vielen Einrichtungen. In seinem Einsatz für die von ihm ins Leben gerufene Kirchliche Sozial- und Kulturstiftung verband er dann beide Anliegen, das Diakonische und die Bildungsverantwortung, und besuchte noch als Neunzigjähriger deren Sitzungen.

Was aber, liebe Frau Schulz und liebe Frau Ruffer, wäre das Leben von Dr. Holtz gewesen – ohne Sie?! Sie, liebe Frau Schulz, waren als junge Frau seine Mitarbeiterin. Sie wurden dienstlich von ihm gefordert und gefördert. Sie konnten sich, auf sein Betreiben hin, als Fachwirtin qualifizieren und leiteten als Nachfolgerin von Frau May sein Vorzimmer. Nach Eintritt in den Ruhestand bat er Sie, ihm weiterhin zur Hand zu gehen. Als seine »Gesellschafterin« bezeichnete er Sie, zugleich liebe- und achtungsvoll. Und als er im Jahr 2000 auf der Suche nach einer Haushaltskraft war, empfahlen Sie ihm Ihre Schwester.

So wurden Sie, liebe Frau Ruffer, für ihn die zweite Hauptperson. Sie hielten seine Wohnung in Ordnung, besorgten Einkäufe, waren ihm – je länger, je mehr – Stütze und Halt bei allen alltäglichen Vollzügen.

Mit der Zeit integrierten Sie beide Herrn Dr. Holtz in Ihre Familien, begingen die großen Feste mit ihm zusammen, kochten für ihn und hielten ihm in den letzten Jahren fast täglich – und auch in mancher Nacht – die Treue. Von ihm weiß ich, wie unendlich dankbar er Ihnen und Ihren Familien war. Und wenn er davon sprach, auch im Alter geborgen zu sein, dachte er ganz bestimmt an Sie, die wie beschützende Engel um ihn waren.

»Dieses Gefühl«, so bekannte er an seinem 80. Geburtstag, »dieses Wissen, mich in der Hand Gottes zu befinden, hat mich ein ganzes Leben begleitet und getragen bis zum heutigen Tag.« Dieses Vertrauen hat ihm auch auf seiner letzten Wegstrecke Trost und Halt gegeben.

»Haltet mich nicht auf, denn der Herr hat Gnade gegeben zu meiner Reise.« Am Anfang eines Menschenlebens, zu Beginn der Lebensreise, verzeichnen wir einen Stern vor dem Datum der Geburt; am Ende der Reise: das Kreuz. Mit Stern und Kreuz verorten wir alle, die uns begleitet haben und die wir hergeben müssen, auf der Landkarte unserer Lebensreise. Immer leuchtet da ein Stern auf – und dort ein Kreuz.

Das Kreuz hält die großen Gegensätze des Lebens zusammen und stiftet somit das Bewusstsein der Einheit inmitten der Vielzahl der Ereignisse. Im Kreuz durchdringen sich Tod und Leben, Werden und Vergehen. Die eine Seite des Kreuzes ist sichtbar, die andere unsichtbar. Die Seite des Todes gehört zur Erde, die der Auferstehung zum Himmel. Unaufhaltsam ist unsere irdische Reise bis zum Tod. Unaufhaltsam ist aber auch die Kraft der Auferweckung, die uns allen durch Jesus Christus verheißen ist.

Am Anfang der Stern – am Ende das Kreuz. Die Geburt ist ein Kommen aus Liebe und unser Sterben ein Hineingehen und Hineingenommenwerden in die Barmherzigkeit, die Gott selber ist. Und der Zwischenraum, unser irdisches Leben: ein Geschenk, um das Gewährte zu entfalten.

In Achtung und Dank erinnern wir uns an Hans Dieter Holtz. Wir behalten sein Bild im Herzen. Er ist nun befreit von Leid und Schmerz. Und wir wünschen ihm Frieden – ewigen Frieden in Gott.

Amen.

II. Predigten zu bestimmten Anlässen

1. Kirchenmusik

Predigt zu EG 7*

»O Heiland, reiß die Himmel auf«

Liebe Gemeinde!
»O Heiland, reiß die Himmel auf, / herab, herab vom Himmel lauf, / reiß ab vom Himmel Tor und Tür, / reiß ab, wo Schloss und Riegel für« (EG 7,1). Diese Worte sind stark. Die Sprache gerät außer Rand und Band. Es ist, als würde jemand mit der Faust an eine verschlossene Tür schlagen: so leidenschaftlich ist dieses Drängen, so durchdringend der Schrei!

Himmel und Erde sollen in Bewegung geraten, damit sich die Sehnsucht erfüllt und der Erlöser kommt: dass er heraustritt, fest und entschlossen, und die Welt endlich *anders* wird!

Dieses Lied kann man nicht mit hängendem Kopf singen. Und doch ist es ein Lied eines angefochtenen und verzweifelten Menschen. Der dieses Lied aufschrieb, Friedrich Spee (1591–1635), hätte allen Grund gehabt, den Kopf hängen zu lassen. Im Ursprung ist unser Lied aber ein *Protestlied* für eine ganze Generation, die das Grauen eines

* Gottesdienst am 18.12.2022 in der Gedächtniskirche in Speyer – Adventsmusik bei Kerzenschein.

äußerst brutalen und ungeheuer langen Krieges durchleiden musste. Das Entstehungsdatum – 1622 – ist im Gesangbuch vermerkt. Der Krieg, der dreißig Jahre lang währen sollte, 1618 bis 1648, war zu diesem Zeitpunkt bereits vier Jahre alt. Er hat ganze Gegenden Deutschlands zu Einöden gemacht. Mord, Raub und Brandschatzung griffen um sich: eine Zeit ungeheurer *Ängste*!

In dieser Situation findet der Dichter eine Sprache, die den Leidgeprüften damals wie heute ihre *Würde* zurückgibt, ihnen eine *Stimme* verleiht, mit der sie Gott um Gerechtigkeit anrufen, zu ihm klagen, mit ihm ringen, ihn bitten können: »O Heiland, *reiß* die Himmel *auf*« (EG 7,1). »*Reiß* die Türen *'raus*, *brich* die Himmelstüren aus der Angel und *komm herab*!«

Dieses ungewohnt-temperamentvolle Bild nimmt die Vision des Jesaja auf, die wir in der alttestamentlichen Lesung gehört haben: »Ach, dass du den Himmel zerrissest und führest herab, dass die Berge vor dir zerflössen« (Jes 63,19b; 64,1), heißt es in der prophetischen Anrufung Gottes. Es ist der ganz direkte Wunsch nach Gottes Gegenwart in einer Welt, die aus den Fugen geraten und von Gewalt zerrissen ist.

Auch wir leben zurzeit in einer Ausnahmesituation. Es scheint, dass die Krisen und Herausforderungen uns nicht nacheinander erreichen, sondern sie alle auf einmal auf uns hereinbrechen: Seit zehn Monaten herrscht Krieg in der Mitte Europas. Unablässig verschlingt er Menschen und Tiere, Häuser und Gärten, Hab und Gut. Wie viele müssen noch geopfert werden in der Sinnlosigkeit und Abgründigkeit dieses Krieges, bis die russischen Machthaber einsehen, dass es hier niemals Gewinner, sondern nur Verlierer geben kann? »Es ist alles noch viel furchtbarer, als wir uns das in Deutschland vorstellen«, sagte kürzlich Bundespräsident Frank-Walter Steinmeier in Kiew, und ich glaube ihm.

Auch wissen wir nicht, wie dauerhaft die Auswirkungen auf die Wirtschaft und die Energieversorgung sein werden – und ob wir sie stemmen können. Es ist offen, ob diese Krise die notwendige ökologische Transformation von Wirtschaft und Gesellschaft eher beschleunigt oder eher bremst. Und so denke ich an die, die in besonderer Weise unter den Folgen der Inflation und den aus dem Ruder gelaufenen Energiekosten leiden; die Angst haben davor, ihnen mit ihrem kleinen Einkommen nicht mehr gewachsen zu sein: Rentnerinnen und Rentner und die, die von Transferleistungen leben.

Das alles drückt auf unsere Seele, und wir fragen; »Wie werden wir innerlich frei? Woher kommt die Widerstandskraft, mit all dem angemessen umzugehen? Woher die Zuversicht, die wir gegenwärtig so dringend brauchen?«

Dabei steht mir der junge Ukrainer Dimitro Kirpa vor Augen.[1] Der IT-Spezialist aus Kiew resigniert nicht, sondern koordiniert die ukrainische Aktion »Repair together«, was so viel heißt wie »Gemeinsam reparieren«, »Ge-

1 Vgl. zum Folgenden: https://www.deutschlandfunknova.de/beitrag/krieg-gegen-die-ukraine-repair-together-erst-aufraeumen-dann-feiern (Abruf: 09.03.2024)

meinsam wiederaufbauen«. Junge Ukrainerinnen und Ukrainer – etwa 4.000 sind es bis heute – fahren in die befreiten Gebiete und helfen beim Aufräumen. Mit Schaufeln in der Hand gehen die Freiwilligen ein Kulturzentrum in Cherson an, das im März durch einen Raketeneinschlag zerstört worden ist. Trümmer überall: Steine und Balken und Staub. Die Frauen und Männer werfen Schutt auf den Lader eines Traktors. Ein DJ, dessen Plattenspieler auf einem Stapel von Munitionskisten montiert ist, legt während der Arbeit Techno- und Housemusik auf. Einige schaufeln im Takt, Andere machen kurze Pausen, um zu tanzen. »Freiwilligenarbeit ist jetzt mein Lebensstil«, sagt Tania Burianova. Früher hat sie Partys gefeiert, aber jetzt ist Krieg, und sie will helfen. Wie sie ihre Einsätze finanzieren, fragt ein Reporter. »Ich habe Ersparnisse, und wir sammeln Geld, ebenso im Ausland«, sagt Dimitro Kirpa. Auch wenn sie bis jetzt nur 17 Wohnhäuser wieder bewohnbar machen konnten – 17 von insgesamt 230.000 –, machen sie weiter. »Am Ende«, sagen sie, »wird alles gut, und der Himmel geht über uns auf!«

Diese verwegene Hoffnung, ich möchte sie mit den jungen Ukrainerinnen und Ukrainern teilen. Gott ist da. Er kennt ihr und er kennt unser Leben: mit seinen Höhen und Brüchen, mit Sternenglanz und Weh und Ach. Gott bleibt nicht bei sich, sondern geht über sich hinaus, kommt herab und macht sich das Fremde zum Nächsten. Sogar dort, wo wir unseren letzten Atemzug tun, ist er da und verwandelt unsere Wirklichkeit aufs Neue. Und vielleicht kann es ja sein, dass er uns gerade dann, wenn wir meinen, er habe sich in seine herrliche Wohnung zurückgezogen, am nächsten ist, uns in der Dunkelheit trägt, uns hält, wenn wir glauben zu fallen.

Diese Hoffnung bewahren wir in unseren Herzen. Zu wissen, dass Gott im Kind in der Krippe zur Welt gekommen ist und uns in ihm sein »Fürchtet euch nicht!« (Lk 2,10) zugesprochen hat, motiviert uns, unsere Augen und Ohren zu öffnen für ihn, auch für die Menschen in der Nähe und Ferne, und unser Leben darauf auszurichten.

»Kein Ohr hat gehört, kein Auge hat gesehen einen Gott außer dir, der so wohltut denen, die auf ihn harren« (Jes 64,3), so endet die prophetische Vision, die unserem Lied zugrunde liegt. Darum lasst uns warten und hoffen, dass er kommt. Wir sehnen ihn herbei, wenn wir mit Friedrich Spee rufen: »Wo bleibst du, Trost der ganzen Welt, / darauf sie all ihr Hoffnung stellt? / O komm, ach komm vom höchsten Saal, / komm, tröst uns hier im Jammertal« (EG 7,4).

Amen.

Predigt zur Bach-Kantate BWV 172*

»Erschallet, ihr Lieder, erklinget, ihr Saiten!«

Liebe Sängerinnen und Sänger,
liebe Instrumentalistinnen und Instrumentalisten,
liebe Gemeinde!
»Erschallet, ihr Lieder, erklinget, ihr Saiten!«, was für eine jubelnde und jauchzende Sprache! Passend für den heutigen Dekanatskirchenmusiktag. Durch diese Bach-Kantate weht – vom ersten Ton an – eine Ahnung von Erneuerung, die nicht nur den Verstand, sondern ebenso das Herz und alle Sinne erfasst. In ihr klingt bereits etwas auf von dem »*neuen Lied*« (Ps 98,1), das nicht nur Menschen singen werden, sondern in das der gesamte Erdkreis einstimmen wird. Die ganze Schöpfung mit ihren erhabenen und stolzen, aber auch mit ihren kargen und kärglichen Erscheinungen vereint sich da zu einer weiß Gott »neuen Musik«, um den Dreieinigen selbst zu begrüßen: »Heiligste Dreieinigkeit, großer Gott der Ehren, komm doch in der Gnadenzeit, bei uns einzukehren.«[1]

Ob Gott dies auch will, so fragen wir vielleicht zögernd. Der Eingangschor sang es zu Beginn und wird es am Ende noch einmal wiederholen: »Gott will sich die Seelen zu Tempeln bereiten.«[2] Gott *will*! Gott will sich einnisten in

* Gottesdienst am 06. 03. 2005 im Rahmen des Dekanatskirchenmusiktags in der Protestantischen Kirche in Lambsheim.

1 BWV 172, Nr. 3: Bass-Arie.

2 BWV 172, Nr. 1: Eingangschor, Nr. 7: Schlusschor.

unsere Seele. Will also dort, wo unsere Sorgen zu Hause sind, wohnen. Denn die Seele sorgt sich, kümmert sich, muss alles zusammenhalten: den Leib und den Verstand und alle Gefühle. Genau dort aber, in der Mitte, im Personenzentrum, dort will Gott wohnen. Will er sein Nest bauen, damit unsere Sorgen begrenzt und zu guter Letzt gestillt werden: »O seligste Zeiten!«[3]

Gott also *will*! Er schließt mit uns einen Bund, der durch nichts und niemanden geschieden werden kann. Warum? Weil er einig ist mit sich selbst! Ist unsere Liebe so schwierig, weil wir oft uneins sind mit uns selbst? Und diese Uneinigkeit dann auf andere übertragen: auf unseren Partner, auf unsere Kinder, auf unsere Eltern – oder auf die Lebensverhältnisse insgesamt?

Gott aber ist mit sich im Reinen. Gott ist doppelt, er ist dreifach einig:

Gott ist »drei-einig«! Er ist als Gott-Vater einig mit dem Sohn – der Liebende mit dem Geliebten – und beide sind miteinander einig durch das Band der Liebe, das ist: der Heilige Geist. Gott ist einig mit sich selbst – und ist deshalb auch einig geworden mit uns.

Gott will! »Gott will sich die Seelen zu Tempeln bereiten.«[4] Und das Bass-Rezitativ, also die Stimme Jesu, hat es mit Worten aus dem Johannesevangelium noch einmal bekräftigt: »Wer mich liebet, der wird mein Wort halten, und mein Vater wird ihn lieben, und wir [Gott-Vater, Gott-Sohn und Gott-Heiliger Geist] werden zu ihm kommen

3 A. a. O.

4 A. a. O.

und Wohnung bei ihm machen.«[5] Gott macht Wohnung bei uns. Er »nimmt« nicht einfach Wohnung, wie es in modernen Übersetzungen heißt – so, als wäre diese Wohnung schon vorhanden. Nein: »Wohnung *machen*« besagt: sie allererst *recht und passend machen*! Der rechtfertigende, der zu Recht bringende Gott will bei uns wohnen. Und wenn *er* einzieht, ist *Verwandlung*, ist *Erneuerung* angesagt! Das Böse in uns und um uns muss versinken. Der Riss in der Schöpfung wird zurückgenommen, die Vergangenheit neu geboren und das Entsetzliche wird ungeschehen gemacht. Gott will bei uns wohnen, darum erlöst er uns *durch und durch*: mit Leib und Seele, mit unseren Hoffnungen und mit unserem Gedächtnis. *Alles* macht er neu (vgl. Offb 21,5). Und über uns, deren Gesichtskreis noch verhangen ist von Sünde und Tod, bricht eine *neue Zeit* auf: »O Seelenparadies, das Gottes Geist durchwehet, der bei der Schöpfung blies, der Geist, der nie vergehet. Auf, auf, bereite dich! Der Tröster nahet sich.«[6] Auf ihn, auf seine Nähe, sollen wir uns also einstellen mit allem, was wir sind und haben!

Nichts soll darum verschwiegen werden! Die schrillen Töne nicht – und das Seufzen der leidenden Kreatur auch nicht. Wieviel Unheil schreit zum Himmel! Welche Bilder steigen aus der Tiefe auf, wenn wir uns erinnern!

In diesem Jahr jährt sich das Ende des Zweiten Weltkriegs zum sechzigsten Mal. Das Jahr 2005 ist deshalb an-

5 BWV 172, Nr. 2: Bass-Rezitativ.

6 BWV 172, Nr. 4: Tenor-Arie.

gefüllt mit vielfältigen historischen Erinnerungen, mit Jahrestagen und dem Rückblick auf Ereignisse, mit deren Auswirkungen wir heute noch leben. Vor wenigen Wochen wurde der Befreiung des Konzentrationslagers Auschwitz gedacht. Am 27. Januar 1945 erreichten russische Truppen das Lager und fanden dort 5.000 transportunfähige Menschen vor. Viele vor und neben ihnen waren auf grauenvolle Weise ums Leben gekommen: Für *sie* kam der 27. Januar 1945 definitiv zu spät. Es war der ehemalige Bundespräsident Roman Herzog, der den 27. Januar zum Gedenktag für die Opfer des Nationalsozialismus erklärt hat. Ein Datum, das uns innehalten lässt, um uns unserer Geschichte zuzuwenden, sie nicht zu vergessen und zu verdrängen, vor allem aber: um daraus die Lehre zu ziehen, dass nicht einmal entfernt Ähnliches je wieder geschehen darf!

Wie groß muss schon heute das Vergessen sein, wenn unter Jugendlichen und auch an Stammtischen wieder Judenwitze erzählt werden! Wenn trotz guter Schulbücher selbst die grundlegenden Fakten aus der jüngsten deutschen Vergangenheit unbekannt sind. Ganz zu schweigen von dem Skandal, der sich jüngst im sächsischen Landtag abgespielt hat: Die hier versammelten zwölf Abgeordneten der Nationaldemokratischen Partei Deutschlands weigerten sich demonstrativ, an einer Schweigeminute für die Opfer der NS-Gewaltherrschaft teilzunehmen. Es ist unerlässlich, nicht nur dem beschämenden Verhalten der NPD-Mitglieder eine klare Absage zu erteilen, sondern auch in Zukunft allen Formen des Rassismus gemeinsam zu widerstehen!

Doch bis in unsere Kreise hinein höre ich immer wieder ein leises Fragen: »Kann es nicht einmal genug sein mit dem Erinnern?« »Werden wir die dunkle Geschichte denn nie los?« »Müssen wir unseren Kindern und Kindeskindern immer wieder davon erzählen?« *Ja*, das denke ich! Weil das Leben erzählt werden will, und weil es nicht egal ist, welche Bilder, welche Leitvorstellungen, auch welche Melodien sich in die Seelen unserer Kinder einnisten. Mitnichten ist die Judenfeindschaft in unserem Land überwunden! Fünfzehn bis zwanzig Prozent der deutschen Bevölkerung sind nach wie vor antisemitisch eingestellt; das sind immerhin zwölf bis sechzehn Millionen Menschen in der Mitte unserer Gesellschaft! Dagegen protestieren wir: als Protestanten! Denn wer vor der Vergangenheit die Augen verschließt, wird blind für die Gegenwart. Und wer sich der Unmenschlichkeit nicht erinnern will, wird anfällig für neue Ansteckungsgefahren. Demgegenüber werden *Scham* über zugefügtes Unrecht, die *Verantwortung* für die Folgen vergangener Schuld und die *Pflicht zur Erinnerung* unser Handeln als Christinnen und Christen bestimmen. Denn so lautet eine alte jüdische Weisheit: »Vergessenwollen verlängert das Exil, und das Geheimnis der Erlösung heißt Erinnerung.«

Und *so* rufen auch wir zu Gott, mit der Bitte, die Johann Sebastian Bach in unserer Kantate im fünften Satz von der Orgel anstimmen lässt. Es ist die Melodie des altkirchlichen Pfingstrufs: »Komm, Heiliger Geist, Herre Gott, erfüll die Herzen deiner Gläubigen, und entzünde in ihnen das Feuer deiner göttlichen Liebe.« Und in der Tat: Im strengen Feuer schöpferischer Liebe verglimmt das alte und böse Lied, damit schon jetzt die Wahrheit aufstrahlt – und die Lüge verblasst, dass der Friede an Kraft gewinnt – und der Hass sich verzehrt, dass die Freiheit zum Siege kommt – und zum Versiegen das Unrecht. Stille stellt sich ein. Stille, die hört, die einlässt, uns von ihm erfüllt sein lässt! »Sei im Glauben mir willkommen, höchste Liebe, komm herein!«, so singt die menschliche Seele.[7] Und die göttliche Stimme antwortet: »Ich bin dein, und du bist mein!«[8] Es ist die *Güte Gottes*, seine schöpferische, sich alles zu eigen und neu machende *Liebe* zu uns Menschen, die uns zur Umkehr und zur Versöhnung treibt[9].

Sie gebe uns auch den Rhythmus vor, wenn wir jetzt den Schlusschoral der Kantate hören und darin bekennen: »Von Gott kömmt mir ein Freudenschein, wenn du mit deinen Äugelein mich freundlich tust anblicken. O Herr Jesu, mein trautes Gut, dein Wort, dein Geist, dein Leib und Blut, mich innerlich erquicken. Nimm mich freundlich in deine Arme, dass ich warme werd von Gnaden: Auf dein Wort komm ich geladen.«[10]

Amen.

[7] BWV 172, Nr. 5: Sopran-Arie.

[8] BWV 172, Nr. 5: Alt-Arie.

[9] Vgl. Röm 2,4; 5,5.

[10] BWV 172, Nr. 6: Choral.

Predigt anlässlich des Jubiläums »125 Jahre Posaunenchöre in der Pfalz«*

Psalm 150

Liebe festliche Gemeinde,
liebe Bläserinnen und Bläser!
Wir feiern heute »125 Jahre Posaunenchöre in der Pfalz«. Und, was ich besonders schön finde, dieses Fest wird gemeinsam ausgerichtet vom Landesverband evangelischer Posaunenchöre in der Pfalz und vom Landesverband Pfälzischer Gemeinschafts-Posaunenchöre: ein unüberhörbares Fanal, dass Landeskirche *und* Evangelischer Gemeinschaftsverband zusammengehören!

Liebe Schwestern und Brüder, wir brauchen solche Tage des Feierns und des Festes, um uns selbst zu stärken, um die Freude mit anderen zu teilen, um uns an der Vielfalt der musikalischen Sprache zu begeistern. Dieser Tag voller Musik, voller Töne und Melodien, hat etwas Erhebendes. Es singt und spielt in uns - und wir vergewissern uns dabei der Nähe Gottes. Wir erleben gesteigerte Wirklichkeit, aus der Heil und Segen in unsere Herzen und von da aus in diese Welt fließen. Wir flechten mit am Lob Gottes, indem Menschen zu jubeln und zu singen beginnen: »Alles, was Odem hat, lobe den Herrn!« (Ps 150,6). Das vollziehen Sie als Bläserinnen und Bläser

* Gottesdienst am 30.05.2010 im Rahmen des Landesposaunentags in der Wahagnieshalle in Böhl-Iggelheim.

ganz unmittelbar und stellvertretend. Sie erfüllen, wozu uns der 150. Psalm auffordert:

[1]Halleluja! Lobet Gott in seinem Heiligtum, lobet ihn in der Feste seiner Macht! [2]Lobet ihn für seine Taten, lobet ihn in seiner großen Herrlichkeit! [3]Lobet ihn mit Posaunen, lobet ihn mit Psalter und Harfen! [4]Lobet ihn mit Pauken und Reigen, lobet ihn mit Saiten und Pfeifen! [5]Lobet ihn mit hellen Zimbeln, lobet ihn mit klingenden Zimbeln! [6]Alles, was Odem hat, lobe den Herrn! Halleluja!

»*Dreiklang zum Leben*«, so lautet das Motto dieses Landesposaunentags. Und in der Tat: Das Lob Gottes hat es mit einem Dreiklang zu tun. Und die Tonfolge lautet – im übertragenen Sinn: *Gemeinschaft, Diakonie, Verkündigung des Evangeliums.*

Das Lob Gottes hat zuerst und grundlegend mit *Gemeinschaft* zu tun. Das ist bei Euch, den Bläserinnen und Bläsern, offensichtlich: Posaunenchöre sind keine Ansammlung von Solisten. Um vierstimmige Musik chorisch zu blasen, müssen mindestens acht gemeinsam musizieren. Eine oder einer allein kann da nichts bewegen, ein *Miteinander* muss es sein!

Harmonien entwickeln sich, indem Gegensätze zusammenkommen: Höhen und Tiefen, Trompete und Tuba, laut und leise, lang und kurz, schnell und langsam. Erst *zusammen*, erst im Miteinander, entsteht ein harmonisches Ganzes. So funktioniert Musik! Jede und jeder steuert etwas bei: mit ihrer, mit seiner eigenen Stimme und mit ihrem, mit seinem eigenen Instrument. Und dieser Landesposaunentag ist geradezu Sinnbild dieser harmonischen Vielstimmigkeit!

Doch das Gemeinsame des Gotteslobs durch Bläserinnen und Bläser hat noch einen anderen Aspekt: Es gibt kaum eine zweite Gruppe innerhalb unserer Kirche, der es gelingt, dass unterschiedliche Generationen Woche für Woche zusammenkommen; dass Ältere und Jüngere, Frauen und Männer, Kinder und Erwachsene gemeinsam musizieren. Ihr, liebe Bläserinnen und Bläser, praktiziert das Miteinander der Generationen schon immer vorbildhaft! Deshalb finde ich es auch wichtig, dass in jedem Jahr Freizeiten bewusst auch für Jungbläserinnen und -bläser angeboten werden. Fundierte musikalische Ausbildung *und* geistliche Zurüstung sorgen dafür, dass die meisten von Euch hochmotiviert in Eure Chöre zurückkehren. Das ist *Bildung* im umfassenden Sinne: *Stimmbildung, Herzensbildung, Gemeinschaftsbildung*!

»Lobt Gott mit Posaunen!« (Ps 150,3): Euer Spielen strahlt aus – weit über die Gemeinschaft der Musizierenden hinaus. Posaunenchöre verstehen ihren Dienst immer auch als Liebesdienst an den Menschen. Wer im Posaunenchor bläst, hat darum die *Diakonie* im Blick! Sie blasen in Krankenhäusern und Alten- und Pflegeheimen, auf offener Straße, von Kirchtürmen herab, aber auch hinter Gefängnismauern. Ob in der Advents- und Weihnachtszeit oder am Ostermorgen, ob bei Trauergottesdiensten auf dem Friedhof oder zu Geburtstagsfeiern, immer geht es darum, Anteil zu geben und Anteil zu nehmen. Mitmenschen zu begleiten und ihnen gerade in schweren Situationen zu bezeugen, dass sie nicht allein und nicht vergessen sind. Und oft halten die, denen Ihr das Lied des Trostes zuspielt, inne oder fangen an, die Weisen selbst mitzusingen oder mitzusummen. Wieviel Seelsorge habt Ihr durch Euer Singen und Spielen gerade alten und kranken Menschen schon zuteilwerden lassen! Diakonie, Liebesdienst am Nächsten, geht so einher mit dem, was den Dreiklang erst komplett macht: mit der *Verkündigung der Guten Nachricht*.

Die Frage also, ob Kirchenmusik im Allgemeinen und der Bläserdienst im Besonderen *Verkündigung* sei, können am besten die beantworten, die in der Musik selbst leben. Macht nicht das Singen und Spielen das Wort - über alles verstandesmäßige Begreifen hinaus - einprägsam und unvergesslich? Wir *behalten* das Wort, gesungen und musiziert, oft sehr viel besser als nur gesprochen, sodass es ständig mit uns geht, uns bewegt und beschäftigt und sich immer stärker auch in unser inneres Ohr, in unser Gewissen, einprägt. Und welcher Bläser, welche Bläserin hätte das nicht schon erlebt: dass er, dass sie morgens mit klingenden Melodien im Ohr aufgewacht ist, dass Worte, mit denen er und mit denen sie tags zuvor singend und spielend umgegangen ist, in ihm und ihr weitertönen. Jede Kantate, jeder Choral, jedes geistliche Konzert ist ein Stück Verkündigung, ist Predigtdienst, der der Gemeinde als ganzer aufgetragen ist. Und darum hat die Musik, wie an diesem Tag geradezu sinnenfällig deutlich, gegenüber der Predigt keine zweitrangige Funktion. Sie ist nicht bloßer Zierrat, auf den ohne Schaden auch verzichtet werden könnte. So, wie alle Stücke im Gottesdienst teilhaben an der Verkündigung, so auch das Lied der

Gemeinde und das gesungene Wort unserer Vokal- und Bläserchöre. Musik, Liturgie und Predigt sind unzertrennlich miteinander verknüpft und wirken zusammen an der gemeinsamen Aufgabe, das Evangelium öffentlich auszurufen, also »zu singen und zu sagen«[1], wie freundlich der Herr ist.

Und das alles tut Ihr, liebe Bläserinnen und Bläser, *ehrenamtlich*! Nicht als Stars, sondern als musikalische Laien. Wir sind es ja heute durch vielerlei Medien gewohnt, gerade in musikalischen Dingen fast nur noch zu konsumieren: weil die wenigen Profis, die man da zu hören bekommt, es natürlich immer besser machen als wir selbst. Das aber lähmt! Das fördert Konsumhaltung! Dagegen leistet Ihr, wie ich finde, einen guten Widerstand. Dass Ihr – in einer Zeit der Verzweckung und des Profits – einfach sagen könnt: »Was hab' ich davon?« »Dass

1 Im Hintergrund dieser Wortverbindung steht die alte kirchenlateinische Wendung »cantare et dicere«, wobei »psalmum« (»Psalm«) zu ergänzen wäre. Luther greift dieses Sprichwort auf und überträgt es in den Stabreim »singen und sagen«. Damit hat er eine Zwillingsformel geschaffen, die für ihn zum Inbegriff für die öffentliche Verlautbarung des Evangeliums in den mündlichen und schriftlichen Kommunikationsmitteln seiner Zeit wird. Kennzeichnen für Luther doch »singen und sagen« die beiden prinzipiellen Erscheinungsweisen des Wortes Gottes. In seinem Weihnachtslied kann er deshalb die Verszeile »[...] davon ich singen und sagen will« sogar dem himmlischen Verkündigungsengel in den Mund legen (EG 24,1). Vgl. dazu Martin Rößler, Liedermacher im Gesangbuch, Bd. 3, Stuttgart 1991, S. 206–227.

ich singen und spielen darf – und dass es Freude macht! ›Gott loben, das ist *unser* Amt!‹«[2]

Und so bedanke ich mich bei Euch allen: den Bläserinnen und Bläsern, den Blockflötenspielerinnen und -spielern, den Kindern, den Jugendlichen, den Erwachsenen. »Lobt ihn [Gott] mit Posaunen!« (Ps 150,3), das ist das biblische Einsetzungswort für unsere Posaunenchöre. Seit der Gründung des ersten Posaunenchors in Zeiskam 1885 erklingt der Schall der Posaunen auch in unserer Landeskirche. Heute gratulieren wir darum allen Bläserinnen und Bläsern, ihren Dirigentinnen und Dirigenten sowie den Verantwortlichen im Landesverband der evangelischen Posaunenchöre unserer Landeskirche und der Pfälzischen Gemeinschafts-Posaunenchöre von Herzen!

»*Dreiklang zum Leben!*«, unter diesem Motto wollen wir auch in Zukunft Gemeinschaft pflegen und Freude finden beim Musizieren mit Anderen und für Andere. Und dies alles zur Ehre Gottes: *Soli Deo Gloria!*

Amen.

2 EG 288,5.

Predigt anlässlich des Landeskirchenmusiktags im Bonhoeffer-Gedenkjahr 2006*

»Von guten Mächten wunderbar geborgen«

Liebe Gemeinde!

»Von guten Mächten wunderbar geborgen, erwarten wir getrost, was kommen mag« (EG 65,7). Keine geistliche Strophe aus dem 20. Jahrhundert ist bekannter als diese. Sie steht handschriftlich im privaten Tagebuch oder in einem lange bedachten Beileidsbrief. Sie findet sich darüber hinaus auf Tonträgern und Spruchkarten, in Schulbüchern und Schriften zur Besinnung. Sie dient als Zitat in Trau- und Bestattungsreden, in Familienanzeigen, auch bei öffentlichen Feiern. Gesungen wird sie zum Abschied, zum Tagesausklang, zur Jahreswende: »Gott ist bei uns am Abend und am Morgen, und ganz gewiss an jedem neuen Tag« (EG 65,7). Dietrich Bonhoeffer (1906–1945), an dessen 100. Geburtstag wir in diesem Jahr erinnern, muss als Autor gar nicht bekannt sein, um in seinen Worten etwas von der eigenen Erfahrung, von der eigenen Sehnsucht wiederzufinden.

Bonhoeffer war seit dem Sommer 1939 ein Pfarrer ohne Gemeinde, ein theologischer Lehrer ohne Katheder, ein Mitwisser und bald auch Verschwörer ohne kirchlichen Rückhalt. Anfang April 1943 wurde er verhaftet. Im Ge-

* Gottesdienst am 07. 05. 2006 im Rahmen des Landeskirchenmusiktags in der Gedächtniskirche der Protestation in Speyer.

fängnis hat er unentwegt geschrieben – auch Gedichte. Das Gedicht »Von guten Mächten treu und still umgeben«[1] ist Teil eines Briefes, den er am 19. Dezember 1944 aus dem Kellergefängnis des Reichssicherheitshauptamtes in der Berliner Prinz-Albrecht-Straße an seine Braut, Maria von Wedemeyer, und an seine Familie geschrieben hat. Es ist das letzte erhaltene theologische Dokument aus seiner Feder. »Es werden sehr stille Tage sein«, schreibt er in diesem Brief. »Aber ich habe immer wieder die Erfahrung gemacht, je stiller es um mich herum geworden ist, desto deutlicher habe ich die Verbindung mit Euch gespürt. Es ist, als ob die Seele in der Einsamkeit Organe ausbildet, die wir im Alltag kaum kennen. So habe ich mich noch keinen Augenblick allein und verlassen gefühlt. Du, die Eltern, Ihr alle, die Freunde und Schüler im Feld, Ihr seid mir immer ganz gegenwärtig. Eure Gebete und guten Gedanken, Bibelworte, längst vergangene Gespräche, Musikstücke, Bücher bekommen Leben und Wirklichkeit, wie nie zuvor. Es ist ein großes unsichtbares Reich, in dem man lebt und an dessen Realität man keinen Zweifel hat. Wenn es im alten Kinderlied von den Engeln heißt: ‚zweie, die mich decken, zweie, die mich wecken', so ist diese Bewahrung am Abend und am Morgen durch gute, unsichtbare Mächte etwas, was wir Erwachsenen heute nicht weniger brauchen als die Kinder.«[2]

1 Vgl. dazu Jürgen Henkys, Geheimnis der Freiheit. Die Gedichte Dietrich Bonhoeffers aus der Haft. Biographie – Poesie – Theologie, Gütersloh 2005, S. 262–287.

2 Brautbriefe Zelle 92. Dietrich Bonhoeffer – Maria von Wede-

So betrachtet, ist unser Lied ein *Engellied*. Bonhoeffer hat intensiv mit den Psalmen gelebt – und Anmutungen aus Psalmversen geben den »guten Mächten« ihr biblisches Gesicht. »Er hat seinen Engeln befohlen über dir, dass sie dich behüten auf allen deinen Wegen«, heißt es in Psalm 91,11. Oder: »Von allen Seiten umgibst du mich, und hältst deine Hand über mir« (Psalm 139,5). Oder Psalm 34,8: »Der Engel des Herrn lagert sich um die her, die ihn fürchten, und hilft ihnen heraus.« Inmitten tödlicher Bedrohung klammert sich Bonhoeffer an die Zusage göttlicher Bewahrung. Er hält fest an dem unglaublichen Glauben, dass Gott bei uns ist: »am Abend und am Morgen und ganz gewiss an jedem neuen Tag« (EG 65,7). Die schlimme Gegenwart wird dabei nicht weggeschoben. Die guten Mächte haben es mit quälender Gegenmacht, mit dem Druck »böser Tage« (EG 65,2) zu tun. Hält diesen die eben ausgesprochene Gottesgewissheit stand?

In den Psalmen ist die Kehrseite des Vertrauens die *Bitte*, manchmal auch die *Klage*: »Ach Herr, gib unsern aufgeschreckten Seelen das Heil, für das du uns geschaffen hast« (EG 65,2). Nein: Gottes Heil ist nicht mit Glück-Haben zu verwechseln; es schließt die Wendung zum Schlimmeren nicht aus!

Bonhoeffer hat in der Gefangenschaft immer wieder das *Bild Jesu* vor Augen, der seiner Verhaftung entgegengeht und im Garten Gethsemane einsam um das Ja zum

meyer 1943-1945, hrsg. von Ruth-Alice von Bismarck und Ulrich Kabitz, München 1992, S. 208.

Todeskelch ringt. Dieser Hergang ist für ihn mehr als eine erschütternde Szene in der Passionsgeschichte. Jesus hält dort aus, wo die Sache Gottes offensichtlich verloren ist. Er hält bei Gott aus, wo die Welt am weltlichsten ist. Das Bild vom Todeskelch kehrt nun auch in unserem Lied wieder: »Und reichst du uns den schweren Kelch, den bittern des Leids, gefüllt bis an den höchsten Rand, so nehmen wir ihn dankbar ohne Zittern aus deiner guten und geliebten Hand« (EG 65,3). Der Jesus zugemutete Kelch geht also auch an denen nicht vorbei, die ihm nachfolgen. »Christen«, so heißt es in einem anderen Gedicht Bonhoeffers, stehen auch »bei Gott in Seinem Leiden«.[3] Am 21. Juli 1944, einen Tag nach dem fehlgeschlagenen Attentat auf Hitler, schreibt Bonhoeffer: »Wenn man völlig darauf verzichtet hat, aus sich selbst etwas zu machen [...], dann wirft man sich Gott ganz in die Arme, dann nimmt man nicht mehr die eigenen Leiden, sondern das Leiden Gottes in der Welt ernst, dann wacht man mit Christus in Gethsemane, und ich denke, das ist Glaube, das ist Metanoia [Umkehr]; und so wird man ein Mensch, ein Christ.«[4] Auch im Scheitern hält Bonhoeffer fest am Trost des Glaubens. Gott erhört unser Flehen, auch wenn das Übel nicht mehr abzuwenden ist. *Gegen alle Erfahrung* prägt Bonhoeffer sich das Bild von der

[3] Vgl. Bonhoeffers Gedicht »Christen und Heiden«, in: ders., Werke, Bd. 8: Widerstand und Ergebung. Briefe und Aufzeichnungen aus der Haft, hrsg. von Christian Gremmels / Eberhard Bethge / Renate Bethge, München 1998, S. 515 f.

[4] A. a. O., S. 542.

bewahrenden und schützenden Hand Gottes ein und hält an ihr fest. Was ihm dabei hilft? Auch und gerade die *Musik*!

Von klein auf ist er in ihr zu Hause. Die beim Singen stets wiederholten Textmelodien werden ihm zu stillen und unverlierbaren Begleitern. Die grauenhaften Eindrücke der Haftzeit, die ihn oft bis in die Nacht verfolgten, hat er, wie er selbst bekennt, »nur durch das Aufsagen unzähliger Liederverse verwinden«[5] können. Immer und immer wieder singt und summt er geistliche Lieder vor sich her.

Hat Bonhoeffer bei »Von guten Mächten« ebenfalls an ein Lied gedacht? Auszuschließen ist das nicht, zumal er die einzelnen Strophen beziffert und die metrische Regel, die eine Liedmelodie braucht, nie verletzt hat. Die erste Vertonung, die dann auch Eingang in unser Evangelisches Gesangbuch gefunden hat, ist Ende der 1950er-Jahre im einstigen Ost-Berlin entstanden, und zwar im Umkreis der »Jungen Gemeinde«. Von staatlichen Behörden gegängelt und diskriminiert, spürten die jungen Christen in der damaligen DDR die tröstende und aufbauende Kraft dieser Worte.

Bis heute, bis in diese Stunde hinein, stellt uns dieses Lied *Sprache* zur Verfügung, die wir uns gewissermaßen leihen können, in die wir uns einsingen und einhören, um in Dürrezeiten nicht völlig zu verstummen. Wie vielen hat gerade dieses Bonhoeffer-Gedicht geholfen, neue Hoff-

[5] A. a. O., S. 235.

nung und neues Gottvertrauen zu schöpfen. Dabei glauben wir längst nicht alles, was wir singen. Und wir beten auch nicht immer doppelt, wenn wir singen, wie es ein altes, dem Kirchenvater Augustin zugeschriebenes Wort besagt. Oft sind uns die Texte weit voraus: Wir beten und hoffen nur halb. Und manchmal glauben wir überhaupt nur, während wir singen. Aber immer üben wir uns dabei ein in die Worte und Lieder derer, die sie vor uns gesprochen und gesungen - und ihren Glauben darin ausgedrückt haben.

Darum gehören Sie, liebe Sängerinnen und Sänger, liebe Instrumentalistinnen und Instrumentalisten, für mich zu den wichtigsten Gemeindegruppen, die wir haben. Sie stellen mit Ihrem »Singen und Sagen« *Trosträume* zur Verfügung, in die Menschen sich flüchten können, um dort einen Ort, eine Schutzzone, eine Herberge innerer Weiträumigkeit anzutreffen. Sie sorgen für den Weitblick, die Fernsicht unserer Seele über die Partitur des Alltags hinaus. Sie spielen Gottes langen Atem, Gottes Geduld mit uns ein: wie Balsam auf die Wunden unseres Lebensweges, wie das Echo jener anderen, ewigen Welt, »die unsichtbar sich um uns weitet« (EG 65,6) - mitten im Fluss der Zeiten. Darum haltet immer wieder inne! Setzt den bösen Mächten der Angst und der Verzweiflung die Muße des Singens und Spielens entgegen! Und haltet dem Lärm des Tages die Kraft der Stille entgegen! Es ist die Stille nach dem Sturm. Sie weiß von Untergang, sie kennt den Abgrund. Doch am Rand der Bedrohung empfängt sie aus dem Herzen dessen, der der Schöpfer des Sichtbaren und des Unsichtbaren ist[6], den Klang zugesprochenen Heils: »Wenn sich die Stille nun tief um uns breitet, so laß uns hören jenen vollen Klang der Welt, die unsichtbar sich um uns weitet, all deiner Kinder hohen Lobgesang« (EG 65,6).

Amen.

6 Vgl. den 1. Artikel sowohl des Nizäno-Konstantinopolitanischen als auch des Tridentinischen Glaubensbekenntnisses.

Predigt anlässlich der Indienstnahme der Orgel in der Protestantischen Stiftskirche Landau*

Psalm 150

1Halleluja! Lobet Gott in seinem Heiligtum, lobet ihn in der Feste seiner Macht! 2Lobet ihn für seine Taten, lobet ihn in seiner großen Herrlichkeit! 3Lobet ihn mit Posaunen, lobet ihn mit Psalter und Harfen! 4Lobet ihn mit Pauken und Reigen, lobet ihn mit Saiten und Pfeifen! 5Lobet ihn mit hellen Zimbeln, lobet ihn mit klingenden Zimbeln! 6Alles, was Odem hat, lobe den Herrn! Halleluja!

Liebe Gemeinde!
Die Bibel erwähnt nicht, dass Gott singt. Er redet und ruft, er liebt und zürnt. Aber dass er singt, wird uns nicht mitgeteilt. Eigenartig! Denn was wäre die Kirche ohne ihre Lieder? Was wären Gottesdienste ohne Lobgesang? Und was wäre das Kirchenjahr ohne die uns vertrauten Melodien und Texte? Die Zahl der Lieder und Gesänge, sie ist im Lauf der Jahrhunderte ins Unermessliche gestiegen. Überwältigend groß ist die Fülle von Gedanken und Bildern, von Metren, Rhythmen und Melodieformen. Unzählige Beispiele erfüllen unsere Herzen: aus allen Regionen und Landschaften, in denen sich christliches Leben ent-

* Gottesdienst am 29. 10. 2006 in der Protestantischen Stiftskirche in Landau in der Pfalz.

faltet hat, aus allen Konfessionen und theologischen Richtungen. Zeugnisse in höchster Kunstfertigkeit, aber auch in ganz einfacher Volkstümlichkeit. Bestimmt für alle Anlässe: von spielerischer Aktion und stiller Meditation bis hin zu erzählender Verkündigung und anbetendem Bekenntnis. Welch ein gewaltiger Baum aus der Wurzel des kleinen Satzes: »Und das Wort ward Fleisch« (Joh 1,14).

Geistliche Lieder und Gesänge, so unterschiedlich sie sind, richten uns auf und holen uns hinein in eine Sphäre des Himmlischen. Sie teilen uns mit, dass unser Leben nicht aufgeht in Arbeit und Geschäftigkeit. Dass Einsamkeit und Schwachsein keine ewigen Bestimmungen sind. Dass alle Verkehrtheiten im persönlichen wie im gesellschaftlichen Leben ein Ende haben werden und dass Hoffnung auf erfülltes und gelingendes Leben keine weltfremde Illusion ist.

Gott kommt. Er hat seine Welt nicht vergessen. »Gott wird Mensch dir, Mensch, zugute.«[1] Zu jedem und zu jeder Einzelnen kommt er: zu denen, die sich im Glauben zu Hause wissen, aber auch zu denen, die keine Beziehung mehr zu ihm verspüren. Gerade heute verbindet die Musik viele, gerade auch jüngere Menschen mit einer Kirche, zu der sie sonst kaum noch einen Bezug haben. Hier werden wir im Herzen, in der Tiefe unserer Seele, erreicht. Und in der Gestalt der Musik hat auch das Wort noch eine Chance, gehört zu werden. Vielleicht hängt dies auch damit zusammen, dass Kirchenmusik niemanden

[1] EG 36,2.

vereinnahmen, nötigen oder in eine Alles-oder-nichts-Position drängen will. Hier können wir uns dem Glauben und dem Evangelium eher vorsichtig nähern – und das in einer überaus authentischen Atmosphäre.

Im Unterschied zur perfekten Dauerbeschallung durch analoge und vor allem digitale Medien, durch die wir nur *besungen werden*, ist die Kirche heute eines der letzten Refugien des unmittelbaren aktiven Singens und Musizierens. Könnte von ihr nicht eine einladende Verlockung zum Singen und Mitsingen, zum Musizieren und Mitmusizieren ausgehen? Ganz im Sinne der jubelnden Aufforderung des 150. Psalms, den wir soeben gehört haben: »Halleluja! Lobet Gott in seinem Heiligtum [...]. Lobet ihn mit Posaunen, lobet ihn mit Psalter und Harfen! Lobet ihn mit Pauken und Reigen, lobet ihn mit Saiten und Pfeifen! Lobet ihn mit hellen Zimbeln, lobet ihn mit klingenden Zimbeln. Alles, was Odem hat, lobe den Herrn! Halleluja!«

Lange wurde im christlichen Gottesdienst nur gesungen. Pauken und Trompeten, Harfen und Zimbeln gab es nicht. Bis heute ist es vor allem in der Ostkirche so geblieben: Nur die menschliche Stimme darf im Gottesdienst erklingen. Bei uns, im Westen, hat sich seit gut tausend Jahren *die Orgel* zur menschlichen Stimme hinzugesellt. »Alles, was atmet, lobe den Herrn!« (Ps 150,6), das gilt schließlich auch für die Orgel, die mit Luft Töne erzeugt, wie der Mensch.

Die Orgel gehört zu den Instrumenten, die, fast anachronistisch, noch ganz aus der Welt natürlicher, sinnlicher Wahrnehmung und Sichtbarkeit stammen. Im

Gegensatz zu einer elektronischen Orgel verliert sie nie den Reiz der dargestellten Klangwelt. Kein Sinuston kann nämlich die Luftsäule ersetzen, nicht die Klangpracht kopieren, die auf den tausend Unzulänglichkeiten der natürlichen Materialien beruht. Bei diesem Instrument muss alles Wesentliche natürlich bleiben. Ein Radio tönt auch; aber kein Kind weiß, warum. Wer in dieser Kirche aber hinschaut auf den so wunderbar erhaltenen Prospekt von 1722, erkennt es sofort. Was da – Reihe über Reihe – als wogendes Auf und Ab zusammengepfercht ist, gehorcht einem ehernen Gesetz: Tiefe Töne können nur von langen Pfeifen erzeugt werden und hohe nur von kurzen. Die schwingende Luft lässt sich nicht wirklich überlisten. Deshalb das Auf und Ab, das die Tonleitern fast handgreiflich in den Raum stellt. Man kann die Welt des Klangs an den geschwungenen Bögen regelrecht ablesen, kann die klangliche Wucht an Größe und Form des Aufbaus in etwa erahnen. Auf keinem anderen Instrument erscheint der Klang so in die Materie übersetzt, nirgends das sonst nur dem Hören Vorbehaltene derart anschaulich illustriert! Nicht zufällig hat man in der Barockzeit *die Schöpfung*, den Kosmos selbst, als Orgel dargestellt. Nur die Orgel konnte als Abbild der göttlichen Ordnung und Weisheit zum liturgischen Instrument par excellence werden. Schon im ruhenden Zustand – und erst recht im tönenden – ist sie eine einzigartige Predigt über die im Schöpfer ruhende Harmonie der Welt.

Spätestens seitdem in evangelischen Gottesdiensten deutsche Choräle gesungen werden, war der Triumphzug der Orgel nicht mehr aufzuhalten. Die Melodie spielt sie vor und begleitet das Singen der Gemeinde. Wir nennen sie »die Königin der Instrumente«, und doch will sie in dieser Kirche in erster Linie *Dienerin* sein: für uns, die Fröhlichen und Traurigen, die Abgehetzten und Müden, die Suchenden und Glücklichen. Dienen will sie uns mit ihrer Musik. Nicht auf Beherrschung zielt sie ab oder Besitz, sondern auf Begleitung. Unsere Gedanken und unser Singen will sie führen und so zur Lebensdeutung und Sinnsuche mit beitragen. Menschenstimmen und Orgelpfeifen sollen sich mischen und ergänzen im Lob – und Gott damit preisen.

Wir tun dies jetzt in einem der wertvollsten und schönsten Kirchengebäude des oberdeutschen Raumes. Jahrhundertelang haben die Augustinerchorherren hier in Landau in lateinischer Sprache gregorianische Choräle gesungen. Mit deutschen Chorälen und dem Lobpreis der Orgel setzen wir diese Tradition fort, zunehmend auch in ökumenischer Verbundenheit: als evangelische und katholische sowie als freikirchlich geprägte Christinnen und Christen in dieser Stadt.

Wenn wir heute hier, in der Stiftskirche, gemeinsam Gottesdienst feiern, begleitet von dieser neuen Pfeifenorgel, dann tun wir das in großer Freude und Dankbarkeit. Dankbar auch für die vielen Förderer und Spenderinnen und Spender, die den Bau dieses wunderschönen Instruments erst ermöglicht haben. Ihnen allen gebührt Respekt und Hochachtung!

Nun sind wir alle als Zeichen des Dankes eingeladen zum Tisch des Herrn. Mit Gaben und Lobgesang sollen wir kommen und fröhlich und laut jubeln, wie es im Lied heißt (vgl. EG 229,1). Heute ist diese Kirche den ganzen Tag über erfüllt mit wunderbarer Musik. Und auch, wenn die Bibel es verschweigt: Gott gibt sich hinein in unser Singen und unser Musizieren. Und wer weiß: Vielleicht singt und spielt er ja mit?

Amen.

2. Diakonie und Seelsorge

Predigt anlässlich der bundesweiten Eröffnung der 62. Aktion »Brot für die Welt«*

Markus 9,33–37

[33]Und sie kamen nach Kapernaum. Und als er im Haus war, fragte er sie: Was habt ihr auf dem Weg besprochen?
[34]Sie aber schwiegen; denn sie hatten auf dem Weg miteinander besprochen, wer der Größte sei. [35]Und er setzte sich und rief die Zwölf und sprach zu ihnen: Wenn jemand will der Erste sein, der soll der Letzte sein von allen und aller Diener. [36]Und er nahm ein Kind, stellte es mitten unter sie und herzte es und sprach zu ihnen: [37]Wer ein solches Kind in meinem Namen aufnimmt, der nimmt mich auf; und wer mich aufnimmt, der nimmt nicht mich auf, sondern den, der mich gesandt hat.

Der erste Advent, die erste Kerze, wie wunderbar in diesem trüben Jahr, liebe Schwestern und Brüder, Gotteskinder, Kinder des Lichts!

»Das Volk, das im Finstern wandelt« (Jes 9,1). In der Tat! Selten hat Israel, selten haben alle Völker dieser Erde

* Gottesdienst am 29.11.2020 in der Gedächtniskirche der Protestation in Speyer – Thema: »Kindern Zukunft schenken«. Live-Übertragung in der ARD.

gleichzeitig um so viele Menschen gebangt wie in diesem Jahr. Dieses Volk aber, so lautet die Verheißung, »sieht ein großes Licht« (Jes 9,1): So soll es sein, so ist es angesagt, nicht von Krisenstäben oder der Kanzlerin, sondern vom Propheten Jesaja.

Der erste Advent, der erste Sonntag im neuen Kirchenjahr, der erste Tag »Warten auf das Christuskind«. Selten haben wir so viel gewartet auf Licht, Licht am Ende des Tunnels. Und: Wir warten noch! Alle Welt wartet auf das Ende der Krise: in den Labors, den Kliniken, den Pflegeheimen. Studierende warten auf Abschlüsse, Erwachsene auf Arbeit, kranke und alte Menschen auf Besuch. Großeltern warten auf ihre Enkel, und es warten Kinder sehnsüchtig auf hellere Tage. Vielleicht gibt es ja bald wieder Homeschooling mit genervten Homeoffice-Eltern? Vielleicht auch niemanden, der mit einem Kind lernen kann. Jedenfalls kaum Freunde, keine Feste, keine unbeschwerte Freude. Auf Lichtblicke warten gerade auch junge Menschen. In den vergangenen Monaten waren sie viel zu selten im Blick. Heute sollen sie in der Mitte stehen.

Jesus nahm ein Kind, stellte es mitten unter sie und herzte es: So haben wir es gehört im Evangelium des Markus (vgl. Mk 9,36). Es klingt nach Jesus-Bildchen mit herzigen Kleinen auf dem Arm, nach leuchtenden Kinderaugen beim Krippenspiel. Es geht hier aber weniger um Jesus, den Kinderfreund; es geht darum, wer schwach ist und wer stark, wer klein und wer groß. Die Jünger streiten sich, wer der Größte sei, der Erste, gleich nach Jesus. Und Jesus lässt keinen Zweifel: Der Erste soll der Letzte sein und allen dienen (vgl. Mk 9,34 f.). Wer der Erste sein will, steht den Letzten bei. Wer als Christ groß sein will, bückt sich bereitwillig, macht sich freiwillig klein. Darum hebt Jesus ein Kind hoch, hebt es auf Augenhöhe und stellt es in die Mitte: Wer ein Kind in meinem Namen aufnimmt, der nimmt mich auf, nimmt den Gottessohn auf, mehr noch: Gott selbst.

Eine starke Szene, nicht wahr? Und provozierende Sätze: Wer Kinder aufnimmt, hat Gott zu Gast; wer Kleine in die Mitte stellt, ist der Größte; wer die Schwächsten ins Zentrum rückt, ist Christ. Starke Bilder bis heute und damals erst recht. Zur Zeit Jesu haben Kinder keine Rechte. Sie arbeiten mit, hüten das Vieh, helfen im Haushalt. Sie sind rechtlos, wie Sklaven, wie die Diener bei Tisch: die »Diakonoi«, die den Gästen die Schuhe ausziehen und die Füße waschen. Daher der Name »Diakonie«. Dieser Tischdienst, die Diakonie, oft war sie Aufgabe der Kleinsten. Die Kinder in der Antike waren ausgeliefert. Oftmals von Vätern nicht anerkannt, von Müttern ausgesetzt, von der Familie verkauft und versklavt. Kinderarbeit damals – und bis heute in manchen Teilen der Welt.

»Und er nahm ein Kind und stellte es mitten unter sie« (Mk 9,36). Wir haben weiterhin allen Grund, Kinder in die Mitte zu stellen. »Kindern Zukunft schenken«, das ist das Motto. Heute. Bis 2025 wollen die Vereinten Nationen ausbeuterische Kinderarbeit abschaffen. Geschehen ist einiges, doch dann kam Corona. Die Krise traf und trifft sie am härtesten: die Kleinsten in den ärmsten Ländern der Erde. Weltweit arbeiten rund 150 Millionen Kinder in Bergwerken, Textilfabriken oder in der Landwirtschaft. Wie auf den Philippinen: die zehnjährige Reyca Jay, die wir eben im Film gesehen haben. Vater, Mutter, Reyca Jay und ihre Geschwister: Alle arbeiten sie in der Zuckerrohr-Plantage. Die Kleinen stecken Setzlinge mit bloßen Händen. Diese schmerzen und bluten bald; denn – was Bilder nicht vermitteln – scharf sind die Blätter des Zuckerrohrs, scharf wie Rasierklingen. Zuckerrohr-Schlagen ist kein Zucker-Schlecken. Es ist Schwerstarbeit, minimal bezahlt mit wenigen Euro pro Tag. Wie Reyca Jay geht es vielen Kindern auf den Philippinen. Sie pflanzen, sie jäten, sie helfen bei der Ernte. Sie gehen weder in die Kita noch zur Schule, zumindest nicht während der Erntezeit.

Und doch: Lichtblicke auch hier. Strahlend wie Glendelyn, die Sozialarbeiterin. Sie ist engagiert in einer Partnerorganisation von »Brot für die Welt«, die sich »Solidarität mit den Namenlosen« nennt. Einst ohne Schulbildung, macht sie nun selbst Schule, wirbt bei Eltern für den Schulbesuch, gibt Nachhilfe bei den Hausaufgaben. »Hausaufgaben sind wunderbar«, sagt Reyca Jay: »Ich gehe gern zur Schule«. Jeden Morgen geht sie um fünf Uhr los; keine Stunde will sie verpassen. Ihre Mutter – mit Tränen in den Augen – ist stolz. »Unsere Kinder haben plötzlich große Träume«, sagt sie. Reyca Jay möchte nämlich Medizin studieren. Große Träume, erster Advent, erstes Licht.

»Wer ein solches Kind in meinem Namen aufnimmt, der nimmt mich auf« (Mk 9,37a). Dies sagt Jesus, der als Krippenkind selbst bedürftig war. Gott ist Mensch, Gott ist Kind geworden. Und in jedem Kind sieht Gott mich an.

Haben wir das im Blick in diesen Tagen? Haben wir sie im Blick: die Kinder, wie Reyca Jay auf den Philippinen, die in Zuckerrohr-Plantagen schuften; Kinder ohne Namen, die in Paraguay Müll sammeln, in Sierra Leone auf dem Markt stehen, die in vielen Ländern des Südens hungern?

»Kindern Zukunft schenken«, heißt zuallererst: Bildung vermitteln. Gemeinsam mit der Diakonie gehört Bildung zu unserem Auftrag. Schülerinnen wie Mara und Lara von unserem Evangelischen Trifels-Gymnasium in Annweiler zeigen uns das heute deutlich. Eure Kinderporträts, die hier zu sehen sind, wirken beinahe wie Ikonen, wie Heiligenbilder in einer unheilen Welt. Über Eure Kinder-Puppen im Chorraum »soll man stolpern« – sagt Ihr eindrücklich. Wir haben vorhin gehört, warum Ihr Euch so engagiert.

Wie oft aber hören wir nicht hin, wenn junge Menschen reden. Dabei sind sie nicht nur unsere Zukunft, sondern auch unsere Gegenwart. Und wie so oft hat gerade die Jugend uns aufgerüttelt in diesen Monaten: uns bestürmt, aktiv zu werden – klimaaktiv – für die Zukunft der Schöpfung, die Zukunft der Kinder auf diesem Planeten. Ja, es braucht Brot für die Welt, und das meint auch: Bildung, Gerechtigkeit, Hoffnung. Dazu gehört: Die Kleinen in die Mitte! Die Kinder auf Augenhöhe! So lebt es uns Christus vor. Mit Kinderaugen sehen, mit Kinderohren hören, mit Kindermund sprechen.

Versuchen auch wir Erwachsene, wie Kinder zu warten, ungeduldig und gespannt. Warten auf Weihnachten, wie immer es dieses Jahr aussehen wird. Warten auf das Christuskind, wo immer wir es entdecken. »Er nahm ein Kind, stellte es mitten unter sie und herzte es« (Mk 9,36). Wie schön wird das sein, wann auch immer: endlich wieder »herzen«, wieder umarmen zu können, die Kleinen wie die Großen! Warten wir auf Christus: auf seine Welt, auf seinen Advent, auf sein Licht. Es brennt bereits wunderbar.

Amen.

Predigt anlässlich des Jubiläums »150 Jahre Evangelische Diakonissenanstalt Speyer-Mannheim«*

Lukas 10,29–37

*29Er aber wollte sich selbst rechtfertigen und sprach zu Je-
sus: Wer ist denn mein Nächster? 30Da antwortete Jesus
und sprach: Es war ein Mensch, der ging von Jerusalem
hinab nach Jericho und fiel unter die Räuber; die zogen
ihn aus und schlugen ihn und machten sich davon und ließen ihn halb tot liegen. 31Es traf sich aber, dass ein Priester
dieselbe Straße hinabzog; und als er ihn sah, ging er vorüber. 32Desgleichen auch ein Levit: Als er zu der Stelle kam
und ihn sah, ging er vorüber. 33Ein Samariter aber, der auf
der Reise war, kam dahin; und als er ihn sah, jammerte es
ihn; 34und er ging zu ihm, goss Öl und Wein auf seine
Wunden und verband sie ihm, hob ihn auf sein Tier und
brachte ihn in eine Herberge und pflegte ihn. 35Am nächsten Tag zog er zwei Silbergroschen heraus, gab sie dem
Wirt und sprach: Pflege ihn; und wenn du mehr ausgibst,
will ich dir's bezahlen, wenn ich wiederkomme. 36Wer von
diesen dreien, meinst du, ist der Nächste geworden dem,
der unter die Räuber gefallen war? 37Er sprach: Der die
Barmherzigkeit an ihm tat. Da sprach Jesus zu ihm: So geh
hin und tu desgleichen!*

* Gottesdienst am 09. 09. 2009 im Park des Diakonissen-Mutterhauses in Speyer.

Liebe Festgemeinde!
Im Zentrum dieser Geschichte steht – vielmehr: liegt – ein Mensch: nackt, misshandelt, beraubt. Mag er sich noch so vergessen fühlen, er steht im Zentrum. Und es geht darum, sagt Jesus, dass sich einer seiner erbarmt (vgl. Lk 10,37). Im Gleichnis ist es nur ein einziger, der dies tut: nicht der Priester, nicht der Levit, der Tempeldiener, sondern ein Samaritaner! Er kommt aus jener Gegend im Norden Palästinas, in der man die Judäer und die Galiläer nicht mag. Jesus und seine Jünger beispielsweise haben keine Aufnahme gefunden in jenem samaritanischen Dorf, von dem Lukas erzählt in dem Kapitel seines Evangeliums, das unserem Gleichnis unmittelbar vorangeht (vgl. Lk 9,51-56).

Der Samariter kommt auf seiner Reise von Jerusalem nach Jericho durch eine Gegend, in der man Leute wie ihn ablehnt. Zunächst läuft alles ab, wie gehabt: Er kommt des Wegs und trifft, wie auch schon die beiden Vorausgehenden, auf einen, der am Boden liegt: nackt, misshandelt, halbtot (vgl. Lk 10,33). Doch dann, als er den Verletzten sieht, geht er nicht vorbei. Im Unterschied zum Priester und zu dem Levit, die einfach weitergehen, wendet der Samariter den Blick nicht ab, sondern erkennt: »Dieser Mensch braucht Hilfe!« (vgl. Lk 10,34). Wer immer es ist, der da am Boden liegt: Er – oder ist es eine Sie? – ist unter die Räuber gefallen, verletzt, ohnmächtig. Da, so übersetzt Luther, »jammerte er ihn« (Lk 10,33). Damit beginnt die Wende! Der Samariter fühlt Erbarmen mit dem Überfallenen. Wörtlich heißt es: »Es schmerzen ihn seine Eingeweide.« Wir würden sagen: »Es geht ihm an die

Nieren, was er da sieht!« Er lässt sich berühren von der Not des Schwerverletzten, geht selber nahe heran und tut das Nächstliegende. Er versorgt und verbindet die Wunden; organisiert den Transport in ein Hospiz und kümmert sich auch dort noch um die weitere Betreuung des Kranken.

Warum erzählt Jesus diese Geschichte? Weil sich genau *so* Gottes Reich ereignet! Indem Menschen wirksam Hilfe leisten und erfahren, wächst Gottes Reich in dieser Welt. Das galt zur Zeit Jesu, und das gilt heute. Es galt vor 750 Jahren, als hier, in Speyer, das Spital zum Heiligen Georg gegründet wurde, und es galt vor 150 bzw. vor 125 Jahren, als in Speyer und Mannheim Diakonissen begonnen haben, für Kranke zu sorgen und bald auch für alte, pflegebedürftige Menschen, für Menschen mit Behinderungen und für Kinder und Jugendliche. Sie haben damals die Not ihrer Zeit wahrgenommen, sich innerlich und äußerlich von ihr berühren lassen und, wie der Samariter im Gleichnis, Möglichkeiten konkreter Hilfe gesucht - ungeachtet der Herkunft, der Hautfarbe, der politischen und religiösen Einstellung und des Geschlechts der Hilfebedürftigen.

Heute erinnern wir uns dankbar an die, die in all den Jahren Verantwortung für die schwesternschaftliche Diakonie in der Pfalz und in Nordbaden übernommen haben. In Speyer fing es Mitte des 19. Jahrhunderts an mit zwei Pfälzerinnen: Anna Deutsch und Eva Dieffenbacher, die, im Straßburger Diakonissen-Mutterhaus ausgebildet, am 9. Juni 1859 hierher kamen und in einem winzigen Haus in der Johannesstraße, unmittelbar neben der Heiliggeist-

Kirche, ihren Dienst für die notleidenden Menschen aufgenommen haben. Wir denken an die Frauen und Männer vor uns, die bereits gestorben sind. Einige prägende Persönlichkeiten, die heute an diesem Jahresfest - stellvertretend für viele andere - unter uns sind, will ich in diesem Gottesdienst namentlich nennen. Es waren und sind die Schwestern, die Diakonissen, die »ohne Angst um sich selbst«, wie es in ihrer Lebensordnung heißt, frei waren und frei sind, mit ihrer ganzen Existenz im Dienst am Nächsten zu stehen. Für sie nenne ich voller Respekt und Anerkennung die gegenwärtige Oberin, Schwester Isabelle Wien, und ihre drei Vorgängerinnen, die heute dieses Jubiläum voller Dankbarkeit mitfeiern: Schwester Elfriede Brassat, Schwester Ilse Wendel und Schwester Hildegard Kalthoff. Ebenso bedanken wir uns bei dem gegenwärtigen Vorsteher der Evangelischen Diakonissenanstalt Speyer-Mannheim, Herrn Pfarrer Dr. Werner Schwartz, und bei seinen beiden Vorgängern: In Speyer waren dies über 28 Jahre hindurch Pfarrer Karl-Gerhard Wien und in Mannheim Pfarrer und Dekan Gernot Ziegler. Für die betriebswirtschaftliche Seite trägt heute Herr Friedhelm Reith die Hauptverantwortung, zuvor war es Herr Gerhard Hildenbrand, der heute ebenfalls unter uns ist.

Auf ihnen und den vielen Ungenannten ruht die Arbeit auf, die hier getan wird: als die der Welt und den Menschen zugewandte Seite des Glaubens. Indem wir uns fürsorglich und helfend um andere Menschen kümmern, nehmen wir unsererseits den Impuls auf, den Jesus mit der Geschichte vom barmherzigen Samariter gesetzt hat.

Ein Gleichnis für die Liebe und Barmherzigkeit Gottes, die sich konkretisieren in jedem Menschen, der hingeht zu dem, der am Boden liegt, und das Nächstliegende tut und ihm zum Nächsten wird mit der Zusage: »Du bist mir nah, Du bist mir wert, Du bist mit teuer!«

Noch ein Zweites gibt uns Jesus im Gleichnis vom barmherzigen Samariter zu verstehen: Es geht in der Diakonie nicht allein darum, Nächstenliebe zu üben, sondern ebenso darum, wahrzunehmen, dass ich selber darauf angewiesen bin. Nicht nur um das Geben geht es, sondern auch ums Annehmen. Mich selbst, jede und jeden von uns, gibt es nur, weil jemand sich meiner erbarmt und angenommen hat, immer schon und von Anfang an. Diakonische Arbeit geschieht nicht aus eigener Kraft, sondern in der Dankbarkeit für das, was wir selbst aus lauter Güte empfangen haben. Schwester Ilse Wendel und Schwester Käthe Müller haben das unübertroffen in einem Beitrag zum 125-jährigen Jubiläum unserer Diakonissenanstalt so ausgedrückt: »Gott hat uns gesegnet. Wir haben im Lauf unserer Geschichte viel empfangen [...]. Empfangenen Segen weitergeben - das ist Diakonie«[1]. Und der Ort, an dem uns Gottes Segen immer wieder erreicht, ist der Gottesdienst, in dem Gott uns dient, uns beschenkt mit Zuversicht und Kraft und uns aufrichtet und tröstet mit

1 Ilse Wendel / Käthe Müller, Den Segen weitergeben, in: Den Segen weitergeben. 1859-1984 - Zum 125jährigen Jubiläum der Evangelischen Diakonissenanstalt Speyer, Speyer 1984, S. 45-48.

seinem freimachenden und ermutigenden Wort. Deshalb brauchen wir gerade als diakonisch Engagierte regelmäßig Zeiten der Ruhe und der Besinnung, um selbst der Barmherzigkeit Gottes teilhaftig zu werden. Sich selbst von Gott immer wieder beschenken zu lassen, ist die Kraftquelle, die uns auch morgen hilft, die uns zugewachsenen Aufgaben zu erfüllen und durch unser Tun Zeugnis abzulegen von der Liebe Gottes, die in Jesus Christus erschienen ist.

Und so bedanke ich mich heute bei Ihnen, die Sie als haupt- und ehrenamtliche Mitarbeiterinnen und Mitarbeiter der Evangelischen Diakonissenanstalt die Tradition der schwesternschaftlichen Diakonie fortsetzen und weiterentwickeln. Sie stehen mit Ihrer Person ein für eine Kirche, die die Perspektive des Erbarmens und der Barmherzigkeit Gottes immer neu zum Zug bringt. Sie üben Geduld und Langmut mit den Menschen, die Ihnen anvertraut sind, und Sie arbeiten mit am sozialen Gewissen unserer Kirche und der Gesellschaft im Ganzen. Gott begleite uns und unser aller Tun mit seiner helfenden Nähe!

Amen.

Predigt anlässlich des Jubiläums »40 Jahre Ökumenische Telefonseelsorge Pfalz«*

Markus 7,31–37

Liebe Gemeinde,
liebe Mitarbeiterinnen und Mitarbeiter der Telefonseelsorge!
»Ganz Ohr« ist Jesus. So wird es in der Geschichte von der Heilung eines Taubstummen erzählt:

[31]Und als er wieder fortging aus dem Gebiet von Tyrus, kam er durch Sidon an das Galiläische Meer, mitten in das Gebiet der Zehn Städte. [32]Und sie brachten zu ihm einen, der taub war und stammelte, und baten ihn, dass er ihm die Hand auflege. [33]Und er nahm ihn aus der Menge beiseite und legte ihm die Finger in die Ohren und spuckte aus und berührte seine Zunge [34]und sah auf zum Himmel und seufzte und sprach zu ihm: Hefata!, das heißt: Tu dich auf! [35]Und sogleich taten sich seine Ohren auf, und die Fessel seiner Zunge wurde gelöst, und er redete richtig. [36]Und er gebot ihnen, sie sollten's niemandem sagen. Je mehr er's ihnen aber verbot, desto mehr breiteten sie es aus. [37]Und sie wunderten sich über die Maßen und sprachen: Er hat alles wohl gemacht; die Tauben macht er hören und die Sprachlosen reden.

* Gottesdienst am 18. 10. 2019 in der Pfarrkirche St. Martin in Kaiserslautern.

Diese Wundergeschichte reiht sich ein in eine Folge von Heilungen Jesu, seiner Hin- und Zuwendung zu den Menschen, die seiner bedürfen. In ihrer Verzweiflung bringen sie einen Taubstummen zu Jesus. Und dieser hört zuerst, hört zu, bevor er dem Kranken dessen Gehör und dessen Stimme wieder schenkt. Er nimmt ihn mit all seinem hilflosen Stammeln beiseite zu einem vertraulichen Vier-Augen-Gespräch.

Quer zu der Behauptung, dass alles in Ordnung sei, wissen die in die Krise Geratenen – gestern wie heute – selbst am besten, was nicht in Ordnung ist. Fragen brechen auf: »Warum hört niemand meine stille Klage?« »Womit habe ich das verdient?« »Warum bin ich dem Leben stumm ausgeliefert?«

Fragen, auf die es zuerst zu hören gilt. Fragen nicht bloß gegen, sondern zum Teil mitten *im Abgrund*. Und es drängt uns, diese Fragen loszuwerden. Heute ist es uns möglich, rund um die Uhr – und wenn gewünscht: anonym – einen Gesprächspartner zu finden. Wenn wir uns entschlossen haben, mit jemandem zu reden, jemanden anzutreffen, der bereit ist zuzuhören, genügt der Griff zum Telefon.

Freilich ist es schwer, sich einzugestehen, dass die eigenen Möglichkeiten erschöpft sind; dass ich das Gegenüber brauche, das zuhört. Wie gut, wenn da jemand ist, in dessen Ohr hinein ich Klage führen, manchmal auch stammeln, schreien und weinen oder auch nur schweigen und still sein kann. Zu wissen, dass einer, dass eine hört, zuhört, gibt unserem Leid die Stimme zurück. Im Gehör-Finden hören wir uns selbst auf andere Weise, hören in uns hinein, hören auf Gottes Stimme.

Nicht wegtherapieren können Sie, die Sie in der Telefonseelsorge engagiert sind, all das Leid, das Ihnen anvertraut wird. Wohl aber: dieses wahrnehmen und aushalten, das können Sie. Sie können zuhören und so dazu mithelfen, dass die Not getragen und verantwortet werden kann.

Einen leichten Ausweg gibt es dabei nicht: keinen Fluchtweg, keine Abkürzung, um schnell und mühelos zum Ziel zu kommen. Trost ist *im* Leid, Hoffnung *in* der Krise, Vertrauen *in* der Angst und Einsamkeit. Im Vertrauen auf Jesus werden Leiden und Not, Angst und Elend des Kranken nicht weggeredet. Die Menschen in Sidon bringen den Taubstummen in seiner ganzen Hilflosigkeit zu ihm. Sie hoffen auf sein offenes Ohr und eine Wundertat, zumal sie von Jesu vorausgegangenen Heilungen bereits erfahren haben: »Die Tauben macht er hören und die Sprachlosen reden« (Mk 7,37b).

Und Sie, liebe Mitarbeiterinnen und Mitarbeiter in der Telefonseelsorge, Sie stehen stellvertretend für das offene Ohr Gottes, in das hinein geklagt und gestammelt wird. Sie repräsentieren geradezu die hörende, die geduldig und sensibel zuhörende Kirche in einer Zeit, die immer mehr taub geworden ist für die Not des Einzelnen. Und wenn auch geschult durch eine gründliche Aus- und Fortbildung: Sie tun diesen Dienst ehrenamtlich! Nicht als theologische und psychologische Profis, sondern als mündige Laien, als evangelische und katholische Seelsorgerinnen und Seelsorger, die das Priestertum aller Glaubenden auf eindrucksvolle Weise und in ökumenischer Verbundenheit verwirklichen!

Sie haben die Gabe, das Charisma, »ganz Ohr« zu sein – und setzen diese ein für Andere. Vielleicht, weil sie am eigenen Leib erfahren haben, wie sehr wir das manchmal brauchen, dass jemand da ist und uns zuhört. Wie nötig der Andere ist, den ich zur Seite nehmen und zu dem ich sagen kann: »Komm, nimm Dir etwas Zeit, ich muss Dir etwas erzählen!« Erst das Zuhören des Anderen verleiht mir den Mut zur eigenen Stimme. Sprachlos vor Leid, fehlen mir die Worte. Aber im Wissen um das geduldige Hören des Anderen öffnen sich mein Herz und mein Mund. Und dann darf ich ausführlich sein, einen langen Atem haben – und keiner hetzt und drängt. Und indem ich erzähle, kann es passieren, dass die Last leichter wird und das Leid tragbar.

Nicht umsonst ist das offene Ohr zum Sinnbild der Telefonseelsorge geworden: Kirche, die aufmerksam ist für die Stimme jedes und jeder Einzelnen, zum Hören und zum Antworten bereit. Und mit Ihrer Stimme nehmen Sie Stimmungen wahr, Zustimmung und Einstimmung, aber auch Verstimmung und vieles andere mehr. Die Stimme hat es offenbar mit dem eigenen Herzen, mit dem Person-Zentrum, zu tun.

Aber diese Stimmen, die anrufenden und die antwortenden, auch die schweigenden, dringen nicht nur in des Menschen Ohr, sondern in *Gottes* Ohr. Das macht die *Telefon*-Seelsorge zur Telefon-*Seelsorge*. Warum? Weil viele, wenn sie das Wort »Seelsorge« hören, eine religiöse Grundierung des Gesprächs erwarten. Das Wort »Seelsorge« im Namen signalisiert, dass die Anrufenden den Anspruch darauf haben, dass Menschen sich um die zersorgte Seele sorgen. Ja, mehr noch: dass diese Menschen dies tun im Namen des Gottes der Barmherzigkeit! Damit verbindet sich die vielleicht unausgesprochene Hoffnung, dass hier, in diesem Anruf, mein Leben, meine Geschichte – mit all ihren Brüchen und Rissen – in Zusammenhang gebracht wird mit der Gottesgeschichte. Und diese ist durch die Beter des Alten Testaments bis hin zu Jesus von Nazareth eine konkrete, eine für das Leiden und die Not der Menschen *offene* und *transparente* Geschichte geworden.

Gerade Sie, liebe Seelsorgerinnen und Seelsorger, wissen es am besten: Die wehe Klage ist nicht selten die Tür zu Gott, der Ort, wo wieder von Hoffnung zu reden möglich wird. Nicht die Hoffnung billiger Vertröstung, sondern jene anders verankerte, die der Angst und dem Elend abgerungen ist. »Die Tauben macht er hören und die Sprachlosen reden« (Mk 7,37b), das gilt nicht nur für Jesus; das gilt auch für Sie in Ihrer täglichen und nächtlichen Arbeit. Sie öffnen Ohren, Herzen und Münder: die eigenen und die der Hilfesuchenden!

Für Ihren so notwendigen und Not wendenden Dienst in der Telefonseelsorge sage ich Ihnen allen von Herzen Dank. Bleiben Sie »ganz Ohr« – für sich selbst und all die Anrufenden, denen Sie beistehen.

Amen.

Predigt anlässlich der Eröffnung des Hospizes im Diakoniezentrum Pirmasens*

Markus 16,9–15

[9]Als aber Jesus auferstanden war früh am ersten Tag der Woche, erschien er zuerst Magdalena, von der er sieben Dämonen ausgetrieben hatte. [10]Und sie ging hin und verkündete es denen, die mit ihm gewesen waren, die da Leid trugen und weinten. [11]Und als diese hörten, dass er lebe und ihr erschienen sei, glaubten sie nicht. [12]Danach offenbarte er sich in anderer Gestalt zweien von ihnen unterwegs, als sie aufs Feld gingen. [13]Und die gingen auch hin und verkündeten es den andern. Aber auch denen glaubten sie nicht. [14]Zuletzt, als die Elf zu Tisch saßen, offenbarte er sich ihnen und schalt ihren Unglauben und ihres Herzens Härte, dass sie nicht geglaubt hatten denen, die ihn gesehen hatten als Auferstandenen. [15]Und er sprach zu ihnen: Gehet hin in alle Welt und predigt das Evangelium aller Kreatur.

Liebe Gemeinde!
Das Markusevangelium, eines der frühesten Zeugnisse der Christenheit, endete ursprünglich mit dem Satz: »Und sie gingen hinaus und flohen vor dem Grab; denn Zittern und Entsetzen hatte sie ergriffen. Und sie sagten niemand

* Gottesdienst am 23. 01. 2009 in der Kapelle »Maria und Marta« im Diakoniezentrum Pirmasens.

etwas; denn sie fürchteten sich« (Mk 16,8). Gut hundert Jahre später wird unser Predigttext (Mk 16,9-15) als neuer Schluss an das Evangelium angefügt. Denn mehrere Generationen nach Jesu Kreuzigung ist deutlich: Seine Geschichte endete nicht mit »Zittern und Entsetzen« (Mk 16,8), nein, Neues hat begonnen, und die Jüngerinnen und Jünger haben begriffen: Mit dem Tod Jesu am Kreuz ist eben nicht alles zu Ende, vielmehr ist er der Durchbruch zu neuem Leben. Ostern ist der Glaube daran, dass Gott auch unser Leben über den Tod hinaus trägt und verwandelt. Wie das aussehen wird, wissen wir nicht. Darüber müssen wir auch gar nicht spekulieren. Aber wir dürfen darauf vertrauen, dass Gott jede und jeden Einzelnen von uns beim Namen gerufen hat und dieser Name bei Gott geborgen sein wird, auch wenn wir längst gestorben sein werden. Gerade das aber führt uns Christinnen und Christen nicht zur Weltflucht, sondern gibt uns die Freiheit, uns der Welt und ihren Herausforderungen zuzuwenden.

Nur von diesem Osterglauben her können wir überhaupt den Mut haben, uns offen auch mit dem Tod auseinanderzusetzen; mit unserer eigenen Endlichkeit, unserer Zerbrechlichkeit und Sterblichkeit, ebenso mit dem Tod Anderer.

Wir leben in einer Zeit, die geradezu panische Angst hat vor dem Tod. Er wird abgeschottet in vermeintlich klinisch saubere Bereiche. Im Durchschnitt sterben heute 85 Prozent – und in Großstädten über 90 Prozent – der Menschen in Kranken- oder Pflegeinstitutionen. Jeder möchte schnell und zügig sterben. Und so befürworten

78 Prozent der Deutschen die aktive Sterbehilfe! Unter den Christen sagen nur 14 Prozent der Protestanten und 18 Prozent der Katholiken: »Über Leben und Tod darf nur Gott entscheiden.« Dabei lässt nicht bloß die oft unerträglich gewordene Notlage, sondern viel eher noch die sich schleichend vollziehende Ausgliederung des Lebensendes aus den gewohnten Bezügen den Ruf nach aktiver Sterbehilfe laut werden. Wo aber nicht mehr gemeinsam, sondern allein auf den Tod gewartet wird, ist für viele nicht mehr einzusehen, warum überhaupt noch gewartet werden soll – und es nicht vielmehr freigestellt werden kann, das Warten entweder selbst zu beenden oder beenden zu lassen. Angesichts dieser Situation wird man der Aussage der Protestantischen Kirche in den Niederlanden nicht widersprechen können, wonach »die Vorstellung, dass das Leben ein Geschenk Gottes ist, manchmal an der erbärmlichen Lage eines Menschen zerbricht«[1]. Das macht stumm. Wir sollten uns jeglichen moralischen Urteils enthalten!

Aber das ist etwas ganz anderes, als den Entschluss, das eigene Leben daraufhin zu beenden oder beenden zu lassen, seinerseits zu rechtfertigen. Vom christlichen Verständnis menschlichen Lebens und Sterbens her müssen wir mit derselben Entschiedenheit, mit der wir vor moralischen Verurteilungen warnen, jeder moralischen Legitimierung der Euthanasie entgegentreten! Grundsätzlich

[1] Zitiert nach Harry M. Kuitert, Der gewünschte Tod. Euthanasie und humanes Sterben, Gütersloh 1991, S. 122.

ist das Selbstbestimmungsrecht von Schwerkranken und Sterbenden zu stärken, sofern es nicht gegen das unbedingte Lebensrecht jedes Einzelnen ausgespielt wird. Zu begrüßen sind die sog. Patientenverfügungen, in denen lebensverlängernde Maßnahmen innerhalb ethischer Grenzen abgelehnt werden können. Auch ist und bleibt es eine besonders dringliche Aufgabe, die Palliativmedizin zu fördern. Zur Annahme des Lebens gehört freilich auch der Respekt davor, dass das Leben, unser aller Leben, irgendwann unwiderruflich an sein Ende kommt. Dem Sterben ist daher – auch im wörtlichen Sinne – Raum und Zeit zu geben. Nicht im Davonlaufen, sondern einzig im Dableiben, manchmal auch im Dagegen-Anrennen, lässt sich vermitteln, dass unser Sterben nicht nur Ausgang ist, sondern zu einem Übergang und Neuanfang wird.

Was Sterbende brauchen, ist unsere Nähe und unsere Solidarität. Sterbende zu begleiten, bei ihnen zu sein und zu bleiben, dieses »Werk der Barmherzigkeit« gehört zu den ureigensten Aufgaben der Kirche. Es stand auch am Anfang der Planung des Stationären Hospizes hier in Pirmasens, das wir heute seiner Bestimmung übergeben. Von den anfänglichen Planungen bis heute sind vierzehn Jahre vergangen. Heute stehen schwerkranken Patientinnen und Patienten sowie sterbenden Menschen sechs wohnlich ausgestaltete Einzelzimmer zur Verfügung. Die Gäste, die hier ein Zuhause auf Zeit finden, sollen in der letzten Phase ihres irdischen Lebens Geborgenheit und Schutz, Pflege und Fürsorge erfahren – als Spiegelbild der Liebe und Treue Gottes zu jedem und jeder Einzelnen von uns.

So sage ich allen, die mitgeholfen haben, dieses erste Stationäre Hospiz in der Westpfalz zu errichten, von Herzen Dank. Dank dafür, dass Sie der Einsamkeit der Sterbenden entgegenwirken und hier nun eine neue Kultur der Solidarität und der Humanität, die die geistliche Begleitung mit einbezieht, etablieren. Ich danke den Pflegekräften, die die Gäste rund um die Uhr betreuen, und den ehrenamtlich Mitarbeitenden, die den Patientinnen und Patienten und ihren Angehörigen beistehen. Häufig im Übergang von Selbsthilfe zur Fremdhilfe, vermitteln Sie durch Ihre begleitende Nähe etwas von der Liebe und Barmherzigkeit Gottes und erfahren doch zugleich Stärkung von den Sterbenden und Trauernden selbst.

Ich glaube tatsächlich, dass Lebensmut und Todesmut im positiven Sinn zusammengehören. Wenn ich glauben kann, dass Gott mein Leben hält und trägt, über den Tod hinaus, dann muss ich dem Tod nicht ausweichen. Dass wir Angst vor dem Sterben haben, das ist ganz normal. Wir kennen das Sterben und den Tod nicht, und alles Unbekannte macht Angst. »Wohin aber entschwindet der, der ins Nichts entschwindet?«, fragt Martin Luther einmal, und er antwortet: »Er ist aber aus Gott und dem eigenen Nichts hervorgegangen, deshalb kehrt zu Gott zurück, wer in das Nichts zurückkehrt. Kann doch unmöglich außerhalb von Gottes Hand fallen, der außerhalb seiner selbst und aller Kreatur zu fallen kommt, der Kreatur, die Gottes Hand von überall her umgreift. Denn er [Gott] hält die Welt in seiner Hand [...]. Stürze also durch die Welt hindurch, wohin stürzest du dann? Doch in die Hand und den Schoß Gottes.«[2] Dieses Vertrauen gibt uns Lebenskraft. Dieser Glaube kann uns halten und tragen, da, wo wir Andere im Sterben begleiten, wo wir einen geliebten Menschen verlieren oder wir selbst im Sterbeprozess stehen.

Ich habe das zum ersten Mal verstanden, als ich als junger Pfarrer mit dreißig Jahren ein Kind beerdigen musste. Die Eltern hatten die kleine Marie-Luise, fünf Jahre alt, in ihrem Kinderzimmer aufgebahrt. In der *einen* Hand ihre Puppe, in der *anderen* Hand ein Strauß Maiglöckchen. Vom Hof, auf dem sie gelebt hatte, haben wir sie hoch zum Friedhof getragen. Nahezu das ganze Dorf kam mit. Und am nächsten Tag, da waren ihre Eltern wieder auf dem Feld. Der Tod war bei allem Schmerz in das Leben integriert.

Gerade weil Gott ein Gott des Lebens ist, der das Leben will, dem Leben zugewandt ist und angesichts des Todes das ewige Leben verheißt, ist es möglich, das Sterben anzusehen - und zu glauben, dass dieses Kind, wie alle Sterbenden, Christus nachfolgen und zum Leben auferweckt werden wird. In diesem Vertrauen, in diesem Glauben, lasst uns gerade in der Hospizarbeit, in der Begleitung von Sterbenden und Trauernden, Spuren des Reiches Gottes legen. Gott segne die Arbeit in Ihrem neuen Hospiz, Gott segne die Arbeit im »Haus Magdalena«.

Amen.

[2] Martin Luther, Operationes in Psalmos (1519–1521), WA 5; 168,1–7. Übersetzung nach Gerhard Ebeling, in: ders., Dogmatik des christlichen Glaubens, Bd. 3, Tübingen 1979, S. 434.

3. Ökumene

Predigt anlässlich der »Gebetswoche für die Einheit der Christen«*

Apostelgeschichte 2,41–47

Liebe Gemeinde,
was sind die unverzichtbaren Merkmale christlicher Gemeinschaft? Was ist der feste Bestand, das Fundament, auf dem wir stehen, das Band, das uns als Kirchen eint: im gemeinsamen Glauben an Jesus Christus? Der Predigttext aus der Apostelgeschichte gibt darauf eine Antwort. Lukas beschreibt hier, wie sich nach der Himmelfahrt Jesu die Gemeinde in Jerusalem zusammengefunden und als Gemeinschaft miteinander gelebt hat.

Ich lese aus der Apostelgeschichte im 2. Kapitel die Verse 41 bis 47:

41 Die nun sein Wort annahmen, ließen sich taufen; und an diesem Tage wurden hinzugefügt etwa dreitausend Menschen. 42 Sie blieben aber beständig in der Lehre der Apostel und in der Gemeinschaft und im Brotbrechen und im Gebet. 43 Es kam aber Furcht über alle, und es geschahen viele Wunder und Zeichen durch die Apostel. 44 Alle aber,

* Gottesdienst am 23. 01. 2011 im Dom zu Speyer.

die gläubig geworden waren, waren beieinander und hatten alle Dinge gemeinsam. [45]*Sie verkauften Güter und Habe und teilten sie aus unter alle, je nachdem es einer nötig hatte.* [46]*Und sie waren täglich einmütig beieinander im Tempel und brachen das Brot hier und dort in den Häusern, hielten die Mahlzeiten mit Freude und lauterem Herzen* [47]*und lobten Gott und fanden Wohlwollen beim ganzen Volk. Der Herr aber fügte täglich zur Gemeinde hinzu, die gerettet wurden.*

Liebe Schwestern und Brüder,
eine überraschend klare und ebenso einfache Antwort erhalten wir hier auf die Frage, was christliche Gemeinde ausmacht und woran man sie erkennt: an der Taufe auf den Namen des dreieinigen Gottes, an der Lehre der Apostel, am Brotbrechen, also der Feier des Heiligen Abendmahls, am Gebet und am Teilen der materiellen Güter untereinander. So einfach ist das!

Ist das so einfach? Oder ist Lukas ein Träumer? Träumt er den schönen Traum von einer Kirche, die in Eintracht miteinander lebt und alles teilt: einer Kirche, die aus achtbaren Personen besteht, die allseits geschätzt und beliebt sind? Ja, in gewisser Weise ist Lukas ein Träumer! Er träumt den Traum von einer Kirche, die aus dem Geist Gottes lebt, der zu Pfingsten über sie ausgegossen wurde und sie seither inspiriert. Den Traum von einer Kirche, die die Welt verändert, weil sie die Botschaft vom Reich Gottes auf der ganzen Erde verbreitet und die Menschen zu einem solchen Leben anstiftet, wie er es von der Gemeinde in Jerusalem schildert: einer Kirche, für die *das*

Mahl am Tisch des Herrn Symbol ihrer *Einheit* und nicht etwa Zeichen der Spaltung ist, die Kraft schöpft aus dem *Gebet für die Einheit untereinander* und *für ihr Wirken in der Welt,* die sich nicht entzweit darüber, wer in ihr das Sagen hat - und wer sich im eigentlichen Sinne »Kirche« nennen darf. So gesehen, ist Lukas in der Tat ein Träumer! Er hat die Vision von einer Kirche, die das von Jesus begonnene Werk fortsetzt, die das Reich Gottes auf Erden sichtbar werden lässt, deren gemeinschaftliches Leben ausstrahlt in die Welt, die »Wohlwollen« findet »beim ganzen Volk« (Apg 2,47).

Träumer sind bekanntlich die besseren Realisten! Und dies spiegelt sich auch bei Lukas wider. Vielleicht hat er ja tatsächlich in der Gemeinde von Jerusalem entdeckt, dass man sich konsequent an der Lehre Jesu orientiert, der die Reichen zu verantwortlichem Umgang mit ihrem Besitz ermahnt und die Armen seliggepriesen hat. Sicher hat Lukas urchristliche Gottesdienste besucht, in denen die Lehre der Apostel gehört, gemeinsam gebetet, das Mahl des Herrn miteinander gefeiert wurde. Und vermutlich hat er daraus ein Bild entworfen, wie christliche Gemeinde ihrem Auftrag gerecht werden kann, wie ihr Zusammenkommen aussehen und ihr Umgang miteinander gestaltet sein soll. Nur auf diese Art und Weise - das war die Auffassung des Lukas - kann Kirche glaubwürdig Zeugnis ablegen von Jesus Christus.

Szenenwechsel! Eine Versammlung in der Lutherstadt Wittenberg. Ein orthodoxer Bischof, ein freikirchlicher Pastor, ein römisch-katholischer Kardinal sowie eine evangelische Pfarrerin werden auf Vorschlag des Ökumenischen Rats der Kirchen in die Schlosskirche zu Wittenberg eingeladen. Ein Konsensdokument über die Einheit der Christenheit sollen sie verfassen. Sie haben sich gemeinsam dazu verpflichtet, diesen Ort erst wieder zu verlassen, wenn sie sich über die zentralen Fragen der christlichen Kirche geeinigt – und dies in einem Grundlagenpapier zur Einheit der Christenheit festgehalten haben. Unser Text aus der Apostelgeschichte soll dabei als Leitfaden dienen und dem Dokument vorangestellt werden.

Bereits am ersten Tag steht das Thema »Abendmahl« auf dem Programm. Es kommt zu gewissen Annäherungen, auch, weil man sich von der alten Kontroverstheologie verabschiedet hat und versucht, strittige Themen vom Anderen her zu durchdenken – und sie gemeinsam im Licht der Heiligen Schrift zu beleuchten. Fragen werden gestellt, und sie bleiben offen im Raum stehen.

Nach diesen ersten Klärungen wendet sich die ökumenische Gruppe der Situation zu, wie sie sich gegenwärtig in ihren Kirchen zeigt. Und sie merken, dass sie – je länger, desto häufiger – ganz ähnliche Fragen stellen: Sind unsere Gottesdienste nicht Versammlungen, in denen jeder und jede willkommen ist – ganz gleich, woher einer oder eine kommt, was ihn oder sie gerade heute in diesen Gottesdienst gebracht hat? Ist nicht dort Kirche Jesu Christi, wo wir unsere Stimme erheben: für die Armen, für die Sprachlosen, für die an den Rand Gedrängten? Bezeugen wir unseren Glauben nicht dann besonders kraftvoll, wenn wir das Heilvolle in den Vordergrund stellen, das uns unsere Ängste nimmt, uns die Vergebung unserer

Schuld zusagt und uns Orientierung vermittelt in einer unübersichtlichen Welt? Wenn wir zeigen, dass es das Band der Taufe ist, das uns – über alle Trennungen hinweg – verbindet und uns gemeinsam an unsere Wurzeln erinnert? Und sind sie nicht zu sehen: die Schritte auf dem Weg des Friedens und der Gerechtigkeit, die oft nur kleinen und unscheinbaren Worte und Gesten, die häufig mehr bewirken als große Deklarationen und offizielle Stellungnahmen?

Dabei gehen ihre Gedanken zurück zum Ökumenischen Kirchentag in München im Mai des vergangenen Jahres. »*Damit ihr Hoffnung habt!*«, so lautete sein Motto. Er wurde gemeinsam getragen von evangelischen, katholischen, freikirchlichen und orthodoxen Kirchen. Es sollte ein Hoffnungszeichen gesetzt werden für die Einheit in der Verschiedenheit, die Einheit in der Vielfalt der Formen des christlichen Glaubens. Und so wurde eine Vesper nach orthodoxem Ritus unter dem Namen »Artoklasia«, das heißt: »Gesegnetes Brot«, gefeiert, die die Gemeinsamkeit am Tisch des Herrn – über die Konfessionsgrenzen hinweg – sichtbar machen sollte.

Das gemeinsame Brotbrechen, das wir nachher auch in diesem Gottesdienst feiern, erinnert an die urchristliche Agape, die gemeinsame Mahlzeit der ersten Christinnen und Christen. Und zugleich ist diese Feier Vorgeschmack auf das, was noch schmerzlich aussteht. Sie macht uns Mut, dass wir geduldig und beharrlich unterwegs bleiben, darum beten und immer weitersuchen nach der sichtbaren Einheit als vielfältige Gemeinschaft in *einem Glauben* und am *Tisch des Herrn*. Ja, es ist wichtig, dass wir uns von Christus selbst immer neu daran erinnern lassen, dass das Brot, das bei seinem Mahl gereicht wird, keine getrennten Tische verträgt! Gottes Geist, um den wir heute bitten, möge uns Wege finden lassen, den *einen* Tisch zu dem *einen* Brot, Christus, wieder zu gewinnen!

Das gemeinsame Brot steht bei Lukas auch für die Gemeinschaft an Hab und Gut. Christliche Gemeinde muss darum nicht gleich zu einer Kommunität mit gemeinschaftlichem Besitz werden. Ordensgemeinschaften und Kommunitäten waren schon immer spezielle Formen, die durch die Konsequenz ihres Lebensstils in besonders eindeutiger Weise die Besitzgemeinschaft praktizieren. Aber schon in der Jerusalemer Urgemeinde ist das nicht das Modell, nach dem alle leben. Lukas berichtet davon, dass die Begüterten die Bedürftigen unterstützten, ihre Habe einbrachten, wenn Bedarf bestand. Um eine *Ethik des Teilens*, der Unterstützung in Not Geratener also, geht es. Und darum, dass die Feier des Brotbrechens Ausdruck der Einheit und der gleichen Teilhabe aller an der Gemeinschaft Jesu Christi ist.

»Wohlwollen beim ganzen Volk« (Apg 2,47) fand die Jerusalemer Urgemeinde. Ist das das Ziel der Kirche auch heute? Der Klarheit des Zeugnisses für den Glauben kann sie nicht ausweichen. Den Konflikt um die Wahrheit darf sie nicht scheuen, selbst wenn sie damit kein Wohlwollen findet. Lukas will darum mit seinem Bericht auch keineswegs dazu auffordern, das christliche Zeugnis der gesellschaftlichen Akzeptanz anzupassen. »Man muss Gott mehr gehorchen als den Menschen!« (Apg 5,29), wird Petrus wenig später dem Hohen Rat in Jerusalem entgegenhalten. Nein, das Wohlwollen bei allem Volk zu finden, meint keine falsch verstandene »political correctness«. Es zeigt vielmehr an, dass die Jerusalemer Gemeinde Andere durch ihr Leben überzeugen konnte: dadurch, wie man miteinander umging, wie die Gottesdienste gefeiert wurden, weil jeder Zugang hatte und darauf geachtet wurde, dass allen in Not Geratenen geholfen wird.

So, liebe Schwestern und Brüder, sannen die Geistlichen beim Konklave in Wittenberg nach über die Situation ihrer Kirchen im Licht unseres Textes aus der Apostelgeschichte. Die Ernüchterung, die sich angesichts nicht gelöster theologischer Differenzen anfänglich bei ihnen breit gemacht hatte, wich plötzlich einer neuen Einsicht; die scheinbar so großen Unterschiede rückten in ein neues Licht: »Darf das Zeugnis unseres Glaubens, das wir der Welt schuldig sind, unter diesen Differenzen leiden?«, fragten sie sich. »Ist es nicht der Glaube an Jesus Christus, der uns alle miteinander eint, die Taufe, die jedem und jeder offensteht, das gemeinsame Brot, das uns mit Christus verbindet, die biblischen Texte, die die gemeinsame Grundlage unserer Kirchen sind – unbeschadet aller Unterschiede, die wir gar nicht leugnen wollen? Sollen wir nicht vielmehr bezeugen, dass Vielfalt Reichtum ist; dass wir uns gegenseitig brauchen und aufeinander angewiesen sind; dass unsere unterschiedlichen Profile und Traditionen sich nicht gegenseitig ausschließen, sondern einander ergänzen? Erleben wir nicht im wechselseitigen Geben und Nehmen, im ehrlichen Respekt vor der jeweils anderen Tradition des Partners, dass unsere Beziehungen zu Begegnungen im Glauben werden?«

Und so fassten die Kirchenvertreter den einzigen Beschluss, der ihnen angesichts dieser Überlegungen noch sinnvoll erschien: Sie verzichteten darauf, eine eigene Deklaration zu verfassen und erklärten stattdessen diesen Text der Apostelgeschichte selbst zu ihrem Konsensdokument. Hier, so meinten sie, seien die wichtigsten Merkmale zusammengefasst, auf die sich alle Kirchen verständigen können. Dabei lassen sich im Rahmen eines solchen Konsenses die *Unterschiede* der Konfessionen gut unterbringen. Sie zeigen nämlich, dass man der einen Kirche nicht die Interpretation der anderen aufzwingen soll. Vielmehr komme der gemeinsame *Grund des Glaubens* auf diese Weise viel besser zum Ausdruck. Niemand mehr brauche nämlich dem Anderen abzusprechen, in legitimer Weise »Kirche Jesu Christi« zu sein. Nicht zuletzt, so dachten sie, ist es angemessen, wenn die Türen wechselseitig weit geöffnet werden – und sie sich in dieser Aufgeschlossenheit füreinander dem Dienst an ihren Kirchen widmen können.

Liebe Gemeinde,

in der Art und Weise, wie wir uns als Christinnen und Christen verstehen und miteinander feiern, auch darin, wie wir miteinander streiten und uns versöhnen und wie wir uns denen zuwenden, die unsere Hilfe brauchen, legen wir gemeinsam Zeugnis ab von dem Gott, auf dessen Namen wir alle getauft sind. So lassen wir uns beflügeln von der Gemeinschaft, die wir jetzt, in diesem Moment, miteinander erleben: Wir orientieren uns an den Hoffnungsbildern der Bibel und stärken uns durch das gesegnete Brot, das wir jetzt gleich miteinander teilen. In allem aber bitten wir Gott, dass er uns beistehe auf unserem Weg durch die Zeit und uns immer fester aneinander binde: So komm, Heiliger Geist, in dieser Sternstunde der Ökumene, erfüll' die Herzen deiner Gläubigen und entzünde in uns das Feuer deiner göttlichen Liebe (vgl. EG 156,1).

Amen.

Predigt anlässlich des Besuchs einer Delegation der Evangelischen Kirche in Deutschland in Rom*

Lukas 15,11–32

[11]Und er sprach: Ein Mensch hatte zwei Söhne. [12]Und der
jüngere von ihnen sprach zu dem Vater: Gib mir, Vater, das
Erbteil, das mir zusteht. Und er teilte Hab und Gut unter
sie. [13]Und nicht lange danach sammelte der jüngere Sohn
alles zusammen und zog in ein fernes Land; und dort
brachte er sein Erbteil durch mit Prassen. [14]Als er aber alles
verbraucht hatte, kam eine große Hungersnot über jenes
Land und er fing an zu darben [15]und ging hin und hängte
sich an einen Bürger jenes Landes; der schickte ihn auf
seinen Acker, die Säue zu hüten. [16]Und er begehrte, seinen
Bauch zu füllen mit den Schoten, die die Säue fraßen; und
niemand gab sie ihm. [17]Da ging er in sich und sprach: Wie
viele Tagelöhner hat mein Vater, die Brot in Fülle haben,
und ich verderbe hier im Hunger! [18]Ich will mich aufma-
chen und zu meinem Vater gehen und zu ihm sagen: Vater,
ich habe gesündigt gegen den Himmel und vor dir. [19]Ich
bin hinfort nicht mehr wert, dass ich dein Sohn heiße; ma-
che mich einem deiner Tagelöhner gleich! [20]Und er machte
sich auf und kam zu seinem Vater. Als er aber noch weit
entfernt war, sah ihn sein Vater und es jammerte ihn, und
er lief und fiel ihm um den Hals und küsste ihn. [21]Der Sohn

* Gottesdienst am 06. 02. 2017 in der Christuskirche in Rom.

aber sprach zu ihm: Vater, ich habe gesündigt gegen den Himmel und vor dir; ich bin hinfort nicht mehr wert, dass ich dein Sohn heiße. 22Aber der Vater sprach zu seinen Knechten: Bringt schnell das beste Gewand her und zieht es ihm an und gebt ihm einen Ring an seine Hand und Schuhe an seine Füße 23und bringt das gemästete Kalb und schlachtet's; lasst uns essen und fröhlich sein! 24Denn dieser mein Sohn war tot und ist wieder lebendig geworden; er war verloren und ist gefunden worden. Und sie fingen an, fröhlich zu sein. 25Aber der ältere Sohn war auf dem Feld. Und als er nahe zum Hause kam, hörte er Singen und Tanzen 26und rief zu sich einen der Knechte und fragte, was das wäre. 27Der aber sagte ihm: Dein Bruder ist gekommen, und dein Vater hat das gemästete Kalb geschlachtet, weil er ihn gesund wiederhat. 28Da wurde er zornig und wollte nicht hineingehen. Da ging sein Vater heraus und bat ihn. 29Er antwortete aber und sprach zu seinem Vater: Siehe, so viele Jahre diene ich dir und habe dein Gebot nie übertreten, und du hast mir nie einen Bock gegeben, dass ich mit meinen Freunden fröhlich wäre. 30Nun aber, da dieser dein Sohn gekommen ist, der dein Hab und Gut mit Huren verprasst hat, hast du ihm das gemästete Kalb geschlachtet. 31Er aber sprach zu ihm: Mein Sohn, du bist allezeit bei mir und alles, was mein ist, das ist dein. 32Du solltest aber fröhlich und guten Mutes sein; denn dieser dein Bruder war tot und ist wieder lebendig geworden, er war verloren und ist wiedergefunden.

Liebe Gemeinde!
Gibt es etwas Schöneres, als in der Epiphaniaszeit im Jahr des Reformationsjubiläums nach so reichen ökumenischen Begegnungen mit Papst Franziskus und Kurt Kardinal Koch heute einen Gottesdienst zu feiern, der uns als Christinnen und Christen am Tisch des Herrn zusammenführt – hier, in der Christuskirche der Evangelisch-Lutherischen Gemeinde in Rom? Noch schmerzt die Trennung, die wir gerade bei der Feier des Abendmahles erfahren. Besonders die konfessionsverbindenden Paare und Familien sehnen sich dabei nach sichtbarer Einheit. Darüber haben wir gesprochen.

Kein anderer als Martin Luther teilt diese Sehnsucht. Er betet in seinem Betbüchlein von 1522: »Wir [...] bitten dich und flehen dich an: Du wollest durch den Heiligen Geist alles Zerstreute zusammenbringen, das Geteilte vereinen und ganz machen, wollest auch geben, dass wir uns zu deiner Einigkeit wenden, deine einzige, ewige Wahrheit suchen, von allem Zwiespalt lassen, auf dass wir eines Sinnes gerichtet seien [...] auf Jesus Christus.«[1] Freilich, seine Hinwendung zum Evangelium hat im 16. Jahrhundert neue Mauern entstehen lassen. Mauern, über die wir springen wollen: »Mit meinem Gott« kann ich »über Mauern springen« (Ps 18,30), so heißt es im 18. Psalm. Gott selbst also hilft uns dabei. Er will, dass die jahrhundertealten Mauern zwischen unseren Kirchen eingerissen werden, damit es zur versöhnten Vielfalt kom-

1 Martin Luther, Betbüchlein (1522), WA 10/II; 478,6–12.

men kann: zu Begegnungen zwischen uns Menschen und dem auf uns wartenden, immer neu auf uns zukommenden gnädigen Gott!

Denn Gott ist wie der Vater im Gleichnis vom verlorenen Sohn (Lk 15,11–32). Und schon seine Eingangsszene hat es in sich: »Ein Mensch hatte zwei Söhne« (Lk 15,11). Der Jüngere von beiden sucht das Weite. Er lässt sich sein Erbe auszahlen und macht sich vom Acker. Und das ganz wörtlich: Er lässt den Acker zurück, den Boden, den Vater, den Bruder, das Haus, die Heimat. Er nimmt sein Erbe und geht. Hier haben wir das ganze Familiendrama: von Ablösung und Geschwisterrivalität, von Autoritätskonflikten und Freiheits-Sehnsucht. Eine geradezu mythische Aufladung schwingt da mit: Sohn und Vater, Bruder und Bruder, Erbe und Scholle, Heimat und Fremde. Es ist ein Männermythos – eng verwoben mit der patriarchalen Welt seiner Zeit. Und dennoch aktuell, durchlässig auch für die Dramen der Töchter mit ihrem Wunsch nach Emanzipation und der Suche nach dem eigenen Weg.

Der jüngere Sohn zieht davon. Zieht in die Fremde, in das Land ohne Namen. Endlich frei sein von den Normen väterlicher Autorität! Endlich nicht mehr nur »das Gutsherrensöhnchen« sein. Schluss mit dem ewigen Gemessen-Werden am Älteren. Endlich entdecken, wer man selber ist: jenseits der Rollen, der Zuschreibungen und Erwartungshorizonte der Anderen. Diese Freiheit ist ein hohes Gut: Sehnsucht aller Geknechteten dieser Erde, aller Abhängigen und Eingesperrten und auf Rollen, Stand und Tradition Fixierten. »Ein Christenmensch ist ein freier Herr aller Dinge und niemandem untertan«[2]: Mit diesem Ruf zur Freiheit begann auch die Reformation. So wollte Luther seine Kirche erneuern, sie zur Freiheit befreien: sie nicht trennen, keine neue Kirche gründen, sondern sie re-formieren.

Die im 16. Jahrhundert dann doch entstandene Kirchenspaltung ist zu beklagen. Und wie schmerzhaft sie ist, macht die fehlende Gemeinschaft am Tisch des Herrn jedem und jeder offenbar. Diese Wirkungsgeschichte aber darf nicht den Blick verstellen auf die Grundanliegen der Reformation, die als Ruf zur Freiheit und zur geistlichen Erneuerung heute neu zu hören sind. Freilich, Luther hat erkannt: Die Freiheit, sie ist immer Verheißung und Abgrund zugleich. Denn das Leben reißt so leicht. Etwas schlingert, gerät aus der Spur, und schon ist aus dem Freiheitsdrang ein Sturz in die Einsamkeit geworden.

Liebe Gemeinde, zahllos sind die Dramen, die aus missglückter Freiheit entspringen. Zahllos die Geschichten familiärer und politischer Niederlagen, in denen die Freiheit ihr Maß nicht findet und in Zerstörung umschlägt. Eine Zeit lang lief alles gut: auch für den Sohn in jenem fernen Land. Er fand einen Haufen junger Leute, die dachten wie er. Einige hatten Geld, andere keines, das war egal. Man teilte alles und feierte viel; schlug über die Stränge, kannte keine Grenzen, keine Verbote, kein Maß. Als das Geld ausging, kümmerte sich jeder zuerst um sich

2 Ders., Von der Freiheit eines Christenmenschen (1520), WA 7; 21,1f.

selbst. Was mit einem freien Leben begann – mit Genuss in vollen Zügen –, gerät in Jesu Gleichnis bald auf eine abschüssige Bahn. Der Weg, der als Wanderung in die Freiheit begann, ist an sein Ende gekommen. Dass der verlorene Sohn dies erkennt, leitet die Wende ein.

Liebe Schwestern und Brüder, selbstverständlich ist das nicht! Wie oft klammern wir uns an Verhältnisse, die längst unhaltbar geworden sind: an Beziehungen, die uns ins Verderben stürzen, an Einsichten, deren Zeit längst abgelaufen ist. Wie oft klammern wir uns an Strukturen, die wir als überholt erkannt haben – auch in unseren Kirchen und Gemeinden. Wie viel Verdrossenheit und falsches Beharren gibt es, weil gehalten werden soll, was längst nicht mehr zu halten ist. Wie oft verbunkern wir uns in törichtem Trotz. Es ist schwer zuzugeben, dass man am Ende ist. Denn diese Einsicht ist in einer auf Stärke und Unabhängigkeit versessenen Welt wohl das Schlimmste!

Es heißt von dem Sohn, er sei »in sich gegangen« (Lk 15,17). Und »in sich gehen« meint, nach innen zu schauen, genau hinzusehen, was eigentlich los ist. Die Wahrheit nicht zu scheuen. Mich nicht selbst zu täuschen über meine Absichten, meinen Weg, meine Lage. Hinsehen auch dann, wenn es weh tut und die Scham zu brennen beginnt: »Vater, ich habe gesündigt gegen den Himmel und vor dir. Ich bin hinfort nicht mehr wert, dass ich dein Sohn heiße« (Lk 15,18.21): Zweimal steht dieser Satz im Gleichnis. Sind wir bereit, ihn zu hören? Oder möchten wir ihn am liebsten überspringen, um sogleich zum Vater zu schwenken, der dem Sohn, kaum hat er ihn am Horizont entdeckt, entgegenläuft? Das ist ja das Umwerfende: Wie dieser alte Patriarch seine Würde fahren lässt und läuft, dass ihm die Kleider um die Beine wehen, und die Arme sind weit ausgebreitet, ganz weit, so dass sich der Sohn in sie hineinwerfen, in sie hineinflüchten kann: »Alles ist wieder gut. Du musst gar nichts sagen – du bist wieder da, nichts anderes zählt!« (vgl. Lk 15,24). Unvermittelt befinden wir uns in einem Happy End, und die Geschichte bekommt eine Süßlichkeit, einen kitschigen, falschen Ton. Aber so geht das Gleichnis nicht! Groß steht da der Satz: »Vater, ich habe gesündigt gegen den Himmel und vor dir!« (Lk 15,21). Ohne dieses Bekenntnis geht es nicht. Ohne die Einsicht in das Versagen, ohne die Einsicht, dass die Verlorenheit, in die der Sohn geraten ist, etwas mit seiner Schuld zu tun hat.

Aber schon höre ich die Abwehr: »Muss das denn sein, diese Selbstbezichtigung? Dieses verzweifelte an die eigene Brust Schlagen? Brauchen wir – im Jahr des Reformationsjubiläums – überhaupt einen zentralen Buß- und Versöhnungsgottesdienst?«, so fragen entsprechend die Kritiker. Von einer »Schuldkultur« hat der Psychoanalytiker Alexander Mitscherlich gesprochen.[3] Und er meinte damit jenen unrühmlichen Zusammenhang aus Christentum und Kirche auf der einen und autoritärer Erziehung auf der anderen Seite, mit dem Menschen klein und ängstlich und manipulierbar gemacht werden sollten. Es gibt in der Tat eine Missbrauchsgeschichte der Schuld, das ist

[3] Vgl. Alexander Mitscherlich, Auf dem Weg zur vaterlosen Gesellschaft. Ideen zur Sozialpsychologie, München 1963.

wahr! Wir sollten das nicht vergessen. Es gibt aber auch die andere Gefahr, und die heißt Oberflächlichkeit! Verlust jeder Tiefendimension, Verdrängung der dunklen Seiten, gerade auch in mir. Schuld wird dann nur noch außen gesucht: bei den Anderen, den Strukturen, den Verhältnissen. Was aber uns selbst betrifft, das wird allenfalls unter dem Begriff: »Schuldgefühl« abgehandelt – jenes unfruchtbare und beklemmende Rumoren, das einem das Leben vergällen kann und das man mit sich herumschleppt wie den eigenen Schatten, über den zu springen doch so schwer ist. Das *Schuldbekenntnis*, das der Sohn ausspricht, hat mit diesen Schuld*gefühlen* aber nichts zu tun. Das Schuldbekenntnis hier ist vielmehr ein Schritt zur Klarheit: das Ende der Selbsttäuschung, ein Blick in die Tiefe der eigenen Existenz. Erst dadurch wird der Weg frei zum Vater! Darum ist es gut, auch die Schuldgeschichte unserer je eigenen Kirchenfamilien beim Namen zu nennen und Gott um Vergebung zu bitten. So haben kürzlich der Papst und Vertreter des Lutherischen Weltbunds in Lund offen benannt, was an Entwürdigendem geschehen ist und zwischen uns stand. Und indem wir es als Schuld vor Gott bringen, wird auch der Weg zueinander und füreinander frei. Nichts soll sich mehr zwischen uns stellen: Versöhnung ist möglich!

Doch wir sind noch nicht am Ende. Da gibt es noch den anderen Sohn, den, der täglich seine Pflichten getan hat: der zu Hause geblieben ist, die Arbeit für den Bruder miterledigt hat. Er sieht die Freude des Vaters, hört von der Vorbereitung des Festes, und in ihm steigt die Wut hoch. Er kann es nicht verstehen: Hat er nicht den Hof am Leben gehalten? Hat er nicht den Vater versorgt und sich um alles gekümmert? Und nun kommt der Bruder zurück, zerlumpt und mit leeren Taschen, und der Alte rennt ihm entgegen, lässt ein kostbares Gewand holen, Schuhe und Ring, und ein Fest soll es geben mit deftigem Braten. »Sollen sie doch, aber ohne mich!«

Verstehen Sie ihn, diesen älteren Sohn? Ich verstehe ihn! Verstehe sein Verletzt-Sein, seine Empörung. Es ist wie eine große Ent-Täuschung. Denn er war der Täuschung aufgesessen, er sei der einzig wahre Sohn, der die Tradition der Familie am Leben erhält. Das Herz des Vaters aber war größer, als er dachte: »Mein Sohn [...], was mein ist, das ist dein. Du solltest aber fröhlich und guten Mutes sein; denn dieser dein Bruder war tot und ist wieder lebendig geworden. Er war verloren und ist wiedergefunden« (Lk 15,31f.). Am Ende bleibt offen, ob der Erstgeborene sich versöhnen lässt: ob er sich einladen lässt und die Freude mitempfindet, die sein Vater ihm ans Herz legt. Nein, Gott hört nicht auf, zu rufen. Auch uns ruft er heute zu: »Lasst euch versöhnen!«

All die falschen Bilder vom jeweils Anderen, all die Vorurteile gegen Protestanten, Katholiken, Orthodoxe, Freikirchler: sie sollen aus unseren Köpfen und Herzen weichen! Ein gemeinsames Fest soll gefeiert werden wie das vorweggenommene Mahl im Reich Gottes: die versöhnte Gemeinschaft der Vielen, der Verschiedenen, die doch eins sind im Vaterhaus. Und so wie die Barmherzigkeit des Vaters den Alltag seiner Söhne verändert, so gehört auch für uns die Verantwortung für Notleidende zur Not wendenden Freiheit eines Christenmenschen. Entsprechend formulierte Luther seine zweite These: »Ein Christenmensch ist ein dienstbarer Knecht aller Dinge und jedermann untertan.«[4] Und das bedeutet heute: die Verantwortung für Menschen auf der Flucht vor Krieg und Terror; die Verantwortung für Asylsuchende, die in Angst vor ihrer Abschiebung leben; für entwurzelte Menschen in unserer Stadt; für solche, die sich von unserer immer undurchschaubarer werdenden Welt überfordert sehen; für verarmte Menschen, die nicht mehr mithalten können mit den Anforderungen dieser Gesellschaft. Auch sie sollen die ausgestreckten Arme des Vaters spüren.

Freiheit und Dienst gehören notwendig zusammen! Und so ist es unsere gemeinsame, unsere ökumenische Aufgabe, das Evangelium klar zu bezeugen in Wort und Tat, damit alle etwas spüren von Gottes Barmherzigkeit, von seiner Gerechtigkeit und von seinem Frieden.

Amen.

4 Martin Luther, Von der Freiheit eines Christenmenschen (1520), WA 7; 21,3f.

Predigt anlässlich des ökumenischen Gedenkens verfolgter Christinnen und Christen unter dem Leitwort: »Gemeinsam unter dem Kreuz«*

1. Korinther 1,18

[18]*Das Wort vom Kreuz ist eine Torheit denen, die verloren werden; uns aber, die wir selig werden, ist es Gottes Kraft.*

Liebe Gemeinde,
»das Wort vom Kreuz ist eine Torheit denen, die verloren werden; uns aber, die wir selig werden, ist es Gottes Kraft« (1. Kor 1,18). Diese Worte des Apostels Paulus sprechen mir aus dem Herzen am heutigen Tag. Wir sind als Menschen unterschiedlicher, west- und ostkirchlicher, Traditionen zusammengekommen, um miteinander Gottesdienst zu feiern. Wir spüren die Gemeinschaft, die wir unter dem Kreuz haben. Christus – unser gemeinsamer Weg, die Wahrheit und das Leben – und das Kreuz als das uns alle verbindendes Symbol dafür: Dies dürfen wir nie mehr hinter uns lassen!

Gott macht sich klein, damit wir Menschen menschlich werden: »Wenn Du *Gott* finden willst, musst Du auf *Jesu Kreuz* schauen!«, so fasst Martin Luther sinngemäß seine

* Gottesdienst am 31.03.2019 in der St.-Marien-Kirche in Kaiserslautern.

Theologie zusammen.[1] Es ist dieser Blick aufs Kreuz, der uns Christen - gleich welcher Konfession -zutiefst miteinander verbindet. *Gemeinsam* schulden wir der Welt das Wort vom Kreuz.

Das Kreuz - eine »Torheit«, so hebt Paulus an (1. Kor 1,18). Und das empfinden auch *heute* Menschen so: »Wie können Christen an einen Gott glauben, der am Kreuz stirbt?«, sagen sie. »Ja, Empathie Gottes, das kennen auch andere Religionen. Aber an einen Gott glauben, der sich ohnmächtig zeigt gegenüber Gewalt und Tod?« Vielleicht ist das überhaupt die größte Herausforderung unseres Christ-Seins: Gott selbst stirbt am Kreuz, wird selbst Opfer von Hass und Gewalt. Wie können wir so etwas glauben?

Auf der anderen Seite fühlen sich viele Menschen gerade deshalb Gott so nahe, weil auch sie in Angst und Not sind und sich ohnmächtig fühlen. Weil sie verstehen: Gott kennt dieses Gefühl, ist mit mir solidarisch. Ich kann mich an Gott wenden, weil er selbst das Leiden durchlitten hat. Meine Ohnmacht ist aufgehoben in seiner. Das hat unmittelbare Konsequenzen auch für uns als Kirchen, die wir den Glauben an Jesus Christus weitergeben. Wir können nämlich niemals mehr »Siegerkirche« sein. Unser Platz ist bei den Armen, den Schwachen, den Menschen in Not; bei denen, die etwas wissen von den Kreuzwegen

1 Vgl. Luthers fundamentaltheologische Wendung »CRUX sola est nostra Theologia« (»Das Kreuz allein ist unsere Theologie«), in: Martin Luther, Operationes in Psalmos (1519–1521), WA 5; 176,32 f.

des Lebens. Von Martin Luther King (1929–1968), dem einstigen Baptistenpastor und US-amerikanischen Bürgerrechtler, stammen folgende Sätze: »Die Kirche muß daran erinnert werden, daß sie weder Herr noch Diener, wohl aber das Gewissen des Staates ist. Sie muß Wegweiser und Kritiker des Staates sein, niemals sein Werkzeug. Wenn die Kirche ihren prophetischen Eifer nicht zurückgewinnt, wird sie zu einem gesellschaftlichen Klub ohne moralische und geistliche Autorität [...]. Befreit sie sich aber von den Fesseln des Bisherigen, übernimmt sie wieder ihre historische Mission, predigt sie furchtlos und beharrlich Frieden und Gerechtigkeit, so wird sie das geistliche Feuer der Menschen neu anfachen.«[2]

Mich berührt, dass diese Worte – auch mehr als fünfzig Jahre nach Martin Luther Kings gewaltsamem Tod – so aktuell sind. In der Tat, unsere Kirche ist kein gesellschaftlicher Klub, zu dem manche sie gerne machen möchten. Sie steht nicht im Abseits, verkriecht sich nicht in eine private Nische. Nein, die unter Unrecht und Krieg leiden, sind uns aufs Herz gelegt, weil Gott sich den Ohnmächtigen zuwendet und wir als Kirche Jesu Christi seine Botschaft weiterzugeben haben. Und das in einer Welt, in der scheinbar nur die Mächtigen etwas gelten, in der Hunger und Unrecht zum Himmel schreien und sich manche schamlos an Kriegen bereichern. Ja, als Torheit, als Irr-

2 Martin Luther King jr., Kraft zum Lieben. Betrachtungen und Reden des Friedensnobelpreisträgers (Konstanzer Taschenbuch 50), Konstanz 1980, S. 80f.

sinn, mag dieses Kreuz den Menschen erscheinen; denn es steht für das Gegenteil von Herrschaft und Durchsetzungsvermögen, vielmehr für Ohnmacht und das Lautwerden des Schreis nach Barmherzigkeit.

Das Leid der verfolgten Christinnen und Christen, aber auch anderer religiöser Minderheiten hat in den letzten Jahren weltweit zugenommen: So geht ein sogenannter »Islamischer Staat« nach wie vor mit unvorstellbarer Grausamkeit gegen Andersgläubige vor: ein Zivilisationsbruch ungeahnten Ausmaßes.

Die Religionsfreiheit ist aber nicht nur im Nahen und Mittleren Osten gefährdet. In Nigeria etwa gibt es regelmäßig brutale Übergriffe durch Islamisten; ebenso in bestimmten Regionen Indiens. Auch in Indonesien ereignete sich im Januar dieses Jahres ein verheerender Bombenangriff auf eine katholische Kirche.

Die größte christliche Gemeinde des Nahen Ostens ist die Koptische Kirche. Etwa 10 Prozent der circa 90 Millionen Ägypter gehören einer christlichen Denomination an. Aber immer wieder sind Christen und christliche Stätten dort Ziele terroristischer Anschläge.

Dagegen steht das Kreuz Jesu. Gerade *weil* er auf Gegengewalt verzichtet, die Ohnmacht vielmehr ausgehalten und ertragen hat, wehrt er sich *gegen* die unheilvollen Kreisläufe dieser Welt. Religion und Gewalt schließen sich – seit Jesu Tod – ein für alle Mal aus! Gott durchbricht in Jesus Christus die Spirale von Gewalt und Gegengewalt. Sie hat sich im Tod Jesu förmlich aus-gewirkt, ausgetobt, im Sinne von: er-schöpft! Eindeutiger könnte der Protest *gegen* alle Gewalt nicht sein!

Gerade diese Tiefe des Gott-Erkennens hat dem Christentum seine Kraft, seine Dynamik, seine Faszination gegeben. Dieses Geheimnis der Erlösung hat es zweitausend Jahre weiterleben lassen – bis heute, bis zu uns. Die Geschichte vom Leiden und Sterben Jesu offenbart sich am Ende als Heilandsgeschichte. Sie erzählt vom Tod des Todes, weil sie ihre Kraft *nicht* am Elend und an der Not von Menschen vorbei entfaltet, sondern um unsere Abgründe weiß, sie mit uns teilt und sich gerade *im Erleiden* der Ohnmacht als *siegreich* erweist. Darin ist das Wort vom Kreuz eine Gotteskraft, dass es als Gottes Widerspruch gegen das Unheil des Kreuzes und also als Ja-Wort dem unsäglichen und stumm machenden Nein des Todes abgerungen wurde, mithin Sprache als Kraft und Kraft ganz als Sprache ist, die aller Gewalt und allem Unheil fortan zu widerstehen vermag.

Unser Glaube ist darum keiner, der für ein bisschen Beten ein bisschen Heil verspricht und spirituelle Wellness mit sich bringt. Deshalb ist auch die fundamentalistische Lehre von einem »Prosperity-Gospel«, einem sogenannten Wohlstandsevangelium, völlig irreführend. Sie nämlich besagt: Wer richtig betet und glaubt, wird reich und erfolgreich. Das aber *widerspricht* dem Zeugnis des Neuen Testaments *diametral*. In der Tat: Jesus hat Menschen geheilt und heil werden lassen. Aber er hat denen, die krank sind, die mit Behinderung leben müssen, die in Armut gefangen sind, gerade *nicht* die Zuwendung Gottes abgesprochen. Vielmehr hat er in seinen Seligpreisungen gesagt: »*Sie sind* die Geliebten Gottes: die geistlich Armen, die Barmherzigen, die reinen Herzens sind und die Sehnsucht haben nach Frieden und Gerechtigkeit« (vgl. Mt 5,3 ff).

Wer an Jesus Christus glaubt, wird dadurch nicht reich und gesund, sondern erhält die Kraft, auch *in* den Wüstenzeiten des Lebens durchzuhalten. Hoffnung auf eine bessere Welt entsteht, weil Menschen sich zusammenschließen, Feinde sich lieben lernen und Barmherzigkeit regiert statt Durchsetzungsvermögen und Ellenbogen-Mentalität. Wir können uns Jesus anvertrauen, weil er ganz und gar Mensch war, weil er Versuchung kannte, aber auch Glück, Verrat, aber auch Freundschaft. Er hat uns gezeigt, dass und wie Gott uns Menschen liebt.

Nicht weil wir sind, wie wir sind – und auch nicht, weil wir etwas leisten –, sondern *obwohl* wir sind, wie wir sind, nimmt Gott uns an, mit all unserem Scheitern, unseren Ängsten, unserer Schwäche, umsonst.

Nicht *Gott* wollte, dass Jesus leidet. Auch will Gott nicht, dass *wir* leiden. Der Gott, von dem Jesus erzählt, spricht uns *Leben in Fülle* zu. Er vergibt uns und ermutigt uns. Er durchbricht den durch Menschen verursachten Kreislauf von Gewalt und Tod im Kreuz und in der Auferstehung Jesu. Das mag manchem eine Torheit sein. Uns aber ist es eine Gotteskraft: Trost und Trotz zugleich!

Trost und Stärke im Ertragen des Leids, wenn es uns unausweichlich anfällt und trifft. Aber auch Trotz, der uns ermächtigt, gegen den Allmachtsanspruch des Todes »Nein« zu sagen und allem Wüten und aller Gewalt ein mutiges »Dennoch!« entgegenzuhalten. So beten wir zu Gott für Menschen, die um ihres Glaubens willen verfolgt werden, und setzen uns im Namen Jesu für sie ein, gestärkt durch die Kraft, die uns der Blick auf ihn verleiht. Lasst uns dies nie wieder getrennt, lasst es uns immer mehr gemeinsam tun: gemeinsam unter dem Kreuz.

Amen.

Predigt anlässlich des mennonitisch-protestantischen Begegnungstages in Bolanden-Weierhof*

1. Korinther 3,3b–15

*[3b]wenn Eifersucht und Zank unter euch sind, seid ihr da
nicht fleischlich und lebt nach Menschenweise? [4]Denn
wenn der eine sagt: Ich gehöre zu Paulus, der andere aber:
Ich zu Apollos –, ist das nicht nach Menschenweise geredet? [5]Was ist nun Apollos? Was ist Paulus? Diener sind sie,
durch die ihr gläubig geworden seid, und das, wie es der
Herr einem jeden gegeben hat: [6]Ich habe gepflanzt, Apollos hat begossen; aber Gott hat das Gedeihen gegeben. [7]So
ist nun weder der etwas, der pflanzt, noch der begießt,
sondern Gott, der das Gedeihen gibt. [8]Der aber pflanzt und
der begießt, sind einer wie der andere. Jeder aber wird seinen Lohn empfangen nach seiner Arbeit. [9]Denn wir sind
Gottes Mitarbeiter; ihr seid Gottes Ackerfeld und Gottes
Bau. [10]Nach Gottes Gnade, die mir gegeben ist, habe ich
den Grund gelegt als ein weiser Baumeister; ein anderer
baut darauf. Ein jeder aber sehe zu, wie er darauf baut.
[11]Einen andern Grund kann niemand legen außer dem,
der gelegt ist, welcher ist Jesus Christus. [12]Wenn aber jemand auf den Grund baut Gold, Silber, Edelsteine, Holz,
Heu, Stroh, [13]so wird das Werk eines jeden offenbar wer-*

* Gottesdienst am 08. 09. 2013 in der Mennonitenkirche Weierhof.

den. Der Tag des Gerichts wird es ans Licht bringen; denn mit Feuer wird er sich offenbaren. Und von welcher Art eines jeden Werk ist, wird das Feuer erweisen. [14]*Wird jemandes Werk bleiben, das er darauf gebaut hat, so wird er Lohn empfangen.* [15]*Wird aber jemandes Werk verbrennen, so wird er Schaden leiden; er selbst aber wird gerettet werden, doch so wie durchs Feuer hindurch.*

Liebe Gemeinde!
Es herrscht Streit in Korinth. Die von Paulus selbst gegründete Gemeinde hat sich in rivalisierende Gruppen, in Fraktionen, aufgespalten. Sie bedrohen die Einheit und Gemeinschaft des Leibes Christi. »Ich gehöre zu Paulus, [...] ich zu Apollos, [...] ich zu Kephas, [...] ich zu Christus« (1. Kor 1,12), so lauten die Parolen. Die einen erheben sich über die anderen und reklamieren jeweils für sich, den Stand der Vollkommenheit bereits erreicht zu haben, im Besitz des Geistes und der Kraft zu sein. Paulus sagt: »Das ist fleischlich!« (vgl. 1. Kor 3,3a). Sich ihm oder Apollos zuzuordnen, das ist »nach Menschenweise« gelebt (1. Kor 3,3b). Paulus hält nichts davon!

Auch fünfzehnhundert Jahre später geschieht Ähnliches. Da gibt es – in Opposition zu den sogenannten »Altgläubigen«, den Katholiken – Lutheraner, Calvinisten, Zwinglianer, später die Philippisten, die sich an Philipp Melanchthon orientieren. Eine weitere Fraktion sammelt sich um Menno Simons, den Theologen aus den Niederlanden, der zuerst katholischer Pfarrer gewesen ist, dann begeistert die Schriften Martin Luthers liest und bald schon als »evangelischer Prediger« angesehen wird. Beim eigenen Bibelstudium kommt er dann aber zu einem anderen Ergebnis im Blick auf die Kindertaufe. Als sein Bruder – zusammen mit einer Täufergruppe – ermordet wird, gerät er in eine persönliche Krise. Bald darauf gibt er sein Priestertum auf, heiratet und schließt sich der Täuferbewegung an. Er wird zu einem ihrer führenden Vertreter sowie zum Namensgeber der später sogenannten »Mennoniten«.

Auch *wir* kennen Zerklüftungen innerhalb einzelner Gemeinden und der Kirche insgesamt. Wie oft haben sie schon zu Spaltungen geführt?! Spaltungen in der Gemeinde in Korinth, Spaltungen im 11. Jahrhundert zwischen Ost- und Westkirche, und dann, im 16. Jahrhundert, die Trennung zwischen römischen Katholiken und den Kirchen der Reformation, später auch Spaltungen unter den Evangelischen selbst. Aber auch in einem so überschaubaren Organismus wie der eigenen Landeskirche gab und gibt es das: dass man den anstrengenden und mühsamen Weg, Unterschiede zwischen Glaubensgeschwistern auszuhalten und konstruktiv aufeinander zu beziehen, verlässt – und stattdessen die eigene Sicht, die eigene Glaubenspraxis, durch Herabsetzung der anderen meint profilieren zu müssen. Und auch der Blick in die Geschichte der täuferisch gesinnten Gemeinschaften zeigt nicht selten Zersplitterung und Abgrenzung von anderen durch die Zuordnung zu einzelnen Leitfiguren.

Dagegen entwirft der Apostel Paulus gleich zwei Gegenmodelle und verwendet dafür zwei Sprachbilder: das Bild vom *Ackerfeld* – und das Bild vom *Hausbau*.

Zurückhaltend, versöhnlich spricht er über die Arbeit auf Gottes Ackerfeld. Ob Paulus oder Apollos, keinem gebührt hier ein besonderer Vorzug. Der eine pflanzt, der andere gießt. Beide stellen sich damit gleichermaßen in den Dienst Gottes. Gott allein aber ist es, der das Gedeihen dazu gibt (vgl. 1. Kor 3,6–8): verschiedene Menschen mit verschiedenen Herangehensweisen und verschiedenen Begabungen, die sich gegenseitig ergänzen; wir alle – *viele* Glieder am *einen* Leib Jesu Christi (vgl. 1. Kor 12,12–31).

Wenn Paulus dann die Gemeinde mit einem *Bauwerk* vergleicht, kann er freilich nicht ganz so bescheiden bleiben, war er selbst doch der »weise Baumeister« (1. Kor 3,10), der den Grund gelegt hat, auf dem andere aufbauen. Aber einen anderen Grund, ein anderes Fundament, wird ohnehin niemand legen können; nur Christus trägt die Gemeinde. »Einen andern Grund kann niemand legen außer dem, der gelegt ist, welcher ist Jesus Christus« (1. Kor 3,11).

Das, liebe Gemeinde, war auch der Wahlspruch des Menno Simons. Als solcher steht er über der Eingangstür dieser Kirche. Und genau das, meine ich, bewahrt uns davor, sich nur auf eine einzelne Leitfigur zu berufen und sich so von anderen abzugrenzen.

In diesem Gottesdienst will ich darum die dunkle Seite unserer Geschichte nicht verschweigen. Es waren die Protestanten, die 1529 in Speyer auf dem Reichstag nicht nur für die Gewissens- und Glaubensfreiheit eintraten, sondern – zusammen mit den »Altgläubigen« – das Täufermandat erneuerten, gegen alle sogenannten »Wiedertäufer« die Todesstrafe zu vollziehen. Und so bitte ich – im Bewusstsein unserer historischen Verantwortung – um Vergebung für das Leid, das meine Vorfahren den Täufern einst zugefügt haben. Heute erkennen wir: Vertreibung, Verfolgung, Gewalt, das ist der falsche Weg! Es widerspricht dem Fundament unseres Glaubens, Einsichten, Überzeugungen, Glaubensweisen mit Zwang durchzusetzen. Demgegenüber ist Toleranz gefragt – nicht nur in unserer Gesellschaft, sondern auch im Verhältnis der Religionen und Konfessionen zueinander.

»Richtet nicht vor der Zeit!« (1. Kor 4,5), ruft Paulus den Korinthern zu. Alles, was wir übereinander sagen, ist im strengen Sinne des Wortes ein »Vor-Urteil«, steht also unter dem Vorbehalt des kommenden, des letzten Spruchs Jesu. Deshalb darf das Gespräch zwischen uns – um Gottes willen – nicht abreißen. Konflikte sind in fruchtbare Kontraste umzugestalten. Dabei ist die Verschiedenheit der Standpunkte gar nicht das Problem. Wohl aber dies, dass wir die eigene Position absolut setzen und damit andere abqualifizieren. Niemand kann und niemand darf für sich allein in Anspruch nehmen, Weg, Wahrheit und Leben zu sein. Diese Rolle ist bereits besetzt (vgl. Joh 14,6) und deshalb nicht mehr zu vergeben! Sie gebührt *allein Jesus Christus*. *Er* ist das Fundament, und darum steht kein Einzelner, keine Gruppe, keine Kirche exklusiv für die Mitte des Glaubens, aber auch niemand bloß am Rand.

»Einen andern Grund kann niemand legen außer dem, der gelegt ist, welcher ist Jesus Christus« (1. Kor 3,11). Für mich heißt das: Ökumenische Fortschritte wird es nur geben, wenn wir gemeinsam zu unseren apostolischen

Ursprüngen und das heißt: in die biblischen Texte zurückkehren, um von dort aus wieder mit jenem Anfang anzufangen, der vom Apostel Paulus als Grund der Kirche bezeugt wird, Jesus Christus. Deshalb halten wir an dem ökumenischen Grundsatz fest, wonach wir uns als Kirchen - gerade auch in unseren Unterschieden - mit Respekt und in gegenseitiger Achtung wahrnehmen, um so das gemeinsame christliche Zeugnis zu stärken. Wir wollen gemeinsam tun, was möglich ist, und auf dem Fundament, das in Christus gelegt ist, beharrlich weiter suchen nach der sichtbaren Einheit als vielfältige Gemeinschaft in *einem* Glauben und am Tisch des Herrn.

Heute Nachmittag haben wir hier, auf dem Weierhof, auch die gelungenen Projekte und Initiativen angesprochen und präsentiert, die es zwischen der Evangelischen Kirche der Pfalz und der Arbeitsgemeinschaft Südwestdeutscher Mennoniten gibt. Und ich mache uns Mut, in Zeugnis und Dienst zukünftig noch enger zusammenzuarbeiten. Die vielfältigen ökumenischen Erfahrungen, die zwischen unseren Kirchen schon lange gelebte Wirklichkeit sind, zeigen: Wir stehen auf dem gemeinsamen Fundament, wir sind Glieder am einen Leib Jesu Christi. Und dazu gehört auch die Tischgemeinschaft, zu der der lebendige Christus alle Getauften einlädt. Ich freue mich, dass seit knapp zwei Jahrzehnten der Tischgemeinschaft zwischen Mennoniten und Protestanten nichts mehr im Wege steht. Das lässt hoffen!

Feiern wir darum jetzt gemeinsam das Abendmahl als Sakrament der Wegzehrung, das uns verbindet mit Jesus Christus – und uns so auch untereinander immer tiefer zusammenführt; denn: »Einen andern Grund kann niemand legen außer dem, der gelegt ist welcher ist Jesus Christus« (1. Kor 3,11).

Amen.

4. *Erinnerungskultur*

Predigt anlässlich des Abschlusses der 5. Tagung der 11. Synode der Evangelischen Kirche in Deutschland*

Römer 10,9–17

Liebe Schwestern und Brüder!
»Am Anfang war das Wort«, unter diesem Motto stand diese Synodaltagung. Wir fragten nach dem Erbe der Reformation, um von da aus Perspektiven für das Reformationsjubiläum 2017 zu gewinnen. Am Ende unserer Zusammenkunft soll deshalb die Auslegung eines Textes stehen, der sowohl für Luther und Melanchthon als auch für Zwingli und Calvin für ihr Gottes- und Selbstverständnis zentral wurde. Ich lese aus dem Römerbrief des Apostels Paulus, Kapitel 10, die Verse 9 bis 17:

[9]Wenn du mit deinem Munde bekennst, dass Jesus der Herr ist, und glaubst in deinem Herzen, dass ihn Gott von den Toten auferweckt hat, so wirst du gerettet. [10]Denn wer mit dem Herzen glaubt, wird gerecht; und wer mit dem Munde bekennt, wird selig. [11]Denn die Schrift spricht (Jes

* Gottesdienst am 07.11.2012 in der Waldkirche in Timmendorfer Strand.

28,16): »Wer an ihn glaubt, wird nicht zuschanden werden.« [12]Es ist hier kein Unterschied zwischen Juden und Griechen; es ist über alle derselbe Herr, reich für alle, die ihn anrufen. [13]Denn »wer den Namen des Herrn anruft, wird selig werden« (Joel 3,5). [14]Wie sollen sie aber den anrufen, an den sie nicht glauben? Wie sollen sie aber an den glauben, von dem sie nichts gehört haben? Wie sollen sie aber hören ohne Prediger? [15]Wie sollen sie aber predigen, wenn sie nicht gesandt werden? Wie denn geschrieben steht (Jes 52,7): »Wie lieblich sind die Füße der Freudenboten, die das Gute verkündigen!« [16]Aber nicht alle waren dem Evangelium gehorsam. Denn Jesaja spricht (Jes 53,1): »Herr, wer glaubte unserm Predigen?« [17]So kommt der Glaube aus der Predigt, das Predigen aber durch das Wort Christi.

Wie, liebe Gemeinde, sind wir »recht« vor Gott? »Allein durch den Glauben« an Jesus Christus (Röm 3,28), so die Antwort des Apostels Paulus. Was also macht das Wesen, die Identität, was macht den Sinn meines Lebens aus – trotz und in allem Erleben, sich selbst und Anderen ständig etwas schuldig zu bleiben? Was hält mein Leben zusammen, wenn ich an Grenzen stoße, wenn ich scheitere – an mir selbst oder an Anderen – oder wenn Leid und Krankheit und am Ende das eigene Sterben ständige Begleiter sind?

Wie sehr auch durch Endlichkeitserfahrungen begrenzt, durch Versäumnisse belastet, durch nicht wiedergutzumachende Schuld gezeichnet: »Rechtfertigung« heißt, dass wir im Letzten anerkannt und angenommen sind; dass am Ende nicht alles vergeblich war, sondern

Trost und Gewissheit und Weite sich einstellen. Ohne letzte Annahme, ohne letzte Würdigung unserer Existenz, kann kein Mensch leben – das weiß jede und jeder, das ist nicht strittig!

Strittig ist »Rechtfertigung« erst dann, wenn sie im Zeichen eines Entweder-Oder steht: Rechtfertigung »aus Werken des Gesetzes« oder: »durch den Glauben an Jesus Christus«. »So halten wir nun dafür, dass der Mensch gerecht wird ohne des Gesetzes Werke, allein durch den Glauben« (Röm 3,28), so lautet der Kernsatz des Apostels Paulus.

Wann bin ich »recht«? Muss ich etwas dafür tun – und wenn ja, woran orientiere ich mich? Orientieren wir uns an dem tadellosen Zeugnis, dem makellosen Auftreten, an dem, was wir an Erfolgen und Engagements vorzuweisen haben? Also gegen die drohende Vergeblichkeit alle Kräfte zusammennehmen und gegen sie ankämpfen? Gegen herrschendes Unrecht nach bestem Vermögen Rechtes tun? Dem Bösen trotzen durch bestmögliche Ausnutzung der uns gegebenen Möglichkeiten? Hinter all dem steht – als hohe Norm –, was bereits Aristoteles in seiner Ethik formuliert hat: »Es ist also richtig zu sagen, dass ein Mensch gerecht wird, wenn er gerecht handelt, und besonnen, wenn er besonnen handelt.«[1] »Gerechtigkeit« ist hier ein Begriff der *Tat*! Wie ich *handle*, so *werde* ich ge-

[1] Aristoteles, Nikomachische Ethik, übersetzt und kommentiert von Franz Dirlmeier, II, 3, 1105b 5–12, in: Aristoteles, Werke in deutscher Übersetzung, Bd. 6, Berlin [6]1974, S. 33.

recht. Als moralisches Urteil geht das in Ordnung. Aber in die Irre führen dieses Denken und das entsprechende Verhalten, wenn all mein Tun zum Pensum der eigenen Selbstrechtfertigung wird.

»Nein!«, sagt Paulus: Die Würde unseres Lebens besteht nicht in der Summe dessen, was wir durch unsere Lebensleistung zustande bringen. Die Gerechtigkeit, die vor Gott gilt, geht jeder menschlichen Anstrengung voraus. Gerechtigkeit ist eine *Geste Gottes*! Ausdruck seiner unbedingten Freundlichkeit und Zuneigung zu uns Menschen. Alle Gewohnheit, dass mein Tun und Lassen in der Welt in einem Handlungszusammenhang mit Gott steht, wird aufgelöst. Gerechtigkeit ist kein Tun, sondern ein *Sein durch Gott*: Geschenk Gottes im Glauben an Jesus Christus. Die Frage also, was mein Leben – trotz allem – heil macht, brauche ich folglich nicht mehr zu beantworten. Sie ist bereits beantwortet. Gott hat sie beantwortet. Gott hat in Jesus Christus »Ja« gesagt zu unserem Leben, definitiv und unverrückbar (vgl. 2. Kor 1,19), darin besteht unsere Rechtfertigung – vor und unabhängig von unserem Tun und Lassen. Diesem Ja-Wort zu vertrauen, darin besteht die Kunst des Glaubens!

Sich in einem Moment höchster Klarheit an den geheimnisvollen Gott der Gnade hinzugeben, aufzuhören mit dem Richten und Bewerten, auch aufzuhören, für den Sinn seines Lebens selbst sorgen zu müssen, das ist wohl ein Moment höchster Passivität. Der Moment, in dem wir uns selbst aus der Hand geben und uns fallen lassen in den Lebensgrund des göttlichen Schoßes. Da freilich ist es licht und hell und weit!

»Wohin«, fragt Luther, »gelangt, wer auf Gott hofft, wenn nicht in das Nichts seiner selbst? Wohin aber entschwindet der, der in das Nichts entschwindet, wenn nicht dahin, woher er gekommen ist? Er ist aber aus Gott und dem eigenen Nichts hervorgegangen, deshalb kehrt zu Gott zurück, wer in das Nichts zurückkehrt. Kann doch unmöglich außerhalb von Gottes Hand fallen, der außerhalb seiner selbst und aller Kreatur zu fallen kommt, der Kreatur, die Gottes Hand von überallher umgreift. Denn er hält die Welt in seiner Hand. [...] Stürze also durch die Welt hindurch, wohin stürzest du dann? Doch in die Hand und in den Schoß Gottes.«[2]

Unser Leben ist – von den Händen der Mutter, die den Säugling wickelt, bis zu den Händen derer, die einmal unseren Leichnam begraben werden – verdanktes und darum unverlierbares Leben; Leben aus dem mir Vorgegebenen, das ich immer nur *empfangen* kann – und also umgeben von der Gewissheit, dass nicht unsere Leistungen und Erfolge, nicht unsere Verfehlungen und Misserfolge, nicht die Musterungen und Bilanzen, auch nicht Glück oder Unglück, Krankheit oder Gesundheit unser Leben ausmachen, sondern einzig seine Zusage, die uns – um Christi Willen – schon immer gerecht gesprochen hat. »So kommt der Glaube aus der Predigt« – wörtlich übersetzt: »aus dem Hören« –, »das Predigen aber durch das

2 Martin Luther, Operationes in Psalmos (1519–1521), WA 5; 168,1–7. Übersetzung nach Gerhard Ebeling, Dogmatik des christlichen Glaubens, Bd. 3, Tübingen 1979, S. 433 f.

Wort Christi« (Röm 10,17). Entsprechend kann Luther sagen: »Niemals hat Gott […] mit den Menschen anders gehandelt, handelt auch nicht anders mit ihnen als durch das Wort der Verheißung. Wiederum können auch wir mit Gott nicht anders handeln als durch den Glauben an sein Verheißungswort.«[3]

Das, liebe Gemeinde, ist die Grunderfahrung, von der aus Luther ein reformatorischer Theologe wurde. Protestantische Kultur ist *Wortkultur*! Sie traut dem Wort und den Wörtern etwas zu, geht sorgsam mit ihnen um, setzt auf Kommunikation, die nicht im Unsagbaren verharrt, sondern sich verständlich machen will. Unser Glaube ist verletzlich. Aber er steht unter der Zusage, dass Gott selbst es ist, der das Herz mit Hilfe des menschlichen, des verstehbaren Wortes berühren will. Wo wir also unsere Hoffnung miteinander teilen, wo wir weitersagen, was uns trägt: im Leben und im Sterben, da kann es geschehen, dass das Hören unser Herz berührt - und Vertrauen entsteht.

Dieses Ja-Wort ist Ursprung und Grund der Kirche. Wir vergegenwärtigen beides - wie auch in diesem, so in jedem Gottesdienst. Er, der *Gottesdienst*, ist darum so etwas wie die *Feier unserer Rechtfertigung*! Sind wir *hier* doch vor allem solche, die etwas *empfangen*. Wir hören, was Gott uns zu sagen hat - und was nur er uns sagen kann. Und wir empfangen ihn selber unter Brot und Wein. Im

[3] Ders., De captivitate Babylonica ecclesiae praeludium (1520), WA 6; 516, 30–32.

Gottesdienst haben wir gerade *nichts* zu leisten. Unser Handeln besteht allein darin, dass wir Gott danken, ihn loben und im Gebet uns ihm anvertrauen. So bezeugen wir, dass Jesus Christus letztlich unser einziger Halt und einziger Trost ist, wie es im Heidelberger Katechismus heißt: »Dass ich mit Leib und Seele im Leben und im Sterben nicht mir, sondern meinem getreuen Heiland Jesus Christus gehöre.«[4]

Amen.

4 Der Heidelberger Katechismus, hrsg. von der Evangelisch-reformierten Kirche, von der Lippischen Landeskirche und vom Reformierten Bund, revidierte Ausgabe 1997, Neukirchen-Vluyn [4]2010, S. 7.

Predigt anlässlich des Jubiläums »500 Jahre Reformation« – Zentrale Reformationsfeier des Landes Rheinland-Pfalz*

Emporenbild »Waß dieser Engel lehret, Lutherus hat erkläret«

Liebe Gemeinde hier in der Speyerer Dreifaltigkeitskirche und wo immer Sie heute mit uns verbunden sind!
Mit diesem Gottesdienst feiern wir den Höhepunkt des Reformationsjubiläums. Und dieser Höhepunkt weist nach vorn. Wir wollen Neues sehen, Neues sagen, Neues wagen. Wir wollen die Impulse Martin Luthers aufgreifen und als Zukunftsaufgabe für Kirche und Gesellschaft annehmen.

Ein Bild[1] in dieser bilderreichen Dreifaltigkeitskirche hier in Speyer hat mich dabei besonders angesprochen:

Ein Buch wird überreicht. Der Bote Gottes übergibt dem Seher Johannes das Evangelium. Das Lamm Gottes

* Gottesdienst am 31. 10. 2017 in der Dreifaltigkeitskirche in Speyer. Live-Übertragung im SWR Fernsehen.

1 Emporenbild der Speyerer Dreifaltigkeitskirche zu »Apoc: 14. Cap: Waß dieser Engel lehret, Lutherus hat erkläret«. Abbildung in: Christiane Brodersen / Thomas Klenner / Lenelotte Möller, Begehbare Bilderbibel. Die Emporenbilder der Dreifaltigkeitskirche in Speyer, Speyer 2011, S. XXXIV.

thront als Sieger im Himmel; und die Chöre der Engel jubilieren. Das Bild bezieht sich auf das letzte Buch der Bibel, die Offenbarung des Johannes. Eines von siebzig Bildern in dieser Kirche. Das Wort, so zeigt dieses Bild, ist uns von Gott anvertraut. Wie über allen Bildern, so wird auch hier die Erklärung gleich darüber gesetzt: »Waß dieser Engel lehret, Lutherus hat erkläret«.

Es braucht also Erklärer, Dolmetscher, um das Wort verständlich zu machen. Luther nimmt Gott beim Wort. Er nimmt die Verantwortung wahr und sorgt mit anderen für die Verbreitung der Bibel in deutscher Sprache. Er rückt das Wort und mit ihm Jesus Christus ins Zentrum: »Im Anfang war das Wort. Und das Wort war bei Gott. Und Gott war das Wort« (Joh 1,1).

Die Bilderpracht in dieser Kirche irritiert. Manche wundern sich: Handelt es sich bei diesem Juwel barocker Baukunst wirklich um eine *protestantische* Kirche? Sind doch die Kirchen der Reformation als Orte des Wortes bekannt, weniger als solche des Bildes. Und wurden nicht im Namen der Reformation Bilder sogar zerstört?

»Sie müssen entfernt werden!«, heißt es in Wittenberg im Jahr 1522. Die Bilder stehen für den verkehrten Glauben, sie stehen für einen verkehrten Gott! Und mit den Bildern sollen auch die weichen, die noch an ihnen hängen. Andreas Bodenstein, genannt Karlstadt, ein Kollege Martin Luthers, hat die Argumente geliefert für den Bildersturm in Wittenberg – der Stadt, wo 1517 die reformatorische Bewegung begann. Die Kirche an Haupt und Gliedern zu erneuern, das war ihr Ziel. Fünf Jahre später, 1522, droht sie im Streit um die Bilder in Gewalt umzuschlagen.

Karlstadt beruft sich auf Verse im 2. Mosebuch. Sie lauten: »Ich bin der Herr, dein Gott, der ich dich aus Ägyptenland, aus der Knechtschaft, geführt habe. Du sollst keine anderen Götter haben neben mir. Du sollst dir kein Bildnis noch irgendein Gleichnis machen, weder von dem, was oben im Himmel, noch von dem, was unten auf Erden, noch von dem, was im Wasser unter der Erde ist: Bete sie nicht an und diene ihnen nicht! Denn ich, der Herr, dein Gott, bin ein eifernder Gott« (2. Mose 20,2–5).

Liebe Gemeinde, passen diese Worte nicht zum Zorn Karlstadts und seiner Kampfgenossen? War nicht auch das eine Folge der Reformation: Menschen wurden im Namen des wahren Glaubens gefangen genommen, gefoltert, vertrieben, ermordet. Und hundert Jahre später, im Dreißigjährigen Krieg, versündigten sich Protestanten und Katholiken aneinander und vor Gott. Das sollten wir nicht vergessen, wenn wir uns heute über Gotteskrieger entsetzen, die im Namen ihres Gottes Unfreiheit und Zwang durchsetzen wollen. Auch in den Kirchen der Freiheit haben Menschen gedacht, sie müssten Gottes Ansprüche durchsetzen. Dafür haben sie falsche Bündnisse geschlossen mit den Mächtigen und sogar gegen Gottes Volk gewütet: unter Berufung auf die harten Sätze, die Luther gegen Ende seines Lebens für die Juden fand.

Spiegeln sich in den Worten des 2. Mosebuches nicht der Eifer und die Radikalität vieler Gotteskämpfer wider? Ist die Forderung Gottes nach absoluter Exklusivität nicht der Grund für religiöse Gewalt? Weil jeder, der anders denkt und anders glaubt, gegen diese Ausschließlichkeit verstößt? Haben Religionskritiker nicht recht? Ist die Forderung Gottes nach Exklusivität nicht maßlos? »Seht ihr's«, heißt es dann, »Religion und Gewalt, sie bilden ein ewiges Bündnis!«

Keine Frage, kaum ein Bibelwort wurde so oft für die religiösen und politischen Ziele derer in Anspruch genommen, die einmal so richtig aufräumen wollten – inner- und außerhalb der Kirche! – wie dieses. Die Worte Gottes am Sinai dienten als Programm für ein neues Reinheitsgebot. Gott sollte vor dem unmittelbaren Zugriff der Menschen abgeschottet und daher in die reine Jenseitigkeit verschoben werden: Unsichtbar, unbegreifbar, unberührbar, weit weg sollte er sein, dieser Gott, damit Menschen dieses Vakuum, diese Leerstelle, für ihren Machtinstinkt missbrauchen konnten.

Martin Luther wollte diesen Irrsinn nicht länger ertragen! Er unterbricht die Spirale der Gewalt in Wittenberg. Er unterbricht sie mit der Macht der Sprache Gottes.[2] »Moment mal«, sagt er, »tretet einen Augenblick zurück! Hört zu, hört genau zu, Gott spricht.« Gottes Anrede ist das eigentlich Exklusive am Berg Sinai. Gott richtet seine Worte an Mose und so auch an uns. Er flüstert uns ins Ohr. Und manchmal donnert seine Stimme, wie ein Gewitter. Er singt, er pfeift, er wirbt. Nein, dieser Gott fordert keine stumme Unterwerfung und taugt nicht als Rechtfertigung eigener Ansprüche. Seine Exklusivität ist die Exklusivität eines Bundes, einer Liebesbeziehung. Das ist das Bild, das Luther gebraucht.

Liebe Gemeinde, können Sie sich vorstellen, dass jemand bei seiner Hochzeit vor dem Altar sagt: »Ja, aber« oder: »Sowohl als auch«? Diese Exklusivität ist gemeint. Es ist die Exklusivität einer Liebesbeziehung. Gott will uns nahe sein. Er will eine Antwort, er will einen Bund. »Ich bin der Herr, dein Gott, der ich dich aus der Knechtschaft geführt habe« (2. Mose 20,2), so leitet Gott seine Worte ein. »Ich bin da. Ich bin der, der euch frei macht von Ängsten und Zwängen, der euch aus dem Exil eurer Ent-

2 Zum Folgenden vgl. Luthers Protest gegen den Bildersturm in Wittenberg 1522 in seiner 3. Invokavit-Predigt vom 11. März 1522, hier v. a. WA 10/III; 26,4–30,5. Siehe auch Martin Luther, Wider die himmlischen Propheten, von den Bildern und Sakrament 1525, WA 18; 82,21–83,15. Zu Luthers Bild-Theologie vgl. exemplarisch seinen Sermon von der Bereitung zum Sterben 1519, hier v. a. WA 2; 686,31–690,32.

täuschung zurückführt: in das Land der Hoffnung und der Lebensträume.«

Klingt so ein Gott, der mit Gewalt unterwirft? Die Worte an Mose und an uns, sie gelten nicht dem göttlichen Absolutheitsanspruch. Sie gelten unserer Vergesslichkeit. Und sie gelten unserer Lebensgeschichte. »Erinnert euch!«, sagt Gott, »ich will euch frei machen von euren Zwängen, stets siegen zu müssen!« Es gibt eine zentrale Botschaft, die Luther immer wieder wiederholt: »Gottes Wirkmacht liegt allein in seinem Wort.« Und weiter: »Gott schafft durch sein Wort und nicht durch das Schwert.« »Werft eure Steine weg, wagt es nicht, zu zerstören, wo die Sprache der Liebe angebracht ist. Und seid geduldig mit denen, die anders denken und glauben als wir.« Diese Sätze sind für mich großartig. Sie zeigen, dass Worte tatsächlich die Wirklichkeit verändern können und zwar zum Guten. Luther schafft es, die Wittenberger zu beruhigen. Gelassen sagt er ihnen, warum die Bilder nicht zerstört werden müssen. »Ihr sollt sie nicht anbeten. Ihr sollt auch nicht glauben, dass Gott sich in Holz oder Farbe einfangen lässt. Deshalb müsst ihr vor keinem Kunstwerk und vor keinem Bild dieser Welt je wieder niederknien. Aber ihr dürft euch an ihnen freuen. Sie können euch belehren. Sie können sogar predigen, wenn ihr nur genau hinhört und hinseht. Und sie dürfen euch manchmal auch ärgern, weil sie Neues wagen.«

Martin Luther warnt seine Gemeinde vor einem falschen Reinheitswahn, der glaubt, erst wenn die Welt ganz vergeistigt wäre, würde Gott zu seinem Recht kommen. Er, dieser sinnliche Mönch, weiß etwas davon, dass auch unsere Sinne angesprochen werden wollen. »Es liegt alles am Wort«[3], sagt er. »Ihr müsst Gott nicht den Weg freiräumen und links und rechts kaputtschlagen, was Gott in die Quere kommen möchte. Mit Gewalt macht ihr Gott nicht größer, ihr macht ihn kleiner! Ihr seid nicht Gottes Vollstrecker! Ihr seid nicht die Hüterinnen und Hüter seiner Ehre. Sondern ihr seid Zeuginnen und Zeugen seiner Liebe.«

Die Worte Martin Luthers sind ein starkes Plädoyer gegen jede Gewalt, auch gegen die Gewalt, die von Religionen ausgehen kann. Luther erinnert daran, wie die Einzigartigkeit Gottes zu verteidigen ist. Er sagt: »Ich kann nicht weiter an die Menschen herankommen, als bis zu deren Ohren. In ihr Herz kann ich nicht gelangen. Und weil ich den Glauben nicht in ihr Herz gießen kann, darf ich sie niemals zwingen und niemals bedrängen.«[4] Luther hat das Wort Gottes in die Mitte gerückt; das Evangelium mit seinen Bildern, die unserer Vorstellungskraft von Mal zu Mal Nahrung geben. Es ist die Sprache der Liebe, die Frieden schafft. Vom Engel Gottes ist sie uns anvertraut, wie die Bildtafel hier in der Dreifaltigkeitskirche zeigt. Und Luther nennt diese Sprache einmal zärtlich ein »himmlisches Deutsch«[5]. Üben wir uns darin gemeinsam

3 Vgl. Martin Luther, Wider die himmlischen Propheten, von den Bildern und Sakrament (1525), WA 18; 204,6–8.

4 Martin Luther, 2. Invokavit-Predigt vom 10. März 1522, WA 10/III; 15,5–8.

5 Ders., Predigt über 1. Korinther 15,36f. vom 22.12.1532, WA 36; 638,20–648,22, neu ediert von Gerhard Ebeling, Des Todes

und nie mehr getrennt, sondern, wie heute, in ökumenischer Geschwisterlichkeit. Die Sprache der Liebe ist es, die die christlichen Konfessionen zur sichtbaren Einheit führen wird. Und nicht nur das: Sie hat auch die Kraft, zwischen den Religionen Frieden zu schaffen. Einen Frieden, den wir heute dringender brauchen denn je. So lässt uns die Sprache der Liebe, dieses »himmlische Deutsch«, immer wieder Neues sagen, Neues sehen, Neues wagen: Wenn das kein Grund zum Feiern ist?!

Amen.

Tod, in: ders., Theologie in den Gegensätzen des Lebens. Wort und Glaube, Bd. 4, Tübingen 1995, S. 637–642, hier S. 640f.

Predigt anlässlich des 46. Deutschen Hugenottentages*

Johannes 3,1–8

[1]Es war aber ein Mensch unter den Pharisäern mit Namen Nikodemus, ein Oberster der Juden. [2]Der kam zu Jesus bei Nacht und sprach zu ihm: Rabbi, wir wissen, dass du ein Lehrer bist, von Gott gekommen; denn niemand kann die Zeichen tun, die du tust, es sei denn Gott mit ihm. [3]Jesus antwortete und sprach zu ihm: Wahrlich, wahrlich, ich sage dir: Wenn jemand nicht von Neuem geboren wird, so kann er das Reich Gottes nicht sehen. [4]Nikodemus spricht zu ihm: Wie kann ein Mensch geboren werden, wenn er alt ist? Kann er denn wieder in seiner Mutter Leib gehen und geboren werden? [5]Jesus antwortete: Wahrlich, wahrlich, ich sage dir: Wenn jemand nicht geboren wird aus Wasser und Geist, so kann er nicht in das Reich Gottes kommen. [6]Was aus dem Fleisch geboren ist, das ist Fleisch; und was aus dem Geist geboren ist, das ist Geist. [7]Wundere dich nicht, dass ich dir gesagt habe: Ihr müsst von Neuem geboren werden. [8]Der Wind bläst, wo er will, und du hörst sein Sausen wohl; aber du weißt nicht, woher er kommt und wohin er fährt. So ist ein jeder, der aus dem Geist geboren ist.

* Gottesdienst am 07.06.2009 in der Zwölf-Apostel-Kirche in Frankenthal.

Liebe Gemeinde!
Nikodemus kommt »bei Nacht« (Joh 3,2) zu Jesus: im Schutz der Dunkelheit und Anonymität. Nikodemus will nicht gesehen werden. Ein Pharisäer, der Jesus wegen eines Gesprächs aufsucht, ihn gar um einen Rat bittet: so etwas darf nicht sein! Würde es publik, wären sein Ruf und seine Reputation dahin. Aber: Er tut es trotzdem! Er geht zu Jesus, denn er spürt: Irgendetwas, das von Gott kommt, umgibt diesen Menschen. »Wir wissen, dass du ein Lehrer bist, von Gott gekommen« (Joh 3,2), so begrüßt er Jesus. Was für ein Wort aus dem Mund eines Pharisäers! Und als ob dies der Ehre nicht genug wäre, fährt er fort: »Niemand kann die Zeichen tun, die du tust, es sei denn Gott mit ihm« (Joh 3,2). Was er »von Amts wegen« nicht aussprechen und erst recht nicht zeigen darf – im Innersten seines Herzens scheint er es längst erkannt und anerkannt zu haben: Jesus nimmt in seinem Tun Gott in Anspruch, und Gott zeigt sich, offenbart sich in ihm. Nur im Verborgenen, im Geheimen, wagt sich Nikodemus vor, riskiert er die Nähe zu Jesus – so, dass es nach Möglichkeit niemand mitbekommt.

Für Johannes Calvin, den Genfer Reformator, an dessen 500. Geburtstag wir in diesem Jahr erinnern, war dieses Verhalten Anlass, ein ganz eigenes Schimpfwort zu prägen, nämlich: »Nikodemit!« Nikodemiten[1], das waren für

[1] Vgl. Mirjam G. K. van Veen, Calvin und seine Gegner, in: Calvin Handbuch, hrsg. von Herman J. Selderhuis, Tübingen 2008, S. 156–158.

ihn diejenigen reformierten Christen, die ihren Glauben nur im Verborgenen ausübten, gleichzeitig aber noch zur katholischen Messe gingen, um den Schein zu wahren. Im Herzen: schon evangelisch-reformiert, nach außen hin: noch römisch-katholisch – für Calvin eine unmögliche Möglichkeit! Man kann nicht zugleich Gott und dem Papst dienen!

Körper *und* Geist sind gleichermaßen zur *Ehre Gottes* bestimmt: Der Leib – als Tempel Gottes – darf nicht durch Götzendienst beschmutzt werden. Der äußere Kult lässt sich nicht von der inneren Überzeugung trennen. »Nikodemiten sind *Heuchler*!«, so lautet das harte Urteil Calvins. Und dies in einer Zeit, in der die Evangelischen im überwiegend katholischen Frankreich sich nur heimlich, bei Nacht, im Schutz der Dunkelheit, versammeln konnten und bereits viele von ihnen um ihres Glaubens willen auf dem Scheiterhaufen gestorben waren.

»Ich schäme mich des Evangeliums nicht; denn es ist eine Kraft Gottes, die selig macht alle, die glauben«, schreibt Paulus im Römerbrief (Röm 1,16). Aber was ist, wenn dieses Bekenntnis dazu führt, um Leib und Leben fürchten zu müssen? Wir können uns das Spannungsfeld, das sich hier auftut, kaum noch vorstellen: zwischen dem mutigen Bezeugen des christlichen Glaubens einerseits – und dem vorsichtigen Taktieren, dem Verbergen und Verschweigen aus Angst vor Verfolgung andererseits. Wer hier mutig bekennt, setzt nicht nur sein eigenes Leben, sondern auch das Leben Anderer aufs Spiel: das der Familienangehörigen, der Freunde, der Schwestern und Brüder im Glauben. Sie bewusst zu gefährden, ist das im Sinne Jesu?

Liebe Gemeinde, es gab und gibt offenbar Situationen, da kann man gar nicht anders, als Schuld auf sich zu laden: Schuld vor den Mitmenschen und Schuld vor Gott. Gerade die Beschäftigung mit den Hugenotten zeigt, dass es für eine unterdrückte Religionsgemeinschaft letztlich nur *drei Optionen* gibt:

Entweder das Erdulden des Martyriums, angefangen von der gesellschaftlichen Ächtung bis hin zum Erleiden der Todesstrafe;

oder das Verharren in der Verborgenheit, in steter Angst davor, entdeckt zu werden;

oder schlussendlich: die Flucht. Also alles aufgeben und hinter sich lassen, in der Hoffnung auf einen Neuanfang – irgendwo in der Fremde, wo einem die öffentliche Glaubensausübung gestattet wird.

Als hartes Urteil muss es deshalb erscheinen, wenn Calvin das ängstliche Verhalten des um sein Ansehen besorgten Nikodemus als Negativfolie benutzt für die ernstlich bedrohten, neu zum reformierten Glauben gekommenen Christen. Das passt ins Bild vom strengen und fordernden Reformator! Glücklicherweise wissen wir, dass er sich nach seiner eigenen Flucht von Paris über Straßburg nach Basel und während der Arbeit an seinem Hauptwerk mit dem Titel »Unterricht in der christlichen Religion«[2] sehr wohl sorgte um seine verfolgten Glaubens-

2 Johannes Calvin, Christliche Glaubenslehre. Erstausgabe der Institutio von 1536, hrsg. von Thomas Schirrmacher, Bonn

genossen in Frankreich. Er machte sie in seinen Predigten dessen gewiss, nicht Ketzer und Aufwiegler zu sein, sondern Erneuerer des biblischen Glaubens – und Repräsentanten der wahren Kirche Jesu Christi.[3]

Nikodemus freilich ist noch unterwegs. Er hat sich vorgewagt, aber noch nicht verstanden. Wenn es um das Reich Gottes geht, bedarf es nur eines, sagt Jesus. Man muss »von Neuem«, von oben, »geboren werden« (Joh 3,3.7). Nikodemus nimmt das wörtlich: »Wie kann ein Mensch geboren werden, wenn er alt ist? Kann er denn wieder in seiner Mutter Leib gehen und geboren werden?« (Joh 3,4). Jesus antwortet geduldig: »Wenn jemand nicht geboren wird aus Wasser und Geist, so kann er nicht in das Reich Gottes kommen. Was aus dem Fleisch geboren ist, das ist Fleisch; und was aus dem Geist geboren ist, das ist Geist« (Joh 3,5f.).

Dieses Bild von der Geburt spielt im Denken Jesu eine große Rolle: Zum Geborenwerden kann man nämlich schlechterdings *nichts* dazu tun. Man *wird* geboren. Unseren Anfang führen wir nicht selbst herbei. Kein eigener Entschluss steht am Beginn unseres Lebens, vielmehr sind wir ihm gegenüber ganz und gar *Unbeteiligte*. Dass wir leben, ist Geschenk, ist Gabe. Etwas geschieht mit uns, und wir lassen es geschehen. *Vor* allem Handeln und *unabhängig* davon sind wir uns immer schon gegeben.

2008 (Reformierte Klassiker biblischer Lehre 3) (Theologisches Lehr- und Studienmaterial 18).

3 Vgl. Matthieu Arnold, Straßburg, in: Calvin Handbuch (wie Anm. 1), S. 37–43, hier S. 39.

Unsere natürliche Geburt ist ein für alle Mal passiert. Sie liegt hinter uns. Wir haben unser Gegeben-Sein stets im Rücken.

»Wiedergeboren-Werden« aber heißt: noch einmal, ganz neu und anders und immer wieder zur Welt kommen. Wie das vonstattengeht? »Der Wind bläst, wo er will«, sagt Jesus, »und du hörst sein Sausen wohl; aber du weißt nicht, woher er kommt und wohin er fährt. So ist ein jeder, der aus dem Geist geboren ist« (Joh 3,8). Der Wind, der Atem – in der Sprache der Bibel übrigens dasselbe Wort wie »Geist« –, er weht, wo er will. Man spürt ihn, aber bekommt ihn nicht zu fassen; man weiß nicht, woher er kommt und wohin er geht. Er ist von nichts und von niemandem zu erzwingen – und doch ist er da, konkret erfahrbar, unüberhörbar, wie die Worte Jesu. Wenn sie uns berühren, stellen sich Vertrauen und Gewissheit ein. Wir müssen nur bereit sein, Gott an uns wirken zu lassen, dass wir neu geboren werden: »aus Wasser und Geist« (Joh 3,5).

Calvin deutet die Worte Jesu so: Wasser und Geist stehen »bei ihm für dasselbe [...]. Es ist so, als wollte Christus sagen, niemand könne ein Kind Gottes sein, bevor er nicht durch Wasser neugeworden sei; das Wasser aber sei der Geist, der uns rein macht, seine Kraft in uns eingießt und uns so das neue Leben vom Himmel einhaucht, während wir von Natur aus ganz welk sind [...]. Also ist *Wasser* nur ein Bild für die im Inneren wirkende, reinigende und lebenspendende Kraft des Heiligen Geistes.«[4]

4 Johannes Calvins Auslegung der Heiligen Schrift, Neue Reihe,

»Wie ist Religion möglich«, fragt Calvin, »wie Gotteserkenntnis, wie eine gute Lebensführung, wie Hoffnung auf ein ewiges Leben, wenn wir nicht daran festhalten, daß der Mensch durch den Geist Gottes erneuert wird?«[5] Vermittelt wird uns der Geist allein durch Jesus Christus. In ihm ist Gott in unsere Niedrigkeit gekommen, »um uns zu Teilhabern an allen seinen Gütern zu machen«[6].

Wir gehen also nicht ein in das Reich Gottes auf eigenen Füßen und im Rhythmus der eigenen Schritte, sondern wir *werden* dorthin gebracht, geführt, oft sogar getragen. Christus spricht: »Ich bin die Tür; wenn jemand durch mich hineingeht, wird er selig werden« (Joh 10,9). So ist das: Kein Mensch geht eigenmächtig, von selber, durch diese Tür und beschreitet diesen Weg; vielmehr ist es der Geist, der ihn an und über die Schwelle zieht und schiebt und hebt. Allein in der Begegnung mit Christus wird uns die Neugeburt zum ewigen Leben geschenkt. Davon waren Calvin und mit ihm die ersten evangelischen Glaubensflüchtlinge überzeugt. Sie sind unsere Väter und Mütter im Glauben. Wir bleiben mit ihnen verbunden und sind es aktuell mit allen, die *heute* um ihres Glaubens willen Not leiden. Wo Christen verfolgt werden, werden wir mit-verfolgt, sei es im Irak, in der Türkei, im Jemen oder in Pakistan.

Bd. 14: Das Johannes-Evangelium, hrsg. von Otto Weber, Neukirchen-Vluyn 1964, S. 64.

5 Ebd., S. 68f.

6 Ebd., S. 71.

Dass wir unseren Glauben nicht etwa im Dunkel der Anonymität, sondern frei, offen und öffentlich bekennen und leben dürfen, ist bitter errungen. Darum ist es unsere Pflicht, für Glaubens- und Religionsfreiheit einzutreten: hier, in unserem Land, gegen Bestrebungen, sie einzuschränken - und: in aller Welt; gerade auch als Erbe der hugenottischen Tradition. Es war ein langer und blutiger Weg bis dahin, dass bei uns jeder Mensch das Recht hat, seine Religion frei zu wählen und sie öffentlich und privat auszuüben. Der Kampf dafür hat viele Opfer gefordert. Ihnen sind wir es schuldig, die Religionsfreiheit nicht nur für uns zu bewahren, sondern weltweit für die gleiche Würde aller Menschen einzutreten.

Selbst Nikodemus trat letztlich aus dem Dunkel ins Licht, aus dem Verborgenen in die Öffentlichkeit. Er ist es, der schließlich Josef von Arimathäa bei der Grablegung Jesu unterstützt, indem er »Myrrhe, gemischt mit Aloe« bringt, »etwa hundert Pfund«, wie der Evangelist Johannes berichtet (Joh 19,39), als Duftstoff für die Leichentücher Jesu. Am Ende ist also auch Nikodemus kein Nikodemit mehr, sondern einer, der sich am helllichten Tag zu Jesus bekennt. Nehmen wir ihn als Bürge dafür, dass Gott das begonnene Werk an uns allen weiterführen und vollenden wird.

Amen.

Predigt anlässlich des Jubiläums »200 Jahre pfälzische Kirchenunion«[*]

Johannes 18,36–38

36 *Jesus antwortete [im Verhör vor Pilatus]: Mein Reich ist*
nicht von dieser Welt. Wäre mein Reich von dieser Welt,
meine Diener würden darum kämpfen, dass ich den Ju-
den nicht überantwortet würde; aber nun ist mein Reich
nicht von hier. 37 *Da sprach Pilatus zu ihm: So bist du den-*
noch ein König? Jesus antwortete: Du sagst es: Ich bin ein
König. Ich bin dazu geboren und in die Welt gekommen,
dass ich die Wahrheit bezeuge. Wer aus der Wahrheit ist,
der hört meine Stimme. 38 *Spricht Pilatus zu ihm: Was ist*
Wahrheit?

Was ist Wahrheit, liebe Schwestern und Brüder?
Die »wohlgeprüfte Wahrheit«[1] haben sich die Begründer der pfälzischen Kirchenunion vor 200 Jahren auf die Fahnen geschrieben. Als die lange und schmerzlich getrenn-

* Gottesdienst am 09.09.2018 in der Stiftskirche in Kaiserslautern.

1 Vgl. Präambel der Unionsurkunde von 1818, in: Quellenbuch zur Pfälzischen Kirchenunion und ihrer Wirkungsgeschichte bis zur Mitte des 19. Jahrhunderts, hrsg. vom Landeskirchenrat der Evangelischen Kirche der Pfalz (Protestantische Landeskirche) in Zusammenarbeit mit dem Verein für Pfälzische Kirchengeschichte, Speyer 1993 (Texte, Dokumente 4) (VVPfKG 18), S. 143.

ten reformatorischen Konfessionsparteien 1818 den tiefen Graben, der lutherische und reformierte Theologie voneinander trennte, zu überspringen wagten, da nahmen sie sich für alle Zukunft vor, »immerfort auf der Bahn wohlgeprüfter Wahrheit und echt-religiöser Aufklärung, mit ungestörter Glaubensfreiheit, mutig voranzuschreiten«[2]. Maßstab, einzige Norm, war für sie das Neue Testament – später, aufgrund der Intervention des katholischen bayerischen Königs, das Zeugnis der gesamten Heiligen Schrift.[3] Und darin kommt sie uns vielfach entgegen, die Frage: »Was ist Wahrheit?«

Pilatus stellt sie, als er Jesus verhört (Joh 18,38). Meint er die Frage ernst – oder ist sie bei ihm Ausdruck einer Vergleichgültigung im Sinne von: »Was ist schon Wahrheit? Bei uns zählt allein die Macht!« Oder: »Was heißt hier Wahrheit? Es gibt doch verschiedene Wahrheiten. Jede und jeder hat seine, du deine, ich meine …« Wenn dem so wäre, würde dies dann ziemlich modern, post-modern, daherkommen.

So oder so, die Frage nach der Wahrheit zählt auf alle Fälle zu den großen Fragen der Bibel. Pilatus stellt die Wahrheitsfrage als Reaktion auf die Aussage Jesu, er sei dazu da, die Wahrheit zu bezeugen: »Wer aus der Wahrheit ist, der hört meine Stimme« (Joh 18,37), sagt Jesus. Und das im Gerichtsprozess – nach seiner Gefangennahme.

2 Ebd. (Text leicht geglättet).

3 Vgl. die unterschiedlichen Fassungen des Paragraphen 2 der Unionsurkunde, ebd., S. 144.

Was aber ist die Wahrheit seiner Rede, die Wahrheit seines Anspruchs? Versteht er sich als der Messias? Ist er der Messias? Oder nur einer, der ungerechtfertigt Gehör und Macht beansprucht? Die Frage nach der Wahrheit stellt sich meist im Spannungsraum der Macht, hier: zwischen dem Palast des Hohepriesters und dem Militärhauptquartier der römischen Besatzer. Die Wahrheitsfrage wird ausgetragen in der Öffentlichkeit. Auf der einen Seite: die Macht, oftmals die nackte Gewalt, auf der anderen Seite: das offene, das schwache, das widerstehliche Wort. »Ich habe frei und offen vor aller Welt geredet«, sagt Jesus vor dem Hohepriester (Joh 18,20). »Habe ich übel geredet, so beweise, dass es übel ist; habe ich aber recht geredet, was schlägst du mich?« (Joh 18,23).

Die Stärke des Schwachen ist seine Glaubwürdigkeit. Er braucht kein Drohen, und er braucht kein Schmeicheln. Er setzt darauf, dass die Wahrheit ihre Kraft in sich selber hat. Dass sie Licht ins Dunkel bringt, dass sie selbst aktiv ist. Und er – Jesus vor Pilatus – versteht sich als Zeuge. Als einer, der mit seiner ganzen Existenz für die Wahrheit seiner Botschaft einsteht: öffentlich. Sie trägt ihn, ihr fühlt er sich verpflichtet, auch dann, wenn es schwierig wird. Und wiederum ist Schwäche – die Schwäche dessen, der allein auf sein Wort, auf seine Taten, auf seine Glaubwürdigkeit, hinweisen kann – eine enorme Stärke. Die Wahrheit wird sich durchsetzen und: Sie wird »frei machen« (Joh 8,32); denn: Was nicht wahr ist, macht auch nicht frei! Und was nicht frei macht, ist auch nicht wahr!

Ich weiß nicht, liebe Schwestern und Brüder, wie es Ihnen geht. Aber ich kann nicht anders, als diese biblische

Szene vor dem Hintergrund der gegenwärtigen politischen Großwetterlage anzusehen. Ein Kampf um die Wahrheit ist ausgebrochen. Und mit ihr droht die Freiheit zu zerbrechen. Meinungs- und Pressefreiheit werden massiv angegriffen: nicht nur von Autokraten à la Erdoğan, Putin oder Orbán, die von Gewaltenteilung ebenso wenig halten wie von der Freiheit der Meinung und der Medien. Sie begrenzen Rechte, und sie grenzen Menschen aus. Und selbst in dem Land, das als Hüterin der Pressefreiheit gilt, in den USA, stellt der gewählte Präsident Donald Trump kritische Journalisten als »Feinde des Volkes« dar. Ihm selbst geht es nur um die »eigene Wahrheit«, nach dem Motto: »Wer die Welt nicht so sieht wie ich, der lügt!«

Nicht alle, die nach diesem Motto verfahren, sind Präsidenten einer Weltmacht. Gleichwohl vertreten sie in ihrer kleinen Welt ganz ähnliche Ansichten. Sie rufen auf der Straße: »Lügenpresse!« – oder füllen soziale Medien mit Hass-Kommentaren. Die strategisch Klügeren unter ihnen manipulieren gezielt die Sprache und setzen damit neue Wirklichkeiten. Sie sprechen etwa so lange von »Asyltourismus«, bis das Wort in die Alltagssprache einsickert. Sie reden und reden und reden – und kennen doch nicht oder ignorieren bewusst das Schicksal Einzelner, wie das von Masoud Vafaei[4], der als ein in seinem Heimat-

[4] Masoud Vafaei, Teilnehmer eines interkulturellen Lektorenkurses der Evangelischen Kirche der Pfalz, war als »Wahrheitssucher« im Gottesdienst am 09. 09. 2018 beteiligt.

land Iran Verfolgter bei uns vom Grundrecht auf Asyl Gebrauch macht. Die Unwörter unserer Tage demaskieren aber nur die Spitze eines sprachlichen Eisbergs, an dem die Demokratie zu zerschellen droht.

Demgegenüber macht uns das Wort Jesu Mut, das sich gegen alle Verdunklung und Verdrehung als ursprüngliche Kraft erwiesen und Wahrheitsräume eröffnet hat: »Dazu« bin ich »in die Welt gekommen, dass ich die Wahrheit bezeuge« (Joh 18,37). Jesus ist Zeuge der Wahrheit, der mit seinem Wort, mit seiner Person, mit seiner Glaubwürdigkeit, für die Wahrheit selbst einsteht: die Wahrheit, dass unser Gott ein Gott ist, der durch den Logos, der durch das Wort wirkt, das Beziehungen herstellt, das Zusammenhänge offenbart und der Wahrheit zum Sieg verhilft. »Wer aus der Wahrheit ist, der hört meine Stimme« (Joh 18,37): Was für ein Bekenntnis des christlichen Glaubens! Gottes Wahrheit, die sich denen zeigt, die sensibel sind, offen, bereit, Argumente zuzulassen – und auch bereit, auf die Glaubwürdigkeit des Zeugen zu achten.

Nein, wir brauchen nicht noch mehr Leute, die auf Phon-Stärke vertrauen und auf laute Behauptungen. Wir brauchen Menschen, die sich auf Institutionen verlassen, die die Wahrheitsfindung ermöglichen: unabhängige Richterinnen und Richter, wie Harald Jenet[5], und transparente Verfahren; keine Vor-Verurteilung, sondern Verteidiger auch für stark Beschuldigte.

[5] Der Richter Harald Jenet war als »Wahrheitssucher« im Gottesdienst am 09. 09. 2018 beteiligt.

Wir brauchen Medien, die vielfältig sind, nicht in der Hand einer Partei, einer Ideologie, einer Wirtschaftsmacht. Freie, gut ausgebildete Journalistinnen und Journalisten, wie Hartmut Reitz[6], die Zeit zum Recherchieren und Zeit zum Überprüfen der Fakten haben.

Als Christinnen und Christen tragen wir selber dazu bei, dass Rede und Widerrede, gemeinsame Wahrheitssuche im friedlichen Streit der Argumente, möglich sind, dass wissenschaftliche Forschung in der Hand der Öffentlichkeit bleibt, dass ein Markt mit verschiedenen Anbietern uns die Freiheit gibt, unterschiedliche Medien zu konsultieren. Dazu braucht es vor allem Medienbildung, die Lehrerinnen und Lehrer, wie Birgit Wahl-Becker[7], an unseren Schulen vermitteln. Auch müssen wir dazu beitragen, dass die strittige Wahrheit zwischen den Religionen nicht durch Macht und Verdrängung entschieden wird, sondern im Dialog erkundet, in Gesprächen, manchmal auch im hitzigen Disput, geprüft werden kann.

Dazu aber müssen wir wissen, wer wir selber sind: was unsere Texte, was unsere Lieder sagen, was unsere Lebensoptionen sind. Zur Friedensfähigkeit gehört immer auch die Deutlichkeit der eigenen Person. »Ich bin der Weg und die Wahrheit und das Leben«, sagt Christus im

6 Der Journalist Hartmut Reitz war als »Wahrheitssucher« im Gottesdienst am 09. 09. 2018 beteiligt.

7 Die Lehrerin Birgit Wahl-Becker war als »Wahrheitssucherin« im Gottesdienst am 09. 09. 2018 beteiligt.

Johannesevangelium (Joh 14,6). Und der Anspruch auf Wahrheit, der darin öffentlich wird, ist nicht zu leugnen. Aber dies ist keine Wahrheit der Macht und der Überwältigung, nicht irgendeine absolute Doktrin. Es ist eine Wahrheit in der Beziehung zu Christus, der gewaltlos seinen Weg geht. Wahrheit, das ist das unverfügbare Ereignis des Kommens Gottes in diese Welt. Er berührt uns in Christus so, dass wir ihm in Freiheit vertrauen, ihm glauben können.

Das jedenfalls war die Grundüberzeugung unserer reformatorischen Tradition: »sine vi [...], sed verbo«[8], »ohne Gewalt, ohne Zwang, allein durch die Überzeugungskraft des Wortes«, so setzt sich die Wahrheit des Evangeliums durch. Entsprechend trat die protestantische Minderheit 1529 auf dem Reichstag in Speyer für Glaubens- und Gewissensfreiheit ein.

Und die Union von 1818, sie wurde nicht einseitig von oben dekretiert, sondern kam zustande durch das glückliche Miteinander von Oben und Unten, durch Befragung der lutherischen und reformierten Haushalte. In der Folge besprach man hier, in Kaiserslautern, auf der ersten Generalsynode öffentlich die strittigen Punkte – und einigte sich. Programmatisch formulierte Johann Wilhelm Fliesen, der Vorsitzende der ersten Generalsynode: »Kein Übertritt der einen Partei zur anderen, sondern eine Verschmelzung beider in eine rein protestantische Konfession«, dabei als Grundlage »die Heilige Schrift, das Evan-

8 Augsburger Bekenntnis (1530), Artikel 28, in: BESLK, S. 195,15.

gelium, in ihren klaren, deutlichen Aussprüchen, ohne Grübelei [...], ohne allen Gewissenszwang«[9].

Tatsächlich hat die frühe Demokratiebewegung in Deutschland hier kräftige Bundesgenossen gefunden. Die Begründer der Union waren 1832 bewusst auch Protagonisten des Hambacher Festes. Aus ihrem Glauben heraus setzten sie sich ein für Rede-, für Presse-, für Meinungsfreiheit.

Wahrheit, liebe Schwestern und Brüder, kann man nicht besitzen. Wir können sie nur bezeugen. Das ist das Bewegende an der biblischen Gerichtsszene Jesu: ein scheinbar hoffnungslos-schwacher Rabbi, der auf die Freiheit vertraut, die Gott schenkt, auf die friedliche Macht des Wortes – und souverän vor Pilatus steht und allein Zeuge der Wahrheit ist. Und wenn er sagt: »Mein Reich ist nicht von dieser Welt« (Joh 18,36), so meint er damit keineswegs, Gottes Wirken, Gottes Geist, habe nichts mit dieser Welt zu tun, ganz im Gegenteil! Er will sagen: Gottes Wirken hat nichts mit der nackten Machtpolitik, nichts mit der Abschnürung und Erpressung der Wahrheit zu tun. Gottes Geist wirkt auf freie Weise, nach dem Maßstab der Liebe, der Glaubwürdigkeit, einer anders gearteten Macht, als wir sie kennen. Das bezeugt er. Dafür steht er ein. Und das ist und bleibt die Signatur unseres Glaubens: Wenn wir an Gottes Wort bleiben, dann werden wir die Wahrheit erkennen – und die Wahrheit wird uns frei machen (vgl. Joh 8,32)! Unsere Wahrheits-

[9] Quellenbuch (wie Anm. 1), S. 116 (Text leicht geglättet).

sucher, liebe Gemeinde, versuchen in ihrem Beruf und mit ihren Erfahrungen als freie Menschen dieser Wahrheit gerecht zu werden: im Gericht und in der Schule, in der Redaktion und im Leben in einem noch fremden Land und mit einer neuen Glaubenserfahrung.

Die Wahrheit, von der Jesus spricht, hat ihren Grund in der Beziehung zwischen Gott und Mensch – und sie setzt sich fort in den Beziehungen von uns Menschen untereinander. Es ist die Wahrheit, die ohne Lüge auskommt, aber nicht ohne Glauben, nicht ohne Vertrauen. Und wenn wir jetzt, wie unsere Väter und Mütter vor 200 Jahren, hier, in dieser Stiftskirche, miteinander das Abendmahl feiern, dann spüren wir etwas von dieser wahrmachenden Beziehung Gottes zu uns Menschen, die uns befreit und löst und füreinander öffnet. Wir lassen uns erinnern, stärken und verwandeln. Christus rührt uns an – Weg, Wahrheit und Leben: das Tor zur Freiheit.

Amen.

Predigt anlässlich des Jubiläums »50 Jahre Leuenberger Konkordie« im Rahmen der 113. Generalversammlung des Evangelischen Bundes*

Apostelgeschichte 2,1–13

1 Und als der Pfingsttag gekommen war, waren sie alle
beieinander an einem Ort. 2 Und es geschah plötzlich ein
Brausen vom Himmel wie von einem gewaltigen Sturm
und erfüllte das ganze Haus, in dem sie saßen. 3 Und es er-
schienen ihnen Zungen, zerteilt und wie von Feuer, und
setzten sich auf einen jeden von ihnen, 4 und sie wurden
alle erfüllt von dem Heiligen Geist und fingen an zu predi-
gen in andern Sprachen, wie der Geist ihnen zu reden ein-
gab. 5 Es wohnten aber in Jerusalem Juden, die waren got-
tesfürchtige Männer aus allen Völkern unter dem Himmel.
6 Als nun dieses Brausen geschah, kam die Menge zusam-
men und wurde verstört, denn ein jeder hörte sie in seiner
eigenen Sprache reden. 7 Sie entsetzten sich aber, verwun-
derten sich und sprachen: Siehe, sind nicht diese alle, die
da reden, Galiläer? 8 Wie hören wir sie denn ein jeder in sei-
ner Muttersprache? 9 Parther und Meder und Elamiter und
die da wohnen in Mesopotamien, Judäa und Kappa-
dozien, Pontus und der Provinz Asia, 10 Phrygien und Pam-
phylien, Ägypten und der Gegend von Kyrene in Libyen
und Römer, die bei uns wohnen, 11 Juden und Proselyten,

* Gottesdienst am 05. 10. 2023 im Ulmer Münster.

Kreter und Araber: Wir hören sie in unsern Sprachen die großen Taten Gottes verkünden. [12]Sie entsetzten sich aber alle und waren ratlos und sprachen einer zu dem andern: Was will das werden? [13]Andere aber hatten ihren Spott und sprachen: Sie sind voll süßen Weins.

Liebe Gemeinde,
ja, Sie haben richtig gehört: Die Pfingstgeschichte steht im Mittelpunkt dieses Gottesdienstes, der die 113. Generalversammlung des Evangelischen Bundes eröffnet. In ihm erinnern wir an die Leuenberger Konkordie[1], die 1973, also vor fünfzig Jahren, unterzeichnet wurde. Und das Pfingstwunder? Ich verstehe es als Quelle, aus der heraus »Leuenberg« allererst möglich wurde.

Damals nämlich, in Jerusalem, bricht – mitten im Schweigen, mitten im Schmerz über den Abschied Jesu – Reden, Sprache, auf: neues Reden, wie ein Riss im Asphalt. Und die Menschen erleben, was sie bereits ad acta gelegt hatten: dass da, wo *sie* schweigen, *Gott* jedenfalls *nicht* schweigt. Die alten Worte des Psalms, wie oft haben sie sie gebetet: »Unser Gott kommt und schweiget nicht« (Ps 50,3). Nun haben sie es erlebt: ein Wunder, der Heilige Geist selbst am Werk!

Gott, der nicht schweigt, sondern redet, als der Lebendige von Anfang an, der die Welt durch sein Wort erschaffen

[1] Vgl. Konkordie reformatorischer Kirchen in Europa (Leuenberger Konkordie), im Auftrag des Rates der Gemeinschaft Evangelischer Kirchen in Europa hrsg. von Michael Bünker und Martin Friedrich, Leipzig 2013.

hat und erhält, dieser Gott bringt Menschen aus der gesamten bewohnten Erde neu zum Reden. Nicht in einer abstrakten Einheitssprache, sondern in ihren ganz unterschiedlichen Dialekten reden sie, diese so unterschiedlich Geprägten, aber: Sie verstehen einander! Das Neue, das Redende, das Menschen zueinander und zu Gott Bringende, das alles Tote und Stumme und Beziehungslose sprengt, weit über Grenzen hinweg, das ist der Einbruch der Geisteskraft, die die Mauern des Nicht-Verstehens und der wechselseitigen Abgrenzung zum Einsturz bringt.

All die unterschiedlichen Menschen, die da in Jerusalem versammelt sind, mit ihren Sprachen und Kulturen, ihren Traditionen und Milieus, werden auf geheimnisvolle Weise von diesem Geschehen ergriffen. Sie hören aufeinander, sie können einander verstehen und spüren die Gegenwart des Heiligen Geistes. Und genau darin entdecke ich die Parallele zu dem, was wir heute feiern, die Entsprechung zum 50. Geburtstag der Gemeinschaft Evangelischer Kirchen in Europa, an den wir hier, in Ulm, erinnern.

War doch die Situation vor 1973 geprägt von den vielen evangelischen Sprachen, von der Vielzahl reformatorischer Theologien und Kirchen, die mehr oder weniger beziehungslos, ohne gottesdienstliche Gemeinschaft, nebeneinander existierten.

Genau das aber ist – pfingstlich-wunderhaft – anders geworden durch den Text, der in unserem Gesangbuch unter den wichtigsten Lehraussagen der Kirche zu finden ist, nämlich: die Leuenberger Konkordie. Darin haben inzwischen 111 evangelische Kirchen aus Europa und aus einigen südamerikanischen Ländern ein gemeinsames Verständnis des Evangeliums von Jesus Christus entwickelt. Auf dieser Basis konnten die Gegensätze in der Lehre vom Abendmahl, im Verständnis der Heilsbedeutung Jesu und in der Theologie der Prädestination soweit überwunden werden, dass unsere unterschiedlichen Akzente als Evangelische nicht mehr kirchentrennend sind. Eben das meint »Einheit in Vielfalt, in versöhnter Verschiedenheit«[2], wie die Leuenberger Theologie treffend zusammengefasst worden ist; eine pfingstliche Überwindung der babylonischen Sprachverwirrung, unter der unsere Väter und Mütter im Glauben gelitten haben.

Als ich 2018 in Basel an der 8. Vollversammlung der Gemeinschaft Evangelischer Kirchen in Europa teilnahm, um erste Verbindungslinien sogar zwischen der Leuenberger Kirchengemeinschaft und der römisch-katholischen Kirche vorzustellen, da habe ich diese Einheit, diese Gemeinschaft in versöhnter und versöhnender Verschiedenheit, ganz unmittelbar erlebt. Wir haben miteinander diskutiert und aufeinander gehört, wir haben gemeinsam Gottesdienst und Abendmahl gefeiert und uns dabei zusammengehörig erlebt – gerade *in* unseren kulturellen und historischen *Unterschieden*. Unglaublich, dass dies

[2] Vgl. dazu die Studie: Die Kirche Jesu Christi. Der reformatorische Beitrag zum ökumenischen Dialog über die kirchliche Einheit. [Beratungsergebnis der 4. Vollversammlung der Leuenberger Kirchengemeinschaft, Wien-Lainz, 9. Mai 1994], Frankfurt am Main [3]2001 (Leuenberger Texte H. 1), S. 57–59.

erst seit 50 Jahren möglich ist: So selbstverständlich kam es mir vor.

Doch das ist nur die *eine* Seite der Jubiläumsmedaille. Denn »*Einheit* in versöhnter Verschiedenheit« kann nicht nur vorne, sondern muss auch hinten betont werden: »Einheit in *Verschiedenheit*, in Pluralität und Diversität«!

Nein, Methodisten müssen keine Reformierten werden – und Unierte keine Lutheraner. Wichtig ist nur, dass sie sich als *gemeinsam Hörende* begreifen: aufeinander – und auf Gottes Wort. Die konfessionelle Identität wird gerade nicht aufgelöst, aber: Sie wird vom Konfessionalismus unterschieden, der es immer mit negativer Abgrenzung zu tun hat. Um eine Einheit, eine Gemeinschaft, geht es hier, die nicht gleichmacht, *nicht* gesichtslos ist, sondern die gerade in der Unterschiedlichkeit und Vielfalt den Reichtum der Gaben erkennen lässt.

Das ist herausfordernd! Denn eine lutherische Staatskirche wie in Dänemark kann sich nicht in gleicher Weise sozialpolitisch zur wirtschaftlichen Situation der Europäischen Union äußern wie die Waldenser als Minderheitenkirche im überwiegend katholischen Italien. Und die verhältnismäßig immer noch reichen und großen Landeskirchen in Deutschland haben ganz andere Herausforderungen als die armen und wenigen Evangelischen in Osteuropa. Dies mag zuweilen zu Spannungen führen. Aber die Verschiedenheit bereichert ebenso. Sie zeigt, wie evangelisches Christsein *auch anders* gelebt werden kann.

In dieser Perspektive ist ja auch das Pfingstwunder zu lesen. Denn dort wird nicht behauptet, die Parther, Meder und Elamiter hätten alle eine einzige Sprache gesprochen; nein, ihre Sprachen bleiben unterschiedlich. Neu ist nur, dass sie *sich* in ihnen wechselseitig *verstehen*.

Dass auch die kommenden Tage hier, in Ulm, ein Fest des Aufeinander-Hörens und des Verständnisses füreinander werden, dass wir als Generalversammlung des Evangelischen Bundes das Wehen des Geistes unmittelbar spüren, darum bitten wir, indem wir jetzt gemeinsam in den alten Pfingstruf einstimmen: »Komm, Heiliger Geist! Erfüll die Herzen deiner Gläubigen und entzünde in uns das Feuer deiner göttlichen Liebe!« (EG 125).

Amen.

Predigt anlässlich des Gedenkens an den Beginn des Ersten Weltkriegs vor 100 Jahren*

Micha 4,1–4

Liebe Gemeinde!
Es sind entsetzliche Worte, entsetzliche Bilder, die der Film »Merry Christmas«[1] uns zeigt. Kinder, die in scheinbarer Selbstverständlichkeit vom Töten des Feindes sprechen. Es sind auswendig gelernte Worte, verinnerlichte Feindbilder - in Deutschland, Frankreich und Großbritannien. Aber so sah es offenbar in den Herzen vieler Menschen im Jahr 1914 aus. Und entsprechend wurde es auch von den Kanzeln gepredigt. Es gab Pfarrer im deutschen Kaiserreich, die vertraten bis 1918 die These: Wer im Zug der Verteidigung des Vaterlandes einen belgischen oder französischen Soldaten erschießt, der vollstreckt an ihm das Werk christlicher Nächstenliebe. Und umgekehrt nistete sich auch in Frankreich das Bild vom deutschen Erbfeind tief in die Seele der Menschen ein.

Liebe Gemeinde, umso mehr bin ich mir der Bedeutung bewusst, heute an diesem Ort, in der Église St. Paul,

* Gottesdienst am 25.05.2014 in der Église St. Paul in Straßburg.

1 »Merry Christmas« (2005) ist ein Antikriegsfilm von Christian Carion über Begegnungen von deutschen, französischen und britischen Soldaten im Ersten Weltkrieg am Heiligen Abend 1914.

der ehemaligen Garnisonkirche Straßburgs, in deutscher Sprache zu predigen. Ich bin der erste deutsche Geistliche seit 1918, der hier in seiner Muttersprache eine Predigt halten darf.

Nur wenige Meter von hier entfernt hat man demjenigen ein Denkmal gesetzt, mit dem man die deutsche Sprache zu Recht verbindet: Johann Wolfgang von Goethe. Doch mit dem Klang meiner Muttersprache verband man – nicht zuletzt im Elsass – den harten Ton des Militärischen. Lange klang die deutsche Sprache nach Befehl und Gehorsam. Sich das klarzumachen, ist freilich der erste Schritt zur Verständigung – nämlich: die eigene Nation, die eigene Geschichte, zu sehen und wahrzunehmen mit den Augen und Ohren des *Anderen*.

Heute ergreifen uns Entsetzen und Unverständnis, wenn wir die Bilder des Stellungskrieges in den Schützengräben sehen oder die Gräberfelder von Verdun vor Augen haben. Und wir fragen: Wie war das möglich? Wie konnte das nur geschehen, dass Nachbarn zu Feinden wurden? Zumal – nach nur 21 Jahren seit dem Ende des Ersten Weltkriegs – im Jahr 1939 mit dem deutschen Überfall auf Polen der Zweite Weltkrieg begann. Und was von Nazi-Deutschland ausging, das übertraf an Schrecklichkeit alles zuvor Dagewesene!

Die beiden Weltkriege haben sich tief eingezeichnet in die nationalen Erinnerungskulturen der Völker Europas. Durch nachhaltige Versöhnungsarbeit, nicht zuletzt der Kirchen, durch Unterstützung von außen und durch den Einsatz unserer Elterngeneration ist es gelungen, aus einem am Boden liegenden, weitgehend zerstörten Europa einen friedlichen und wirtschaftlich florierenden Kontinent entstehen zu lassen. So empfinde ich tiefe Dankbarkeit, wenn ich gerade an das deutsch-französische Verhältnis denke. Umso wichtiger ist es, in jeder Generation die Gewissen zu schärfen im Hören auf das Zeugnis der Heiligen Schrift.

Hören wir Worte aus dem Buch des Propheten Micha im 4. Kapitel, die Verse 1–4:

*1In den letzten Tagen aber wird der Berg, darauf des Herrn
Haus ist, fest stehen, höher als alle Berge und über alle
Hügel erhaben. Und die Völker werden herzulaufen, 2und
viele Heiden werden hingehen und sagen: Kommt, lasst
uns hinauf zum Berge des Herrn gehen und zum Hause
des Gottes Jakobs, dass er uns lehre seine Wege und wir in
seinen Pfaden wandeln! Denn von Zion wird Weisung
ausgehen und des Herrn Wort von Jerusalem. 3Er wird unter vielen Völkern richten und mächtige Nationen zurecht-
weisen in fernen Landen. Sie werden ihre Schwerter zu
Pflugscharen machen und ihre Spieße zu Sicheln. Es wird
kein Volk wider das andere das Schwert erheben, und sie
werden hinfort nicht mehr lernen, Krieg zu führen. 4Ein jeder wird unter seinem Weinstock und Feigenbaum wohnen, und niemand wird sie schrecken. Denn der Mund des
Herrn Zebaoth hat's geredet.*

Liebe Schwestern und Brüder,
aus vielen Schwertern sind mittlerweile Pflugscharen geworden im vereinten Europa. Heute haben wir die Chance, in freien Wahlen unsere Vertreterinnen und Ver-

treter im Europaparlament zu bestimmen. Kein Volk erhebt sich mehr gegen das andere. Und doch sind diese Errungenschaften immer wieder gefährdet. Das zeigt sich zurzeit in der Ukraine. Im Innern bestimmen Wut und Hass das Vorgehen auf beiden Seiten. Die Annexion der Krim durch Russland und die gewaltsamen Aktionen der Separatisten verängstigen nicht nur die Nachbarstaaten. Seit Wochen ist es unübersehbar: Wir befinden uns gegenwärtig in der schwersten Krise seit dem Ende des Kalten Krieges.

Wer freilich glaubt, mit militärischen Mitteln Siege davonzutragen, die auch Bestand haben, der sollte - gerade im Blick auf die beiden Weltkriege des 20. Jahrhunderts - eines Besseren belehrt werden: Mit Gewalt sind Konflikte zwischen Völkern und Volksgruppen niemals zu lösen. Am Ende wird es nur Verlierer geben!

Auch sind Fremdenfeindlichkeit und Partikulardenken in Europa keineswegs überwunden. Es sind vor allem die sozialen Ängste der Menschen, die ihnen gegenwärtig wieder Nahrung geben. Und rechtspopulistische Kräfte machen sich diese Ängste zunutze. Die Demokratie, das tolerante Zusammenleben der Verschiedenen, ist aber etwas so Kostbares, dass es sich lohnt, dafür zu streiten. »Kommt, lasst uns hinauf zum Berge des Herrn gehen [...], dass er uns lehre seine Wege und wir in seinen Pfaden wandeln!« (Mi 4,2). Und diese Pfade, das sind Wege des Friedens und der Versöhnung. Das Gefühl aber, das Vorurteile entstehen lässt, ist Angst: die Angst vor Überfremdung, die Angst vor Verlusten. Angst schützt uns zwar vor Gefahren, kann aber selber zur Gefahr werden, wenn sie zu groß wird. Ist das der Grund, weshalb Jesus so oft auf die Menschen zuging und sagte: »Fürchtet euch nicht!«? Sein Versprechen klingt wie eine Antwort: »In der Welt habt ihr Angst; aber seid getrost, ich habe die Welt überwunden« (Joh 16,33). Er ruft uns zu: »Selig sind, die Frieden stiften; denn sie werden Gottes Kinder heißen« (Mt 5,9). »Selig sind, die da hungert und dürstet nach der Gerechtigkeit; denn sie sollen satt werden« (Mt 5,6).

Der moralischen Umkehr, so hat es der französische Philosoph Paul Ricœur einmal formuliert, müsse die »Umkehr der Einbildungskraft«[2] vorangehen. Wir brauchen die Nahrung durch biblische Visionen, wir brauchen Bilder des Friedens und der Versöhnung, damit – im allgemeinen Bilderverschleiß – die langsamen Bilder und die Sprache der Nachdenklichkeit sich wieder »ein-bilden« und unsere Imaginationskraft erneuern können. Ja, wir brauchen Menschen, deren Herz erfüllt ist von der Friedensbotschaft des Evangeliums, nicht, damit die Kirche etwas davon hat, sondern damit unsere Kultur ihr humanes und soziales Antlitz nicht verliert!

Keine Hassgedichte sollen unsere Kinder mehr auswendig lernen müssen, Bilder des Friedens sollen sich ihnen einprägen und Lieder der Versöhnung wollen wir mit ihnen anstimmen, damit sich bewahrheitet, was der

2 Paul Ricœur, Stellung und Funktion der Metapher in der biblischen Sprache, in: ders. / Eberhard Jüngel, Metapher. Zur Hermeneutik religiöser Sprache, München 1974 (Sonderheft EvTh), S. 70.

Prophet verheißt: »Es wird kein Volk wider das andere das Schwert erheben, und sie werden hinfort nicht mehr lernen, Krieg zu führen. Ein jeder wird unter seinem Weinstock und Feigenbaum wohnen, und niemand wird sie schrecken« (Mi 4,3 f.).

Amen.

Predigt anlässlich des 75. Gedenktages der Reichspogromnacht*

Psalm 146,8b

Liebe Geschwister,
vor allem: liebe Mitglieder der Jüdischen Kultusgemeinde!
75 Jahre danach sind wir heute Abend konfrontiert mit einer Vergangenheit, die nicht vergehen will. Vergangenheit, die sich zu Wort meldet, ihre Bilder in unsere Gegenwart sendet und die durch unsere Erinnerungen am Leben gehalten werden soll. Diese Vergangenheit ist nicht vergangen. Sie wird aufbewahrt in den Geschichten von Familien, von jüdischen und christlichen Gemeinden, in den Erinnerungen von Orten. Man begegnet ihr auf Schritt und Tritt, wenn wir mit offenen Augen durch unsere Stadt gehen: vorbei an den Mahnmalen und Gedenkstätten, mit denen wir die Erinnerung an die Opfer deutscher Verbrechen wachhalten.

8b *Der Herr richtet auf, die niedergeschlagen sind.*

Dieser Vers aus dem 146. Psalm ist die Losung der Herrnhuter Brüdergemeine für den heutigen Tag. »Der Herr richtet auf, die niedergeschlagen sind«; »er hält Treue ewiglich«

* Gottesdienst am 09. 11. 2013 in der Synagoge Beith Schalom in Speyer.

(vgl. Ps 146,6); »er schafft Recht denen, die Gewalt leiden« (vgl. Ps 146,7), so heißt es weiter in diesem Psalm. Während der Nazi-Diktatur haben Sie, Jüdinnen und Juden in unserem Land, aus deren reicher Tradition diese Worte stammen, erleben müssen, wie Ihre Glaubensüberzeugungen hart in Frage und auf die Probe gestellt wurden. Und als in der Nacht vom 09. auf den 10. November 1938 in Deutschland die Synagogen brannten, als die böse Hatz auf Menschen jüdischen Glaubens begann, da gab es nicht einmal einen Aufschrei im Land; auch keinen Aufschrei in unseren Kirchen! Einzelne nur waren es, die sich trauten, ihre Stimme zu erheben, um das himmelschreiende Unrecht beim Namen zu nennen. Die meisten aber blieben stumm.

Wir stehen vor der Geschichte unserer christlichen Gemeinden und suchen danach, ob sich nicht doch eine Stimme finden lässt, nicht doch ein Beschluss gefasst wurde, der dem Ungeheuerlichen widersprach. Wir suchen, noch immer in der Hoffnung, dass sich in den Geschichten derjenigen, die vor uns waren und auf deren Schultern wir stehen, ein Wort findet, an dem wir uns festhalten können; ein Gesicht, in dem sich der klare Blick auf das Unrecht spiegelt; eine menschliche Hand, die den Gejagten ihre Hilfe anbot. Es gab diese Stimmen. Aber sie waren zu schwach. Oder sie wurden mundtot gemacht aus Angst, der Hass und die Bosheit könnten sich unversehens gegen einen selbst richten. Es waren zu wenige. Es mangelte an Klarheit. Wir stehen vor dem Versagen – voller Scham.

Nein, die Vergangenheit ist nicht vergangen. Wir müssen darauf bestehen, dass es zur Würde des Menschen gehört, sich seiner Geschichte zu erinnern, auch dort, wo sie gegen uns zeugt, wo sie quälend ist und in keiner Weise zu bewältigen. Wir sind als Volk und als Kirche in einen ungeheuren Abgrund gestürzt. Dies zu erkennen - und darauf zu verzichten, Rechtfertigungen zu suchen, Entlastungsstrategien und Verleugnungen -, bedarf vielleicht einer größeren Hoffnung, als der Mensch sie von sich aus haben könnte.

Zeit vergeht, Verantwortung nicht! Und Verantwortung braucht Erinnerung, um nicht zu einem allgemeinen Postulat zu verschwimmen. Verantwortung braucht den Blick auf das, was war - hier, in unserer Stadt, in den Straßen, auf denen wir täglich gehen. Die Bosheit geschah nicht auf einem fernen Planeten, nicht in einer unbestimmten Fremde, nicht durch finstere Wesen. Die Bosheit, der Mord, der Bruch mit den Gesetzen der Zivilisation, geschah durch Menschen wie du und ich - und das ist das Schlimmste!

Es war die Generation meiner Großeltern, die in jener Novembernacht das Feuer legte, die Steine warf, die Türen eintrat. Es war die Generation meiner Großeltern, die dem Geschehen zusah, den Blick abwandte und zur Tagesordnung überging, als sei nichts geschehen. Verantwortung zu übernehmen heißt jetzt aber hier und heute: wach zu sein! Wach gegenüber jedem Versuch, Menschen auszugrenzen, Menschen ihre Würde abzusprechen. Wir beten in dieser Stunde darum, dass wir dieser Verantwortung gerecht werden.

Die schrecklichen Bilder von damals lehren uns heute: Wo es keinen Respekt vor dem Heiligen und dem für den menschlichen Zugriff Unverfügbaren gibt, dort gibt es auch keinen Respekt vor den Menschen! Unsere Erinnerung an die Reichspogromnacht vor 75 Jahren liefe ins Leere, wenn wir sie nicht mit der Frage nach der praktischen Solidarität verbänden, die wir den in unserer Zeit zu Unrecht Verfolgten schulden. Denn noch immer sind Antisemitismus und Rassismus nicht überwunden. Angesichts des eigenen Versagens erklärte meine Kirche im Jahr 1995: »Durch ihren Herrn Jesus Christus weiß sie [die Pfälzische Landeskirche] sich hineingenommen in die Verheißungsgeschichte Gottes mit seinem ersterwählten Volk Israel – zum Heil für alle Menschen. Zur Umkehr gerufen, sucht sie Versöhnung mit dem jüdischen Volk und tritt jeder Form von Judenfeindschaft entgegen.«[1] Die Aufgabe, die damit gestellt ist, ist noch lange nicht erfüllt. Deshalb ist dieser heutige Tag für mich Herausforderung und Verpflichtung zugleich. Jedem Menschen – gleich welcher Hautfarbe, Volkszugehörigkeit oder Religion – ist das Bild Gottes eingeprägt. Keiner darf preisgegeben werden. Davon in Wort und Tat Zeugnis abzulegen, sind wir in besonderer Weise gefordert. Gemeinsam, als Juden und Christen, halten wir fest an der Verheißung, dass Gott Recht schafft denen, die Gewalt leiden, und die Würde de-

[1] Vgl. Paragraph 1, Absatz 3 der Verfassung der Evangelischen Kirche der Pfalz (Protestantische Landeskirche), in: Miteinander Kirche beWEGen. Handbuch für Presbyterinnen und Presbyter – 2014–2020, hrsg. vom Landeskirchenrat der Evangelischen Kirche der Pfalz (Protestantische Landeskirche), Speyer 2014, S. 282.

rer wieder aufrichtet, die damals gedemütigt wurden und gegenwärtig gedemütigt werden (vgl. Ps 146,7 f.).

Die Erinnerung an die Schreckensnacht und ihre Folgen ist gerade heute, da die Zeitzeugen allmählich verstummen, von großer Bedeutung. Mahnt sie uns doch, alles zu tun, um eine Gesellschaft in Freiheit und gegenseitiger Achtung zu gestalten, die sich ihrer Verantwortung vor Gott und den Menschen bewusst ist. In diesem Sinn gilt: Die Vergangenheit ist nicht vergangen! Und dass wir sie heute gemeinsam – als Juden und Christen – in einer Synagoge erinnern, die den Namen »Beith Schalom«, »Haus des Friedens«, trägt, ist ein Zeichen der Hoffnung. Gestalten wir auch unsere Welt als ein »Haus des Friedens«.

Der Friede Gottes sei mit uns allen:
Schalom!

Predigt anlässlich des Tages der Deutschen Einheit*

2. Mose 20,1–17 und 2. Korinther 3,17

2. Mose 20,1–17

[1]Und Gott redete alle diese Worte: [2]Ich bin der Herr, dein Gott, der ich dich aus Ägyptenland, aus der Knechtschaft, geführt habe. [3]Du sollst keine anderen Götter haben neben mir. [4]Du sollst dir kein Bildnis noch irgendein Gleichnis machen, weder von dem, was oben im Himmel, noch von dem, was unten auf Erden, noch von dem, was im Wasser unter der Erde ist: [5]Bete sie nicht an und diene ihnen nicht! Denn ich, der Herr, dein Gott, bin ein eifernder Gott, der die Missetat der Väter heimsucht bis ins dritte und vierte Glied an den Kindern derer, die mich hassen, [6]aber Barmherzigkeit erweist an vielen Tausenden, die mich lieben und meine Gebote halten. [7]Du sollst den Namen des Herrn, deines Gottes, nicht missbrauchen; denn der Herr wird den nicht ungestraft lassen, der seinen Namen missbraucht. [8]Gedenke des Sabbattages, dass du ihn heiligst. [9]Sechs Tage sollst du arbeiten und alle deine Werke tun. [10]Aber am siebenten Tage ist der Sabbat des Herrn, deines Gottes. Da sollst du keine Arbeit tun, auch nicht dein Sohn, deine Tochter, dein Knecht, deine Magd, dein Vieh,

* Gottesdienst am 03. 10. 2017 im Hohen Dom zu Mainz. Live-Übertragung in der ARD.

auch nicht dein Fremdling, der in deiner Stadt lebt. [11]Denn in sechs Tagen hat der Herr Himmel und Erde gemacht und das Meer und alles, was darinnen ist, und ruhte am siebenten Tage. Darum segnete der Herr den Sabbattag und heiligte ihn. [12]Du sollst deinen Vater und deine Mutter ehren, auf dass du lange lebest in dem Lande, das dir der Herr, dein Gott, geben wird. [13]Du sollst nicht töten. [14]Du sollst nicht ehebrechen. [15]Du sollst nicht stehlen. [16]Du sollst nicht falsch Zeugnis reden wider deinen Nächsten. [17]Du sollst nicht begehren deines Nächsten Haus. Du sollst nicht begehren deines Nächsten Frau, Knecht, Magd, Rind, Esel noch alles, was dein Nächster hat.

2. Korinther 3,17

[17]Der Herr ist der Geist; wo aber der Geist des Herrn ist, da ist Freiheit.

Liebe Schwestern und Brüder hier, im Hohen Dom zu Mainz, und wo auch immer Sie heute mit uns verbunden sind!

Mehr als wir Menschen die Gebote Gottes halten, halten seine Gebote uns! Gottes Gesetze bewahren vor Unfreiheit. Sie geben Orientierung, sind wie Leitplanken auf der Straße der Freiheit!

»Ich bin der Herr, dein Gott, der ich dich [...] aus der Knechtschaft geführt habe« (2. Mose 20,2). Das ist der Schlüsselsatz. Auf dieser Befreiung beruhen die Zehn Gebote. Diese gilt aber nicht nur für die Israeliten, die aus Ägypten heimkehren konnten. Sie gilt auch für uns. Auch wir haben Befreiung erfahren: aus dem nationalsozialistischen Wahn, aus der Spaltung Deutschlands, aus der »Diktatur des Proletariats«; aber auch aus persönlichen Verirrungen und Verwirrungen, aus Ratlosigkeit und Angst. »Ich habe dich herausgeführt«, sagt Gott. Auf dieser Zusage beruht das gesamte jüdisch-christliche Erbe!

Liebe Gemeinde,

die rheinland-pfälzischen Städte Speyer, Worms und Mainz sind historische Orte jüdischen Glaubens und Lebens. Die jüdische Gelehrsamkeit hat dort ihre Blütezeit erlebt. Mit ihren Rabbinern hat sie über Jahrhunderte hinweg Theologie, Philosophie und Rechtswissenschaft in Deutschland und weltweit geprägt. Die jüdisch-christliche Tradition ist nicht wegzudenken aus unserem Land. »Ich bin der Herr, dein Gott, der ich dich [...] aus der Knechtschaft geführt habe« (2. Mose 20,2): diese Ermutigung zur Freiheit hat sich uns tief eingeprägt. Es ist das Bewusstsein, vor den Menschen und insbesondere vor Gott Verantwortung zu tragen, dem Urgrund der Freiheit.

Ich bin dankbar, dass bei uns nach 1945 trotz immerwährender Bedrohungen ein Gemeinwesen entstand, das von Toleranz geprägt ist; ein Gemeinwesen, in dem die Glaubens- und Gewissensfreiheit als Grund- und Menschenrecht gilt. Gedenktage wie diese zeigen, wie wenig selbstverständlich das ist und wie sehr wir immer wieder dafür einstehen müssen. Dies gilt erst recht, wenn wir sehen, wie weltweit Herrscher ihre Völker niederhalten und ihnen Gewalt antun. Wie religiöse Fanatiker die Intoleranz zum Programm erheben und eine blutige Spur hinter sich herziehen. An einem Erinnerungstag wie heute sage ich: Wir protestieren dagegen, dass Menschen verfolgt oder umgebracht werden, nur weil sie ihrem Gewissen folgen und ihren Glauben leben wollen. Wir, Kirchen und Religionsgemeinschaften in Deutschland, leben diesbezüglich in großer Freiheit. Wir können unseren Glauben offen und öffentlich bekennen. Umso mehr fordern wir Glaubens- und Gewissensfreiheit ein und sorgen bei uns dafür, dass zwischen Menschen verschiedener Religionen kein Keil getrieben wird. Wir bejahen die freie Religionsausübung für alle in unserem Land. Wir machen diese Haltung auch nicht von der Frage abhängig, ob in anderen Ländern Christen ihrerseits Religionsfreiheit gewährt wird. Wir treten aber nachdrücklich für die Religionsfreiheit als universales Menschenrecht ein. Wir finden uns nicht damit ab, dass es insbesondere Christen sind, die unter Einschränkungen dieses Menschenrechts zu leiden haben. Was wir überall brauchen, ist eine Kultur, die sicherstellt, dass unterschiedliche Überzeugungen nicht in Gewalt gipfeln, vielmehr in einer Atmosphäre der Toleranz und des Respekts ausgehalten werden.

Die Grundlage dafür sind Jesu Worte, mit denen er die Zehn Gebote zusammenfasst: »‚Du sollst den Herrn, deinen Gott, lieben von ganzem Herzen, von ganzer Seele, von ganzem Gemüt und mit all deiner Kraft'. Das andre ist dies: ›Du sollst deinen Nächsten lieben wie dich selbst‹« (Mk 12,30f.). Die evangelische Theologin Dorothee Sölle deutet dies im Anschluss an den jüdischen Religionsphilosophen Martin Buber so: »Wir brauchen Gott nur, wenn wir auch wissen, wie sehr Gott uns braucht.« Gottes Liebe will »die Gegenseitigkeit«, will unser Zurück-Lieben, »unsere Freude, unsere Kraft, unsere schöpferische Anteilnahme«[1]. Gott braucht unsere Hoffnung, er braucht unseren Glauben an sein Reich der Freiheit, er braucht auch unser Tun, damit seine Liebe sich unter uns ereignen kann. Nicht als Bedingung, sondern als Folge der Freiheit!

Entsprechend kennt das Hebräische - die Ursprache der Zehn Gebote - gar nicht das Wort »Du sollst«. Vielmehr: »Du wirst das tun«. »Du kannst es« - als Dank für das von Gott geschenkte Leben. Das ist der Atem der biblischen Sprache: Du kannst Vater und Mutter ehren, du darfst den Feiertag heiligen. Wenn du Gott als Befreier achtest, wirst du nicht töten. Wegweisung der Freiheit sind die Zehn Gebote. Darum begründen sie auch den Einsatz für gesellschaftliche und politische Liberalität.

So hat sich der Freiheitsdrang der Menschen einst in Neustadt an der Haardt - der Wiege der Demokratie - Bahn gebrochen. 1832 zogen tausende Freiheitsliebende zum Hambacher Schloss hinauf. Eine ihrer schwarz-rot-goldenen Fahnen hängt bis heute im Plenarsaal des Mainzer Landtags. Der Ermutigung zur Freiheit folgt die Verantwortung für die Freiheit. Verantwortung vor Gott und Verantwortung vor den Menschen.

70 Jahre Rheinland-Pfalz und 27 Jahre Deutsche Einheit: Wir haben allen Grund, dankbar zu sein! Es sind Christinnen und Christen in Mittel- und Ostdeutschland gewesen, die mit friedlichen Montagsgebeten und gewalt-

[1] Dorothee Sölle, Gott denken. Einführung in die Theologie, Stuttgart [2]1990, S. 240.

freien Märschen der Freiheitsliebe eine Stimme verliehen haben. »Ich bin der Herr, dein Gott, der ich dich aus der Knechtschaft [...] geführt habe« (2. Mose 20,2), dieses Wort Gottes war dem Ruf »Wir sind das Volk!« vorangestellt. Am Ende fielen unter dem gewaltfreien Wort Mauern und Zäune nieder!

Das zeigt: Die Hoffnung empfängt ihre Kraft aus Wurzeln, die sie sich selber nicht geben kann. Kraft aus der von Gottes Geist geschenkten Freiheit. Der Apostel Paulus sagt es so: »Der Herr ist der Geist; wo aber der Geist des Herrn ist, da ist Freiheit« (2. Kor 3,17). Wir sind zur Freiheit berufen, damit wir füreinander Verantwortung übernehmen und uns in unserer Unterschiedlichkeit anerkennen.

Diese Unterschiedlichkeit beschreibt der rheinhessische Schriftsteller Carl Zuckmayer in seinem Bühnenstück »Des Teufels General«. Darin heißt es: »Was kann da nicht alles vorgekommen sein in einer alten Familie: [...] Vom Rhein. Von der großen Völkermühle. Von der Kelter Europas! [...] Und jetzt stellen Sie sich [...] Ihre Ahnenreihe vor [...]. Da war ein römischer Feldhauptmann, [...] der hat einem blonden Mädchen Latein beigebracht. Und dann kam ein jüdischer Gewürzhändler in die Familie, [...] ein griechischer Arzt , [...] ein keltischer Legionär, ein Graubündner Landsknecht, ein schwedischer Reiter, ein Soldat Napoleons, ein desertierter Kosak, ein Schwarzwälder Flözer, ein wandernder Müllerbursch vom Elsass, ein dicker Schiffer aus Holland, [...] das hat alles am Rhein gelebt [...] und der Goethe [...] und der Beethoven und der Gutenberg, und der Matthias Grünewald [...]. Es waren die Besten [...]! Die Besten der Welt! Und warum? Weil sich die Völker dort vermischt haben. Vermischt – wie die Wasser aus Quellen und Bächen und Flüssen, damit sie zu einem großen, lebendigen Strom zusammenrinnen.«[2]

An der Lebensader Deutschlands, am Rhein, hier haben sich also seit Jahrhunderten die Völker gemischt. »*Zusammen* sind wir Deutschland!«, wie wahr ist dieser Satz: heute und angesichts unserer Geschichte. Vielfalt braucht nicht zu schrecken. Gottes Geist öffnet uns für die Sprache der Anderen, macht uns neugierig auf ihre Geschichte, sucht nach Wegen der Integration. Einheit ist nicht Uniformität – und Verschiedenheit nicht Verzicht auf Gemeinschaft!

Die Statements zu Beginn dieses Gottesdienstes haben uns die friedens- und freiheitsstiftende Kraft ehrenamtlichen Engagements vor Augen gestellt. Viele tun das aus einer religiösen Motivation heraus. Sie setzen sich ein für die, die geflüchtet sind, um hier bei uns Schutz und Heimat zu finden. Sie nehmen am Schicksal und Alltag des Anderen teil und spüren, dass Verschiedenheit Reichtum bedeuten kann. Gewiss, Integration ist nicht gratis zu haben. Doch Gottes Geist öffnet Augen und Herzen, lässt uns erfahren, dass wir in unserer Verschiedenheit zusammengehören. Der Respekt vor der gleichen Würde und der Freiheit eines jeden Menschen zeichnet uns aus. Aus der Frei-

2 Carl Zuckmayer, Des Teufels General. Drama in drei Akten, Frankfurt am Main 1958, S. 65.

heit eines Christenmenschen heraus zu handeln, heißt, die Liebe auszustrahlen, aus der wir leben. Weil wir es wissen und tief in uns fühlen: »Der Herr ist der Geist; wo aber der Geist des Herrn ist, da ist Freiheit« (2. Kor 3,17).

Amen.

Verzeichnis der Bibelstellen*

* Die den Predigten zugrundeliegenden Bibelstellen sind in Fettschrift gesetzt. Ihre Abkürzungen und ihre Zitation folgen der Lutherbibel, revidiert 2017.

Bibliographie Christian Schad – Fortschreibung für die Jahre 2023 und 2024*

Traudel Himmighöfer

2023

357 Theologie für das Leben. Plädoyer für eine aufmerksame Kirche. Zum 65. Geburtstag hrsg. von Traudel Himmighöfer, Leipzig 2023.
BMZ Speyer: Ab 2810

358 Zum Geleit, in: Irene Dingel: Die Reformation in Gestaltungen und Wirkungen. Speyerer Vorträge. Mit einem Geleitwort von Bibliotheksleiterin Dr. Traudel Himmighöfer

* Die vorliegende »Bibliographie Christian Schad« ist eine »Fortschreibung für die Jahre 2023 und 2024«, die anknüpft an die gleichfalls von Traudel Himmighöfer erstellte »Bibliographie Christian Schad 1987–2022«, in: Christian Schad: Theologie für das Leben. Plädoyer für eine aufmerksame Kirche. Zum 65. Geburtstag hrsg. von Traudel Himmighöfer, Leipzig 2023, S. 285–325. Die Nummerierung der neuen Titel schließt an die 356 Nummern dieser Bibliographie der Jahre 1987–2022 an.
In der »Bibliographie Christian Schad 1987–2022« ist noch folgender Titel als Nr. 273a zu ergänzen:
Resümee aus kirchenleitender Sicht, in: Creator Spiritus. Das Wirken des Heiligen Geistes als theologisches Grundthema, hrsg. von Albrecht Peters, Göttingen 2019 (Evangelische Impulse 8), S. 167 f.
BMZ Speyer: Ca 3243.

und Kirchenpräsident i. R. Dr. Christian Schad, Leipzig 2023, S. 7–9 (zusammen mit Traudel Himmighöfer).
BMZ Speyer: 50 K 37

359 [Vorwort], in: Evangelische Orientierung 2023, H. 1: 50 Jahre Leuenberger Konkordie 1973–2023, S. 3.
BMZ Speyer: L 354/2023,1

360 Thematische Einführung und Begrüßung im Rahmen des Festaktes [75 Jahre Konfessionskundliches Institut des Evangelischen Bundes, Bensheim, 27. Oktober 2022], in: Epd-Dokumentation 2023, H. 13, S. 31 f.
BMZ Speyer: L 552/2023,1

361 [Vorwort], in: Evangelische Orientierung 2023, H. 2: Macht in der Kirche teilen und gestalten, S. 3.
BMZ Speyer: L 354/2023,2

362 Grußwort, in: Die Evangelische Kirche und das Saarland. 60 Jahre Evangelisches Büro Saarland im Dienst der Menschen, hrsg. von Frank-Matthias Hofmann, Saarbrücken 2023 (Beiträge zur evangelischen Kirchengeschichte der Saargegend 5), S. 197 f.
BMZ Speyer: Ab 2821

363 Unterwegs zur Kirchengemeinschaft – unterwegs zur Mahlgemeinschaft, in: Vom Geheimnis Gottes und des Menschen. Zwei Mainzer Theologen: Karl Lehmann und Theodor Schneider, hrsg. von Albert Raffelt / Peter Reifenberg / Dorothea Sattler, Würzburg 2023, S. 289–303.
BMZ Speyer: Ab 2939

364 Evangelisch-katholische Abendmahlsgemeinschaft in der Perspektive des katholischen Kirchenrechts, in: Pfälzisches Pfarrerblatt 113 (2023), S. 196–202.
BMZ Speyer: L 397/113

365 »Massenhaft aus der Kirche ausgetreten, aber nur als Einzelne zurückzugewinnen!« Erinnerung an den Berliner Systematischen Theologen Wolf Krötke (1938-2023), in: Pfälzisches Pfarrerblatt 113 (2023), S. 256–260.
BMZ Speyer: L 397/113

366 [Vorwort], in: Evangelische Orientierung 2023, H. 3: Apokalyptik. Endzeiterwartungen heute, S. 3.
BMZ Speyer: L 354/2023,3

367 Predigt [im Ulmer Münster über Apostelgeschichte 2,1–13 am 5. Oktober 2023] im Eröffnungsgottesdienst der 113. Generalversammlung des Evangelischen Bundes in Ulm vom 5. bis 7. Oktober 2023, in: Epd-Dokumentation 2023, H. 50–51, S. 39 f.
BMZ Speyer: L 552/2023,4

368 [Vorwort], in: Evangelische Orientierung 2023, H. 4: Essen. Gemeinschaft, Kultur, Religion, S. 3.
BMZ Speyer: L 354/2023,4

369 Zur Diskussion um eine rechtliche Neuregelung des Schwangerschaftsabbruchs. Stellungnahme der Vorsitzenden des Ökumenischen Arbeitskreises evangelischer und katholischer Theologinnen und Theologen, in: Deutsche Bischofskonferenz, aktuelle Meldung Nr. 017 vom 20. 10. 2023, https://www.dbk.de/presse/aktuelles/meldung/

zur-diskussion-um-eine-rechtliche-neuregelung-des-schwangerschaftsabbruchs (Abruf am 18.04.2024) (zusammen mit Franz Josef Overbeck).

370 Unser tägliches Brot gib uns heute. Auslegung der Brot-Bitte von Dr. h.c. Christian Schad, Präsident des Evangelischen Bundes, in: Evangelische Orientierung 2023, H. 4: Essen. Gemeinschaft, Kultur, Religion, S. 16.
BMZ Speyer: L 354/2023,4

371 Die Weihnachtsgeschichte des Lukasevangeliums. Ihr Sinn und ihre Bedeutung, in: Pfälzisches Pfarrerblatt 113 (2023), S. 331–335.
BMZ Speyer: L 397/113

372 Einen neuen Anfang wagen. Andacht zu Jesaja 62,1–5: Die Freude der Christnacht erreicht Menschen in ihrer Seele, in: Evangelischer Kirchenbote 2023, H. 52/1, S. 20.
BMZ Speyer: L 165/2023

2024

373 Eucharistische Gastfreundschaft zwischen evangelischen und römisch-katholischen Christinnen und Christen. Ein Plädoyer, in: Pfälzisches Pfarrerblatt 114 (2024), S. 22–27.
BMZ Speyer: L 397/114

374 Predigt [im Berliner Dom] über Epheser 1,3–14 am Sonntag Trinitatis, 26.Mai 2024, 10 Uhr.
Textdatei: https://www.berlinerdom.de/fileadmin/user_upload/01_Startseite-Home/Mediathek/Predigten/Predig

ten_zum_ Nachlesen/2024/2024-05-26_Schad_10_ Uhr.pdf?v=1716877414 (Abruf 19. 07. 2024)

375 Hoffnung, die trägt [Nachruf auf Jürgen Moltmann], in: Evangelisches Gemeindeblatt für die Pfalz 2024, H. 24, S. 22.
BMZ Speyer: L 165/2024

376 [Vorwort], in: Evangelische Orientierung 2024, H. 2: Wie hältst du's mit dem Judentum?, S. 3.
BMZ Speyer: L 354/2024, 2

377 Kirche wozu? Perspektiven in herausfordernder und unübersichtlicher Zeit, in: Pfälzisches Pfarrerblatt 114 (2024), S. 180–185.
BMZ Speyer: L 397/114

378 Was darf ich hoffen? Eberhard Jüngels Beitrag zur christlichen Eschatologie, in: Pfälzisches Pfarrerblatt 114 (2024), S. 216–220.
BMZ Speyer: L 397/114

379 Zum Gedenken an Pfarrer Friedrich Schorlemmer (1944-2024). »Schwerter zu Pflugscharen«.
https://evangelischer-bund.de/allgemein/zum-gedenken-an-pfarrer-friedrich-schorlemmer/ (Abruf: 16. 09. 2024)

380 [Vorwort], in: Evangelische Orientierung 2024, H. 3: Konservativ?!, S. 3.
BMZ Speyer: L 354/2024, 3

381 Existentiale Interpretation alttestamentlicher Texte. Erinnerung an Antonius H. J. Gunneweg (1922-1990), in: Pfälzisches Pfarrerblatt 114 (2024), im Druck.
BMZ Speyer: L 397/114

382 [Interview] Leben nach und mit Krebs (zusammen mit Jürgen F. Riemann).
https://www.lebensblicke.de/wp-content/uploads/2019-05-Interview-Schad.pdf (Abruf 16. 09. 2024).

383 Christian Schad / Christian Möller (Hrsg.), Eberhard Jüngel / Walter Mostert: Schon jetzt – und dann erst recht! Beiträge zur Eschatologie, Leipzig 2024.
BMZ Speyer: bestellt

Über den Autor

© Rothermel / lk

Christian Schad, Dr. theol. h.c., Jahrgang 1958, studierte Evangelische Theologie und Philosophie in Bethel, Tübingen und Bonn. Er war von 2008 bis 2021 Kirchenpräsident der Evangelischen Kirche der Pfalz und von 2013 bis 2021 Vorsitzender der Vollkonferenz und des Präsidiums der Union Evangelischer Kirchen in der Evangelischen Kirche in Deutschland (UEK). Von 2016 bis 2022 leitete er als evangelischer Co-Vorsitzender den Kontaktgesprächskreis zwischen der Evangelischen Kirche in Deutschland und der Deutschen Bischofskonferenz. Seit 2020 ist er der evangelische Vorsitzende des Ökumenischen Arbeitskreises evangelischer und katholischer Theologen, seit 2021 Präsident des Evangelischen Bundes. Er ist Träger der Ehrenplakette der Stadt Landau / Pfalz und des Kronenkreuzes der Diakonie in Gold und erhielt 2019 die Ehrendoktorwürde der Johannes Gutenberg-Universität Mainz.